FOREIGN TRADE

外贸高手
365实操宝典

—— 高效客户成交技巧 ——

赵永秀　编著

全国百佳图书出版单位

 化学工业出版社

·北京·

内容简介

《外贸高手365实操宝典：高效客户成交技巧》一书首先介绍了外贸高手365天成长计划，然后再按外贸业务开展的完整过程来阐述，共分六章：寻找客户、获得订单、业务谈判、签署合同、履行合同、制单结汇。

本书采用图文解读的方式，让读者在轻松阅读中了解外贸业务管理过程中的要领并学以致用。本书尽量做到去理论化、注重实操性，以精确、简洁的方式描述重要知识点，最大化地满足读者希望快速掌握外贸业务实操技能的需求。

通过本书的学习，外贸工作者可以全面掌握外贸业务过程中的各项技能，更好地开展外贸业务工作。同时，本书也可以作为外贸业务从业人员、外贸企业管理者、各高校国际经济与贸易专业的学生自我充电、自我提升的学习手册和日常管理工作的指导手册，还可以作为相关培训机构开展岗位培训、团队学习的参考资料。

图书在版编目（CIP）数据

外贸高手365实操宝典：高效客户成交技巧/赵永秀编著．—北京：化学工业出版社，2022.11
（外贸经理人的MBA工具书）
ISBN 978-7-122-42120-3

Ⅰ.①外…　Ⅱ.①赵…　Ⅲ.①对外贸易-市场营销学　Ⅳ.①F740.4

中国版本图书馆CIP数据核字（2022）第164133号

责任编辑：陈　蕾　　　　　　　　　　装帧设计：溢思视觉设计／程超　E-mail: isstudio@126.com
责任校对：刘曦阳

出版发行：化学工业出版社（北京市东城区青年湖南街13号　邮政编码100011）
印　　刷：北京云浩印刷有限责任公司
装　　订：三河市振勇印装有限公司
787mm×1092mm　1/16　印张16¾　字数317千字　2023年5月北京第1版第1次印刷

购书咨询：010-64518888　　　　　　　　　　售后服务：010-64518899
网　　址：http://www.cip.com.cn
凡购买本书，如有缺损质量问题，本社销售中心负责调换。

定　　价：88.00元

前言
PREFACE

随着全球经济整体回暖、外需逐步恢复，我国部分企业的外贸订单持续增加，对外贸易持续增长，实现规模和市场份额双双提升。同时，我国系统性惠企政策也为"稳外贸"提供了有力的支撑。各地进一步深化"放管服"改革，简化通关手续，优化作业流程，全面推进两步申报、绿色通道、免到场查验等便利措施，使通关效率大大提升。各部门加大金融、保险、财税支持力度，帮助外贸企业渡难关、降成本、保市场、保订单，有力地促进了出口贸易发展。

围绕"稳外贸"工作目标，我国各级政府部门、外贸企业不断策划线上线下活动，开展线上培训，及时发布外贸政策、外贸业务知识、国际贸易形势及风险提示等，大力推动外贸企业和电商企业健康蓬勃发展，也助力外贸企业开拓国外市场，实现国际国内双循环发展。

我国《关于加快发展外贸新业态新模式的意见》指出，"新业态新模式是我国外贸发展的有生力量，也是国际贸易发展的重要趋势。加快发展外贸新业态新模式，有利于推动贸易高质量发展，培育参与国际经济合作和竞争新优势，对于服务构建新发展格局具有重要作用。"

新技术新工具的应用可以加速我国外贸健康可持续发展。例如，推广数字智能技术应用；完善跨境电商发展支持政策，扩大跨境电子商务综合试验区试点范围；培育一批优秀海外仓企业，鼓励传统外贸企业、跨境电商和物流企业等参与海外仓建设；完善覆盖全球的海外仓网络，提高海外仓数字化、智能化水平，促进中小微企业"借船出海"，带动国内品牌、双创产品拓展国际市场空间等。

在政府的支持下，我国外贸企业迎来了更多的发展机遇，同时也遇到了更大的挑战。为了帮助外贸企业管理工作者更好地完成本职工作，充分发挥外贸企业人员在企业发展中的作用，我们组织有关专家学者编写了本书。

《外贸高手365实操宝典：高效客户成交技巧》一书首先介绍了外贸高手365天成长计划，然后再按外贸业务开展的完整过程来阐述，共分六章：寻找客户、获得订单、业务谈判、签署合同、履行合同、制单结汇。

本书采用图文解读的方式，让读者在轻松阅读中了解外贸业务管理过程中的要领并学以致用。本书尽量做到去理论化、注重实操性，以精确、简洁的方式描述重要知识点，最大化地满足读者希望快速掌握外贸业务实操技能的需求。

通过本书的学习，外贸工作者可以全面掌握外贸业务过程中的各项技能，更好地开展外贸业务工作。同时，本书也可以作为外贸业务从业人员、外贸企业管理者、各高校国际经济与贸易专业的学生自我充电、自我提升的学习手册和日常管理工作的指导手册，还可以作为相关培训机构开展岗位培训、团队学习的参考资料。

由于编者水平有限，书中难免出现疏漏，敬请读者批评指正。

编著者

目录
CONTENTS

0 导读
**外贸高手
365天
成长计划**

一、一年365天的时间分配 | 1

二、工作时间 | 1

三、制订成长计划 | 2

1 第一章
寻找客户

1.1 通过展览会寻找客户 | 4

1.1.1 为什么要选择展览会拓展业务 | 4

1.1.2 如何选择展会 | 5

1.1.3 如何在展会上引起客户关注 | 8

1.1.4 如何在展位上接待客户 | 10

1.1.5 如何到老客户展台上拜访 | 12

1.1.6 出席展会应注意哪些事项 | 14

　　相关链接　参展时的忌讳事项 | 16

1.1.7 展会期间如何做好竞争防护 | 17

1.1.8 展会期间如何做好客户信息分类 | 18

1.1.9 展会后如何做好客户跟进 | 19

　　相关链接　展会四类客户跟进及邮件模版 | 20

1.2 通过B2B平台寻找客户 | 24

1.2.1 如何选择B2B平台 | 24

相关链接 几个主流外贸B2B平台 | 25

1.2.2 如何运用B2B平台推广业务 | 27

1.2.3 利用B2B平台运营的技巧 | 35

相关链接 避免B2B网站推广误区 | 36

1.3 通过邮件营销寻找客户 | 37

1.3.1 邮件营销有什么优势 | 37

1.3.2 寻找客户邮箱有什么方法 | 38

1.3.3 如何写好外贸邮件 | 42

1.3.4 如何减少海外邮件退信率 | 45

相关链接 邮件营销常见问题 | 46

1.4 运用企业网站寻找客户 | 48

1.4.1 企业建设网站有什么好处 | 48

1.4.2 建设企业网站有什么要求 | 49

相关链接 企业自建外贸网站常见问题 | 50

1.4.3 建设企业网站需考虑哪些因素 | 51

1.4.4 如何推广企业的外贸网站 | 52

相关链接 推广好企业外贸网站的渠道 | 55

1.5 做好客户背景调查 | 56

1.5.1 背景调查有什么意义 | 56

1.5.2 背景调查的对象是什么 | 57

1.5.3 背景调查包含哪些内容 | 57

1.5.4 背景调查有哪些途径 | 58

1.5.5 如何建立客户档案 | 59

2 第二章 获得订单

2.1 给客户写开发信 | 61

2.1.1 开发信的写作要求有哪些 | 61

2.1.2 开发信的写作格式是什么 | 62

范本 开发信 | 62

2.1.3 开发信的写作注意事项有哪些 | 63

相关链接 开发信最佳发送时间 | 63

2.2 回复客户询盘 | 65

2.2.1 如何回复内容空泛的询盘 | 65

2.2.2 如何回复内容详细的询盘 | 65

2.2.3 回复客户询盘有什么技巧 | 66

相关链接 回复询盘时易犯的错误 | 68

2.3 给客户报价 | 69

2.3.1 报价有什么要求 | 69

2.3.2 报价前如何与客户沟通 | 69

2.3.3 报价如何进行价格核算 | 70

范本 三种贸易术语的对外报价核算 | 70

2.3.4 如何制作报价单 | 72

范本 报价单（Price List） | 73

2.3.5 如何报出合理的价格 | 74

2.3.6 报价后要做什么 | 75

2.4 给客户寄样 | 76

2.4.1 寄样前要做哪些准备 | 76

2.4.2 寄样有几种方式 | 77

2.4.3 现有产品如何寄样 | 77

2.4.4 开发的新产品如何寄样 | 77

2.4.5 寄样后要做什么 | 78

2.4.6 样品费和快递费如何处理 | 78

2.5 接待客户验厂 | 79

2.5.1 验厂前要做好哪些准备工作 | 79

2.5.2 如何接待验厂的客户 | 79

2.5.3 带客户验厂要注意什么 | 80
　　相关链接　陪同客户验厂时的常用英语 | 81

2.5.4 验厂后如何跟进 | 85

3 第三章
业务谈判

3.1 业务谈判的方式 | 88

3.1.1 如何进行面对面谈判 | 88

3.1.2 如何进行电话谈判 | 88

3.1.3 如何进行网上谈判 | 90

3.1.4 如何进行函电谈判 | 92
　　范本　询盘信 | 92

3.2 业务谈判的阶段 | 94

3.2.1 谈判的准备阶段应做什么 | 95

3.2.2 谈判开局阶段应做什么 | 99

3.2.3 谈判磋商阶段应做什么 | 99

3.2.4 谈判促成阶段应做什么 | 100

3.3 业务谈判的技巧 | 101

3.3.1 谈判中报价需考虑哪些因素 | 101

3.3.2 如何应对注重质量第一的客户 | 102

3.3.3 如何应对注重价格第一的客户 | 104

3.3.4 如何应对重视技术标准的客户 | 104

3.3.5 谈判时应注意哪些事项 | 105

4

第四章
签署合同

4.1　起草合同 | 109

4.1.1　国际贸易合同的形式有几种 | 109

4.1.2　如何起草合同的约首部分 | 110

4.1.3　如何起草合同的基本条款 | 111

4.1.4　如何起草合同的约尾部分 | 124

4.2　审核合同 | 124

4.2.1　如何审核己方拟订的合同 | 124

4.2.2　如何审核对方拟订的合同 | 126

4.3　签订合同 | 126

4.3.1　签订合同有什么步骤 | 126

4.3.2　签订合同应注意哪些事项 | 127

5

第五章
履行合同

5.1　信用证跟催与审核 | 131

5.1.1　信用证概述 | 131

5.1.2　如何催开信用证 | 136

5.1.3　如何受理信用证通知 | 136

5.1.4　如何审核信用证 | 138

5.1.5　如何修改信用证 | 141

相关链接　信用证的修改情形 | 142

5.2　安排备货 | 143

5.2.1　如何安排生产 | 143

5.2.2　如何做好生产跟踪 | 144

5.2.3　如何申领进、出口许可证 | 145

5.2.4　如何办理原产地证书 | 150

相关链接　关检业务全面融合原产地证书的签发机构 | 155

相关链接　中国国际贸易"单一窗口"申请原产地证书
步骤 | 158

相关链接　自助打印的原产地证书范围 | 163

5.3　办理出口报检 | 164

5.3.1　商品检验的定义 | 164

5.3.2　如何确定商检商品 | 165

5.3.3　出入境检验检疫报检 | 167

5.3.4　进出口货物法定检验、抽查检验流程 | 170

5.3.5　出口商品检验程序 | 172

5.3.6　如何填写出口货物报检单 | 178

5.3.7　检验证书的种类 | 178

5.4　办理保险 | 180

5.4.1　如何选择投保险种 | 180

相关链接　海洋运输货物保险的类别 | 181

5.4.2　如何计算保险额与保险费 | 184

5.4.3　如何选择投保形式 | 185

5.4.4　如何填写投保单 | 185

5.4.5　如何领取保险单据 | 186

5.5　货物进出口报关 | 188

5.5.1　货物申报 | 188

相关链接　电子口岸卡介质申领 | 193

相关链接　通关无纸化协议签约 | 196

相关链接　代理报关委托协议签订 | 198

相关链接　税费支付三方协议签约 | 201

5.5.2　如何配合海关查验 | 203

5.5.3　缴交进出口货物税费 | 212

5.6 出货跟踪 | 222

5.6.1 如何接待客户或第三方验货 | 222

5.6.2 如何寻找货代 | 224

相关链接 如何安排出货时间 | 226

5.6.3 如何租船订舱 | 226

5.6.4 如何制作装箱单 | 228

5.6.5 如何排柜 | 229

5.6.6 如何跟踪装柜 | 230

5.6.7 发货后要做哪些工作 | 231

5.6.8 如何获得运输文件 | 232

6 第六章
制单结汇

6.1 应备齐的单证 | 234

6.1.1 结汇单证有哪些 | 234

6.1.2 各单据的日期有什么关系 | 235

6.2 制作单证 | 235

6.2.1 制作单证有什么要求 | 235

6.2.2 单证制作的思路是什么 | 235

6.2.3 如何制作汇票 | 236

范本 跟单信用证项下的汇票 | 237

范本 托收项下的汇票 | 238

6.2.4 如何制作发票 | 238

范本 商业发票 | 240

6.2.5 如何制作运输单据 | 241

6.2.6 如何制作产地证明书 | 243

6.2.7 如何制作检验证书 | 243

6.2.8 如何制作包装单据 | 243

6.3　审核单证 | 244

6.3.1　审核单证有什么要求 | 244

6.3.2　审核单证的要点是什么 | 244

6.3.3　对于有问题的单证如何处理 | 246

6.4　办理国际结算 | 246

6.4.1　汇付 | 247

6.4.2　托收 | 250

6.4.3　信用证结算 | 255

6.4.4　交单时发现不符点如何处理 | 256

外贸高手365天成长计划

一、一年365天的时间分配

一年365天，时间是有限的，要怎样进行合理分配呢？想成为一名外贸高手，这是一个必须要考虑的问题。

外贸高手要对时间进行合理分配，首先要明确一年中的国家法定节假日。因此，可以先将一年中的国家法定节假日分列出来。一年中常规的国家法定节假日如表0-1所示。

表0-1 国家法定节假日

序号	节假日名称	放假天数	日期
1	元旦	1天	1月1日
2	春节	3天	农历除夕，正月初一、初二
3	清明节	1天	4月4日至4月6日之间
4	劳动节	1天	5月1日
5	端午节	1天	农历端午当日
6	中秋节	1天	农历中秋当日
7	国庆节	3天	10月1～3日

二、工作时间

工作时间，又称法定工作时间，是指劳动者为履行工作义务，在法定限度内，在用人单位从事工作或者生产的时间。

1.工作时间计算

年工作日：365天−104天（休息日）−11天（法定节假日）=250天。

季工作日：250天÷4=62.5天/季。

月工作日：250天÷12=20.83天/月。

2.有效工作时间

有效工作时间是指员工完成一件工作的必需时间。如果上班时间为8小时，那么通常情况下，大多数员工的有效工作时间是达不到8小时的，必须扣除等待、无意义的闲聊、串岗或处理私事的时间。

三、制订成长计划

有志于从事外贸行业的人员可以采用阶段法来制订工作计划，一步一个脚印成长为外贸高手。如表0-2所示。

表0-2　外贸高手成长计划

成长阶段	成长计划	计划内容
寻找客户		
获得订单		
业务谈判		
签订合同		
履行合同		
制单结汇		

01

第一章

寻找客户

【本章要点】▶▶ ....

⇨ 通过展览会寻找客户

⇨ 通过B2B平台寻找客户

⇨ 通过邮件营销寻找客户

⇨ 运用企业网站寻找客户

⇨ 做好客户背景调查

1.1 通过展览会寻找客户

国际展览会素有"触摸世界的窗口"之称。德国汉诺威、美国芝加哥、英国伦敦、意大利米兰及中国香港都是世界著名的"展览名城"。参加展会寻找客户是外贸企业常用的拓展业务的方式。

1.1.1 为什么要选择展览会拓展业务

在展会中，来自各方面的同行、买家、卖家、投资者等相聚一堂彼此交流，不仅能促成生意合作，还能调研市场、增长见识，获得行业发展状态与趋势，同时也能够客观地检验本企业参展的产品。与传统纸媒的覆盖性和网络媒体的迅捷性相比，展会可以使买家能在同一个地点与众多的供货商面对面地交流，节省了大量的时间、精力和交通费用。

参加展会是一种高效的开拓业务的营销方式，具体原因如表1-1所示。

表1-1 选择展会拓展业务的原因

序号	原因	具体说明
1	低成本接触合作客户	企业要接触到专业、合适的目标客户，参加展会是最有效的方式。根据调查显示，利用展会接触客户的平均成本仅为其他方式接触客户成本的40%
2	工作量少、质量高、签单率高	在展会上，参展企业与潜在客户直接进行沟通，可以即时收到客户对产品的反馈意见，以便及时改进。另外，在展会上，参展商接触到意向客户后，后续工作量较小。根据相关调查显示，在展会上接触到一个意向客户后，企业平均只需要给对方打2个电话就可以达成交易。相比之下，平时的典型业务销售方式却需要8～10个电话才能完成类似的交易。同时，客户在展会上向参展企业下的所有订单中，约55%的订单不再需要业务员进一步跟进拜访
3	结识大量潜在客户	据相关研究表明，以一家参展商摊位上的平均访问量为基数，只有12%的人在展前12个月内接到该公司销售人员的电话，88%为新的潜在客户，而且展会还为参展商带来行业高层次的访问者。对于参展公司的产品和服务来说，展会上约有49%的访问者正计划购买那些产品和服务。在展会期间，参展商接触到的潜在客户比其6个月或是一年里能接触的客户数量还要多

序号	原因	具体说明
4	展示自身实力和优势	展会为参展商向同行业的竞争对手展示自身的实力和优势提供了机会。通过训练有素的展台职员积极的展前和展中的促销、引人入胜的展台设计及严谨的展台跟进，参展商的竞争力得到极大的提高和认可。展会的参观者还会利用这个机会对各个参展商进行比较。因此，参加展会是让参展商向公众展示其自身形象和竞争实力的一个良好机会
5	节省时间，快速建立同海外客户的关系	在3～4天的展会期间，参展商接触到的潜在客户比其6个月甚至1年里能接触到的客户数量还要多，更重要的是，面对面会见潜在客户是快速建立稳定的客户关系的有效手段
6	融洽客户关系	客户关系是许多公司的热门话题，建立良好的客户关系是企业赖以生存和可持续发展的重要保证。展会是融洽现存客户关系的好地方。参展商可以在展会期间用多种方式对客户表达谢意，如热情的招待、一对一的晚餐、发放企业最新产品资料、发放公司赠品等
7	手把手教客户试用产品或感受服务	在日常销售活动中，企业销售人员携带产品上门进行演示的机会恐怕不多，而展会可以成为参展商为潜在客户集中演示产品或感受服务的最佳时机和最佳场所，实现手把手地教客户试用产品、了解产品各项功能
8	掌握市场动态，进行竞争分析	展会现场为参展商提供了一个了解、研究竞争形势的好机会，这个机会是无法估量的。在这里，利用竞争对手提供的产品、价格以及市场营销战略等方面的重要信息，有助于参展商制定企业近期和长期规划，还可以帮助企业通过观察和倾听，获取最新的市场动态信息，以提高企业的市场趋势洞察力，及时改进产品和企业发展方向
9	扩大企业影响	大多数展会通常都会吸引众多媒体的关注，利用媒体进行宣传是参展商难得的机会
10	产品和服务市场调查	展会为参展商提供了一个进行市场调查的好机会。如果参展企业正在考虑推出一款新产品或一种新服务，可以在展会上对参观者进行调查（如让参观者填写企业制作的调查表），了解他们对产品或服务的价格、功能、质量和售后服务等方面的要求

1.1.2　如何选择展会

当一家企业打算参展时，如何在众多展览会中选择最适合自身产品需要的展会尤其重要。国内外博览会、展览会形式多样，有的是综合性大型博览会，有的是专业性展览会，不同地区办展也各有侧重。企业在参展前应尽可能地了解各类展会信息与相关介绍，以确保参展效果最大化。企业在选择适合的展会时，需要考虑以下6个因素。

（1）分析展会资料

从表1-2所示的7项去分析展会是否值得参加。

表1-2　展会分析内容

序号	项目	具体说明
1	展会目标市场	展会目标市场一般包括主题定位、观众结构等。企业参展前要确定该展会是否与企业的发展计划相吻合，能否促成企业达到预期目标
2	展会的历史及行业口碑	如在过去几年中，参展商有哪些、企业参展的效果如何，企业应该尽可能选择有影响力、知名度高、参展商多且影响力较强的展会进行参展
3	展会规模如何	成功的展会必然具备一定的规模。规模大的展会可以吸引更多的专业观众，而这正是保证参展商达到参展目的的最主要因素。评估展会的规模主要看参展商的档次、规模、知名度如何，专业观众的数量以及展会面积大小
4	展会主办方的背景、能力水平和信誉	选择有影响力、富有办展经验以及行业认知度高的展会组织者。会展组织是一个庞大、复杂的系统工程，从会展推广、专业观众的邀请、行业活动的组织安排到客户服务等一系列工作都需要组织者在切实了解参展商需求的情况下做出战略性统筹才能举办成功。企业可以从主办方对外的招展函、广告以及各项组织计划等方面来评估组织者的策划能力和宣传推广能力
5	宣传推广方式	展览会有多少新闻记者前来采访、其宣传效益如何。展会的宣传广告占据了展会举办成本中很大的比例。一个展会最终能取得多大的效益，往往取决于展会宣传和推广的力度与成效。参展企业在决定是否参展前，应全面了解展会的宣传力度与计划，如主办者是如何进行展会宣传的、其宣传对象是谁、在宣传上的投入是多少、参展者和参观者的反馈如何
6	展会订位情况	明确展会需提前多久开始预订展位、是否接受非专业人士参观、其参观券如何申请，了解展位面积设置、展位分布、展位标准的配置情况
7	展会场地实际情况	明确展馆的高度及宽度限制；地板单位面积的重量限制；是否有音量、灯光及表演活动等方面的限制；参展企业可否自行进行特殊装修、布置展位

（2）关注业内同行的看法

企业应了解同行业其他企业和其他参展企业对该展会的看法及曾遇到的问题，包括服务、展位布置、问题处理、客户观展情况等；同时，也要向展会所在地或邻近地区的销售代理商了解其对该展会的看法。

（3）选择恰当的时机

企业应根据自身的国际市场战略规划及其产品的销售季节，结合相关展会的举办时间和地域来选择适合自身需求的展会去参展。

（4）选择合适的地点和时间

企业通过参加展会拓展新市场可达到事半功倍的效果：一则可以了解行业信息；二则可考察当地的市场需求和潜力；三则可通过参展期间与当地代理经销商进行广泛接触，物色合适的合作伙伴；四则可以访问、参观当地客户公司，同客户管理层人员面对面沟通交流，加强同客户的关系。因此，展会的举办地点与时间是否有利于企业的市场拓展计划，无疑是选择展会时最重要的判断因素。

展览会举办地点多选在信息辐射能力强的大城市，或某种商品的产地，或交通方便、四通八达的商品集散地城市，或商品进出口口岸城市，或旅游风景区。展览会地点选择的好坏，对有效观众数量的多少有直接影响。

（5）考虑参展所需基本费用

参展所需基本费用如下。

① 租用展览场地的费用。

② 广告宣传费。包括展前吸引参展客商和参观者的各种媒介广告费用；展中发放各种广告宣传品如产品目录、产品使用说明书、产品广告传单、促销赠品、产品试用样品等费用；展览会上录像播放、悬挂广告横幅和广告宣传画的费用等。

③ 展品的运费、保险费、供现场示范表演的产品费用。

④ 展台的设计和建造费用。包括展台设计或再设计的费用、展台建造和装饰整理费用、展台建造材料的购买和运输费用、雇用专业公司或专业人员的费用等。

⑤ 展览场地的声、光、电、水、电话、空调、清洁场地、摄影照相等多种设备的费用；展览场地的家具、地毯、花卉及其他环境装饰物的费用。

⑥ 公共关系活动的费用。如召开新产品新闻发布会的费用；招待记者对本企业产品及展位进行采访报道的交际费用；邀请知名人士出席开幕式剪彩仪式的费用；对重点客户迎来送往、请客吃饭、安排旅游娱乐活动、预订返程票、馈赠礼品的费用；对于一般的潜在客户或目标观众开展联谊活动的费用，如赠送展览会入场券、戏票，邀请参加文娱活动等；在展览会期间举行产品技术研讨会的费用；聘请和培训展览礼仪模特及产品示范操作人员的费用等。

⑦ 参展人员的吃穿住行、邮政通信、公关交际、工资津贴奖金等方面的费用。

⑧ 应付突发事件的处理费用和其他杂项费用。

（6）分析研究结果

在对展会做了以上分析之后，接下来就要做出决定，即确定是否参展、展位的大小及装修风格、展位是标准装修还是找专业公司设计与装修，以及寻找并确定相关的设计与施工公司等。

1.1.3　如何在展会上引起客户关注

简单地说，展会就是同行业聚集到一起举办的一场大型交流会，那怎么让自己的展位在众多展位中脱颖而出，从而吸引来往人群的注意力呢？这就要求参展者除了被动地等客户来，还要有意识地请客户来。为了保证参展效果，企业在参展前一定要做一些宣传，以吸引更多的客户在展会期间拜访企业的展位或关注企业。具体方法有以下5种。

（1）发送展前邀请

展前邀请是指在展会开始前，参展企业发放邀请函、参观券或是请柬给那些真正感兴趣的新老客户，注明展馆及展位号和一些有关的新服务项目和新产品的信息；也可通过发电子邮件给企业当前和潜在的客户，并注明展馆及展位号和展出产品。在企业网站首页上贴出通知，标明展会的名称、日期、地点以及展位号。该项工作应当在展会开始前三个月内完成。展前邀请的方式适用于企业的新老客户和潜在客户。

当企业想邀请某个特殊群体（如主要客户及那些有希望成为本企业客户的公司）时，可以采取发送个人邀请函的方式。如果是由企业高层管理人员发出这些邀请函，那么就更具影响力。

展会组织委员会有时会提供贵宾卡或打折的门票，甚至是免费门票，这些资料可随邀请函一同寄给客户。在展会开始前，企业业务员可致电潜在客户，确定其参观展位的时间，以便做好相应的接待准备。

如果客户接受企业的邀请，那么业务员应该尽快确定对方的信息，如客户的行程、参展代表的姓名、有无前期合作、具体操作的业务员、历次的报价清单、合作中存在的问题及企业希望向客户推荐的新产品信息等。业务员应将以上信息整理成文件，出席展会的业务员必须对此有大致的了解，以便在展会现场更好地接洽客户。

对未做出反应的客户，负责该客户的业务员应在开展前两周或一周的时候发送邮件，通知客户本企业的具体行程安排。这样做旨在体现企业对客户的尊重，同时也再一次提醒客户展会的时间（有些客户本身可能出席展会，但未必会通知企业），两次通知提醒应当能加深客户对企业的展馆、展位号等情况的印象。

（2）广告宣传

做广告是企业宣传工作中非常重要的一个方式，目的是让人们知道该企业参展了。企业的宣传预算和展览目标决定了广告效应，广告目标则取决于展览目标。展前、展中做广告的媒体如下所示。

① 展前做广告的媒体：企业网站、展会官网、网络媒体、相关协会媒体、户外广告牌、当地媒体等。

② 展中做广告的媒体：参展企业目录上的广告、展会每日出版物、城市广告牌、出租车广告位、气球、宾馆广告牌、宾馆闭路电视、机场广告牌、电视、电子信息板、户外广告牌、展厅的电子信息板等。

（3）运用公共关系

运用公共关系是参展企业宣传自己的重要方法之一。这种方法成本低、效果好，可以成功地为企业招来大批询问者，同时也可以提高企业的销售额，因此要好好运用。具体操作如表1-3所示。

表1-3　公共关系运用表

序号	类别	具体说明
1	展会前	（1）请展会组织者列出一份全面的媒体表，上面包括各媒体的名称、地址和联系方式等，参展企业可以运用这个列表联系媒体代表，了解需要提供什么样的信息以便提高企业的知名度 （2）询问展会组织者在展会上是如何安排媒体的，弄清楚是哪家出版单位计划出版有关展会信息的册子及其发行日期 （3）有些商业刊物提前几个月就会开始行动，所以参展企业要准备好新闻材料。这些刊物的编辑只会对那些及时的、有价值的信息感兴趣，如行业动向、统计数字、新技术或新产品信息。在专业杂志上刊登一篇以上的广告报道，然后将该篇报道的复印本寄给目前及潜在的客户，并加附信息，提醒客户该项产品将于展览会中展出，同时也可附赠由展览会组织者提供的，印有本参展公司名称及摊位号码的展览贵宾卡

续表

序号	类别	具体说明
2	展会中	（1）准备一些相关材料以备媒体人员经过时可以向其提供。参展企业要确保企业的展位一直有企业发言人在场，即使是在午餐时间。企业发言人应随时准备用易于理解的非专业方式解释企业产品的功能、特点及重要性 （2）询问展会组织者何时安排演示会、讨论会或现场观摩会。参展企业应找一名口才好的员工来进行演示，其需要能够清楚而连贯地阐述企业所涉及行业的话题 （3）在展会期间，参展企业应提供一些免费的资料或是小物品，让参观者到企业的展位领取，比如企业介绍、产品介绍，行业特别报道等
3	展会后	若有可能，参展企业应在展会后的新闻发布会上发布企业最新动向、相关展会的统计数字、有价值的重要信息或展会上的订单等

（4）随时不忘宣传

参展企业应在新闻室、休息室、接待处，以及培训方案、旗帜、视听设备、展示用的计算机、购物袋、交通工具、餐巾及水杯等场合或物品上印刷具有宣传性质的广告语，相关物品要提前准备好。

（5）使用网络

现在许多展会的组织者会通过网络向参观者提供参加虚拟展会的机会。参观者可以通过网络预览虚拟的展会，看看想到哪里去、想参观哪个展位，然后再进行实地参观。这样可以为参观者节省不少的时间和精力。

参展企业利用好这种宣传工具，可以迅速提升客户数量。另外，参展企业可以把虚拟展会链接到企业的网站上，使参展企业有更多的机会出售自己的产品或服务。

1.1.4　如何在展位上接待客户

在参加展览会前，企业业务员要充分了解展会上接待客户的操作步骤，具体如图1-1所示。

图1-1　展位上接待客户的步骤

（1）吸引来访者

参展企业的业务员应欢迎并感谢参观企业展位的客户，用微笑、眼神交流及握手等方式营造一种融洽的气氛，给对方留下美好的印象；在不确定对方是否会说英语，身边是否带有翻译的情况下，开场白不要太长，说些简单易懂的招呼语，如"Hello, Nice to meet you. Welcome to our booth"，等对方有回应，就继续说，然后再转到企业的产品或服务的特点，以及给对方带来的若干好处等。

（2）评估来访者

这一步主要评估参观者是否真的对参展企业的产品或服务有兴趣。作为公司参展的展台人员，首先，要十分清楚地知道：谁是我们的客户；公司的主要市场和客户类型；客户的兴趣点分别在哪里；他们最关注什么。其次，要进行专业的评估和接待，这包括：他是不是我们的客户；他很迫切但对我公司来说重要吗；我该花多少时间接待他；应该让他明白我懂得他的实际需求，并能为他提供解决方案，还是马上结束谈话。

其实，有些在展会的现场表现出"浓厚兴趣"的人，并不一定真的有意向和你的公司做生意，很可能只是随便看看，而且没有专一性，这类"客户"在当今的展会上占有一定的量，如果一视同仁进行接待，潜在客户反而会被忽略，宝贵时间被耽搁。所以，在现场接待客户时一定要掌握业务技能，委婉地了解对方的意图和现阶段的要求，在仔细分析客户的基础上进行筛选。业务员应注意运用"二八定律"——用80%的时间倾听参观者说话，用20%的时间谈话，在沟通中了解客户的背景信息，以便评估和筛选客户，发现潜在客户的需求，从而更好地向客户提出自己的方案。

（3）展示产品

通过前两步获得的信息，业务员就可以针对客户的问题提出解决方案，并向客户演示新产品或其不了解的新技术。

展会现场，产品不可能全部都展示，需要多印一些宣传手册、名片，制作好演示用的ppt、视频资料，总之，对客户所要提的问题，要有所准备。

在很多展会中，参展商为了吸引眼球，都会弄各式各样的表演，但这可能会造成一种喧宾夺主的情况，人们关注的不是你的产品而是你的表演。所以，如何更好地展示自己的产品才是一个展会成功的关键因素。

展会上如何更好地呈现展品，以吸引潜在客户主动了解企业及其产品，主要有以下6点。

① 现场演示产品。一个好的产品演示是让观众驻足，并且能留下持久印象的非常有效的方法，展台业务员可多花点时间跟精力在产品演示的练习上。

② 不要带太多的展品。一个展台放太多的展品，不仅会显得很拥挤，也使展台显得比

较凌乱，要将销量最好的或者是最新产品带到展台上。

③ 有些比较重的展品，或是想放在展台中心位置展示的产品，可以尝试将其直接固定在墙上。

④ 可以将展品放大，用更大的模型或者投影来展示尺寸较小的展品，给人一种震撼的效果。

⑤ 营造一个环境。创建一个接近产品在实际使用中的环境，从展台的设计、图像的应用、设置额外增加的道具，让客户感觉来对了地方、买对了东西。

⑥ 突出产品。如果展台上有明星产品，用聚光灯打在展品上，从而让更多的注意力集中在它上面。

（4）接待结束

展台业务员在和客户交流时，要记录下客户信息，如填写在预先准备的"来访信息卡"上，以便展会后进行梳理与跟进；回答客户提出的所有问题，并做出相应承诺；与客户互相交换名片，赠送公司产品手册或公司简介等资料；最后要握手道别，感谢他们的光临，如果准备了小礼品，可以一并送给他们；送走客户后，应整理好"来访信息卡"及名片，接着准备接待下一位来访者。

在同客户交流时，业务员要记得给他们倒一杯水或是饮料，让他们感受到公司的热情和对他们的尊重。

1.1.5 如何到老客户展台上拜访

到老客户展台上拜访，一般是谁的客户就让谁去跟进，一定要事先约定好，免得浪费双方的时间。

（1）事先准备

拜访前一定要做好谈话内容的准备工作，将谈话内容一条一条写出来，以便在与客户交流时做到心中有底，防止遗漏问题。会场场面一般会比较忙乱，客户会不时被一些事情打扰打断，此时如果有这样一个交流提纲，就能保证交谈有序进行。

谈什么呢？首先要清楚你去的目的是什么，将其列出来。每次和客户见面的机会对企业来说都是非常重要的，因为面对面的交流能准确地判断客户的心理。通常拜访的目的包括图1-2所示的10点。

目的一	对合作的总结
目的二	维护客户关系，表示对客户的尊重
目的三	交流双方的一些技术、合作的信息及理念
目的四	了解过去合作中存在的一些问题，明确客户对质量和服务各方面有什么新的要求
目的五	向客户推荐新产品
目的六	邀请对方到自己的展台上来参观。这一点很重要，这样能够增加人气，但是如果展位旁边是很强的竞争对手，就一定要慎重，所以在熟悉客户的同时也要熟悉竞争对手
目的七	提供本企业的一些变化和改进方面的信息
目的八	了解客户对企业的建议
目的九	欢迎客户再次亲临企业参观和指导，洽谈交易最好在自己的企业进行，这样成功率会更高
目的十	可以向客户介绍一些业内的朋友，比如供应商，这样大家可以互通有无，关系自然也就更加紧密

图1-2 展会上拜访客户的目的

（2）主动出击

外贸业务员一定要非常积极热情，具有良好的心态，不怕被拒绝，有自信、懂专业、常微笑。

① 拜访的时间。提前与客户做好沟通，并确认到访时间，不贸然到访，特别是欧美客户。在展会期间，最好的拜访时间是10点前，因为这个时间段是客户最不忙的时候。除了参展企业以外，观展者都是晚一小时进场的，这就给拜访客户提供了很好的机会。

对于最重要的客户，要在第一天的10点之前去拜访，这样万一没见到他，还有后面的时间可以再联系。

② 带齐所有资料，包括交流资料、产品介绍、生产线的图片、企业环境图片等。另外，要多备几份产品手册，因为可能不停地遇到新老客户，此时都可以送产品手册给他们，同时向其发出邀请，告知他们自己的展位号。

③ 找对人。如果是关于新产品开发的业务，就要找产品经理，产品经理是负责开发新

产品的；如果是关于项目的，就找区域采购经理，采购经理是负责选择产品供货商的。总之，要找到相关业务的负责人去交流，业务成交的效率会更高。如果可以的话，直接找公司的老板去谈，他若是对你的产品感兴趣的话，就会向你引荐相关的负责人。

1.1.6 出席展会应注意哪些事项

出席展会的业务员应注意以下8点。

（1）熟悉产品

出席展会的业务员必须掌握产品的性能、功用、特点和最大卖点。

（2）了解技术信息

业务员必须对产品的技术信息有一定的了解，但不要求每个业务员都必须精通。遇到难以回答的问题，最佳的答案是"对不起"，然后直截了当地告诉客户，这些问题属于技术人员管理的范畴，并承诺客户，随后会让企业技术人员给予答复。这样比不懂装懂或在无意识中给了客户错误的信息要好。

（3）仪容和着装

在企业有条件并有充分准备的情况下，尽量为业务员提供统一的着装。女士以深色套装、高跟鞋、适度的淡妆为宜；男士穿深色西服并打领带。接待时，女士应该在前台周围或展位靠前的位置，决定性谈判应当尽量让男士出面。

（4）标准表情

西方的基础礼节是保持微笑以及在交谈时注视对方的眼睛。尽管这一点上每一个外贸人都已经熟知，但真正能做好的为数不多。请切记，展会是展示公司形象的重要时机，业务员的良好素养能给客户留下深刻的印象。

（5）接待等级

合格的业务员应当在客户将目光停留在本企业产品第三秒时开始其接待服务。对这一类客户，可以报以微笑，这样无论对方是否对产品感兴趣都不会令业务员本身感到尴尬，同时也能锻炼业务员的亲和力。但当客户停下来索取资料或提出问题时，业务员的真正接待任务便开始了。合格的业务员应当能在短时间内判断出客户感兴趣的产品，以及购买的基本诚意。这些信息可以通过问答或从客户的名片和资料中获取。

接待的等级是指当一个客户与你交谈时，"仅站在门口交谈""请到展位内参观""坐下来交谈"分别代表三个不同的程式和客户等级。由于展会现场人员众多，接待时间有限，而且个人交谈时出于礼节不能中断交谈去接待另一位客户，所以需要"坐下来交谈"的客户，应至少是业务员认为较有开发价值的客户。

（6）谈判技巧

在短暂的谈判过程中，业务员的任务除了向客户介绍产品、发放资料外，还要尽可能多地了解对方的"底细"。业务员应用提问的方式获取客户信息，对擅长交谈的客户也可用"倾听"取代说教式的推销。在现场与客户交谈的内容必须详细记录，最简单的方法是准备一个笔记本、订书机，将听到的信息记录下来后在信息旁边钉上客户的名片，并写明日期和客户编号。

（7）报价

展会中有相当一部分客户其实是抱着比较价格的态度来的。一般情况下，大企业或国外的参展企业从不会轻易给客户报价，对此客户也是能够理解的。所以，当业务员根据自己的判断得出该客户没有什么开发值时，可以直接告诉他"No price, because in exhibition"（因为是展会，所以没有报价），然后对他说如果对某件产品感兴趣可以在展会后用邮件询价。

（8）其他加印象分的小手段

① 合影留念。对于谈得比较好的客户可以要求合影留念，并在展会结束后将照片用邮件发给客户。拍摄的关键是尽可能拍到企业的产品或Logo等显著标志，这样客户将来一看到该照片，便能想起这个企业。

② 小礼物。参展企业可以准备一些印有企业Logo和名字的，或者有中国特色的小礼物，比如中国结等，当然最好适用于国外展会，此外，还必须注意各国的不同风俗。

③ 随身携带格式正规的报价单和合同，如果遇到当场下单的客户就可以立即签单。

④ 叫得出老客户的名字，包括从前在展会上遇到过、有过沟通但从未下过单的客户。这类客户极有可能对企业的产品感兴趣，但因为某些原因（如价格或已经有过同类合作商等因素）而没有成为真正的客户。

参展时的忌讳事项

1. 坐着

展会期间工作人员坐在展位上给人的印象是：你不想被人打扰。在展会期间，除了与客户洽谈商务外，应坚持站立参展。因为展会期间坐在展位上，会给买家与专业观众留下"不想被人打扰"的印象。买家与专业观众产生这种印象后，就会感觉你对潜在客户不够重视与热情，从而影响他们对企业产品及相关服务的选择。

2. 看书

业务员在展会期间不应看书或报刊，应充分把握机会引起对方对企业与产品的注意，吸引买家与专业观众停下来对企业与产品进行咨询，并精神饱满地回答有关问题，提升他们的信心。展品通常只有2～3秒引人注意的时间，如果业务员在看书或报刊而不是介绍产品，就会错过使路过的客户关注产品的时机。

3. 在展会上吃喝

展会上应杜绝随意吃喝的现象，因为这种事不关己的表现会使所有的潜在客户对参展企业产生极差的印象，继而影响他们对参展企业的企业文化、管理水平、员工素质、产品质量的评估，导致对企业与产品的不信任。

4. 沉迷玩手机

在展会期间，有的业务员由于长时间做着重复而枯燥的事，总想开个小差，玩手机打发时间。在标准展位每3米的条形空间，你只有2～3秒钟的时间引起来访者的注意，吸引他停下来，如果业务员一直在玩手机，就会错过很多目标客户。

5. 打电话

在参展期间，有的业务员总是杂事私事特别多，不时接电话、打电话，有时候还不得不打断与客户的交谈，给人的感觉非常不好。不恰当的电话，每多一分钟都会相应减少与潜在客户交流的时间，从而直接影响企业在展会上的业务目标。在展会上，即便只能找到一个好的潜在客户，也是一种成功。而不恰当地打电话，往往会使你与客户失之交臂。每多打一分钟电话，就会与潜在客户少交谈一分钟。

6. 见人就发资料

展会上不要见人就发资料。宣传资料也不便宜，更何况企业并不愿意将成本很高的宣传资料白白流失在人海中。怎样才能将价值不菲的信息送到真正需要的潜在客户手上呢？邮寄便是一个较好的方法。在展会上，你可告诉潜在客户，无意让他带太多的宣传资料，加重他的行程负担，并承诺在展会后会按客户要求的方式将资料寄给他。

这样做，参展企业可以一举多得：既表明参展企业的专业性，同时也可以在展会后继续跟进客户，加深其印象。

7. 与其他展位的人闲谈

潜在客户看到业务员在和别人说话，一般不会前来打扰。因此，业务员应尽量少与参展同伴或邻近展位的人闲谈，应时刻关注路过的潜在客户。

8. 以貌取人

俗话说，人不可貌相，大千世界芸芸众生，每个人的喜好都不一样。客户大多会按自己的意愿随意穿着，如牛仔裤、运动衫、便裤等，业务员不要因为客户穿着随意就怠慢。

9. 聚群

如果业务员与两个以上参展伙伴或其他非潜在客户聚在一起，会让一些参观者产生"那是一个小团体，我还是不要过去打扰了"的想法。因此，业务员应在展位上营造一种温馨、开放、吸引人的氛围。

10. 怠慢潜在客户

关注与发现每一个潜在客户是企业参展的重要目标。业务员应竭力避免怠慢潜在客户的行为，哪怕是几秒钟。显而易见，谁都不喜欢被怠慢的感觉。若工作正忙，不妨先与客户打个招呼或让他加入你们的交谈。若正在与参展伙伴或隔壁展位的人交谈，这时应立即停止交谈。

1.1.7 展会期间如何做好竞争防护

展览会在为卖家和买家提供面对面交流沟通机会的同时，也给竞争对手提供了一个进行商业情报打探的机会。试想，还有什么机会可以大大方方地走进竞争对手的展位，与他们随便交谈，同时还可能得到关于其产品介绍的手册资料呢？如果幸运，竞争对手的展位上一个未经世事的新手还会热情地介绍你想知道的一切，如关于企业、产品、服务的信息，甚至其供货客户的信息等。

因此，参展企业应该注意这类形式的竞争。若稍加注意，就会发现这些人不但比普通观展者知道得要多，而且喜欢盘问细节，然后迅速离开。这时候，参展商的业务员应多问问题，少说话，减少泄露一些在专利方面有价值的信息的机会。如果有人问一些有嫌疑的问题，参展商的业务员可以这样回答："你的问题很有意思，不过你能否告诉我了解这个问题对你有什么好处吗？"业务员要习惯用问问题的方式来回答问题。

1.1.8 展会期间如何做好客户信息分类

（1）参展之前的准备

在参展之前，外贸业务员可自己事先设计一张如表1-4所示的客户信息卡，并根据需要复印多份。在客户将名片留在展位后，外贸业务员可在空闲的时间迅速将其信息填入客户信息卡；展会结束后，外贸业务员需认真整理客户信息卡。

表1-4　客户信息卡

展会名称：	展出日期：	
客户姓名：		
头衔：		
公司：		
地址：		
国家：　　　　　　　城市：　　　　　　　邮编：		
客户感兴趣的产品型号及价格与需求数目是：□目标价格　　□数量　　□其他要求		
需解决或仍存在的问题：		
客户手中的产品或享用的服务：		
采购过程：		
预计采购时间：□立即　　□一个月　　□两个月　　□三个月　　□六个月　　□其他		
意见或备注：		
客户接待代表：		

（2）留下客户的联系方式

外贸业务员发现那些对产品感兴趣的客户后，应抓住机会请对方坐下来进行深入交流，给他完整的产品资料并设法留下其联系方式及相关资料。怎么留下客户的联系方式呢？要有技巧，比如，请其留下名片或填写调查问卷，然后赠送一些小礼品。

（3）将客户分类

在展会中，外贸业务员可根据谈判中所得的结论把客户分为Ａ、Ｂ、Ｃ、Ｄ四个等级。对于等级的标准，不同的企业有不同的分类方法。一般可如下划分。

Ａ：当场下单订购的客户、对新产品感兴趣的老客户或企业一直在努力开发的潜在客户。

Ｂ：目标客户、国际知名企业或采购商、有意向合作的客户。

Ｃ：认为有合作可能的客户。

Ｄ：获取过企业资料的客户。

1.1.9　展会后如何做好客户跟进

参展仅是与客户建立关系的第一步。展会结束后，外贸业务员要趁热打铁，做好跟进工作。

（1）跟进要主动

展会结束后，外贸业务员要主动与客户联络。客户通常都很忙，而且一场展会下来，客户会去很多同行的展位，索要很多样品，展会后也会收到很多同行的邮件，因此客户一般不会主动联系你。这时候你就应该主动发邮件去联络，给客户提供完整的产品资料和价格，然后跟进，以赢得客户的信任。做业务一定要主动，比如客户问了价格，你要将详细的产品参数、尺寸、包装明细等信息一并提供给他；客户要说明书，你要将产品示意图和文字说明一起都给他参考；客户要求提供产品应用案例，你要将此产品以往的供货业绩及应用项目案例提供给他，如此，客户将会对你形成很好的印象。

（2）跟进要快

在展会上，客户认识的供应商太多，他根本就记不住那么多家，所以展会后的跟进工作实在太重要了。外贸业务员应尽快把在展会上与客户交谈的内容写成总结并发给客户，让客户核对自己的记录是否有地方需要补充，以免遗漏，下了订单的催正式订单，没下订单的引导下样品单或者订单，总之要快。

业务员不要觉得自己催客户很多次，客户会烦，这是你应该做的工作，而且你的邮件客户也未必能看到。即使客户回复你说不要再发邮件给他了，你也要问清楚为什么。

如果发了几次邮件却一直未有回复，就不要再发邮件了，改为直接打电话。打了电话也要想办法跟进，因为不只你一个人打电话，商场是没有硝烟的战场，其他同行也在打电话跟进。

在给客户的联络邮件中，应注意以下问题。

① 邮件内容不要过长，客户的时间很宝贵，一般看完一封邮件的时间不会超过1分钟，特别是以英语为母语的客户。

② 邮件主题简单明了，同邮件内容相吻合。类似"我们需要合作"这样的主题也不会引起客户的注意。

③ 不要长篇大论地介绍你的企业。

④ 不要炫耀你的英文水平。

⑤ 不要问一些毫无意义的问题。

 相关链接〈·········

展会四类客户跟进及邮件模版

接待客户时，业务员应根据客户的兴趣程度，将客户分成机会客户、感兴趣客户、了解信息的客户、"路人"客户。对于不同的客户，业务员应在展会后采取不同的策略进行跟进。

1. 机会客户

这一类客户具有合作意向，他们还没有确定要购买，只是决定了购买什么规格、数量的问题。对于这类客户，业务员在跟进的时候要把客户的注意力放在规格的选择上，追问客户的需求细节，通过关注具体的细节，吸引客户的注意，推动客户产生购买意愿。

只要客户一直跟你联系，你就会与客户越来越熟悉。客户给你的信息越多，同样的信息，他再给其他人解释一遍的成本就越高。如果感觉你比较可靠，值得信任，他们跟别人再解释一遍的意愿就会降低。

在竞争方面，要重点解决"你为何要跟我买"的问题。价格是一个重要的方面，如果价格比对手高，要主动说明为何高、高在什么地方。但价格和质量都不是最关键的地方，客户觉得你是否值得信赖是最关键的。因为无论是老板，还是职业采购人员，都不想冒太大的风险。以下为跟进机会客户时的邮件模板，仅供参考。

Dear Peter,

It is very nice to talk with you on Canton Fair.

As per your request, I am sending you the detailed specification for × × × model.

FYI, we use high-quality imported material with zero lead for this model. It is very popular in European market, as consumers are more demanding for green products.

（从细节入手，给客户提供充足的信息，同时暗示你的东西是最好的，为何价格会比较高。即便不直说，客户也清楚了。）

Can you tell me how many pieces do you need for this model？ And what is your requirement for the package？

（通过提问，将客户的注意力放在能够向前推进的细节上。只要客户一点一点地给你提供构成一个完整订单的详细信息，你就在往订单一步步迈进。）

Waiting for your early reply.

Best regards,

Kate

亲爱的彼得，

很高兴在广交会上与你交谈。

根据您的要求，现寄上×××型号的详细规格，仅供参考，我们这款采用的是优质进口零铅材料。它在欧洲市场很受欢迎，因为消费者对绿色产品的要求越来越高。

你能告诉我这个型号需要多少件吗？你对包装有什么要求？

盼回复。

最好的问候，

凯特

对于机会客户，业务员要针对客户的需求，认真分析，认真编写邮件。这类客户数量很少，只有总客户数量的 10% ~ 20%，却值得你花 80% ~ 90% 的时间予以跟进。因为你的订单可能多数是从这类客户中获得的。

2. 感兴趣客户

感兴趣客户是指对你的产品很感兴趣但还没有下定决心要购买的客户。这类客户为何没有下定决心购买呢？或者是因为他们需要进一步了解市场，或者目前有个不错的合作商，但不甚满意，同时要结束合作关系，又担心新供货商有风险。

对于这类客户，业务员的工作重点是要推动他们做决定，而不是强调为何他们要同自己合作，因为他们还没有做好决定。做了决定，他们才会考虑同谁合作的问题。这类客户又分为以下两类。

（1）需要调研市场型客户。这类客户对于市场不了解，对于产品能否畅销有顾虑，因此业务员可以通过介绍一些成功的案例，帮客户树立信心，同时要有耐心和展示自信，甚至给客户一个特殊的政策，让客户去试销。以下为跟进这类客户时的邮件模板，仅供参考。

Dear Peter,

It is a great pleasure to talk with you on Canton Fair, and know your interests in our ×××products.

After the fair, I collected a few more information on our sales, which might be helpful for you. FYI, for this model, our sales in ××× country（需要同客户接近的市场）is ×××. Our customers said that the market specially like the ××× feature of ×××（products）.

I am very confident that you can sell ××× very well in your market. Anything I can do to help you to research or test the market, please just tell me.

Best regards,

Kate

亲爱的彼得，

很高兴在广交会上与您交谈，并了解您对我们×××产品的兴趣。

交易会结束后，我收集了一些关于我们销售的信息，可能会对您有帮助。仅供参考，这种型号我们在×××国家的销量是×××。我们的客户表示，市场特别喜欢×××（产品）的×××功能。

我相信×××在你们的市场上能卖得很好。如果我能帮你调查或测试市场，请告诉我。

最好的问候，

凯特

（2）对现有供应商不死心型客户。对于这类客户，业务员重点是挖掘客户现有供应商的弱点，让客户意识到一个不良的供应商对他的生意危害之大。注意，千万别直接攻击竞争对手，这样做客户不会喜欢。攻击竞争对手产品的弱点，而不是竞争对手本身。比如，你知道竞争对手产品的质量不稳定，但你不要说××公司产品的质量不稳定，而是要问"你的供应商产品的质量稳定吗？如果质量不稳定，会给你带来什么后果呢？"

当然，有的客户会告诉你现有的供应商有问题，更多的客户不会告诉你，他们觉得告诉你了，会在谈判的时候处于不利地位。当客户不告诉你的时候，你就要自己揣摩，旁敲侧击了。以下为跟进这类客户时的邮件模板，仅供参考。

Dear Peter,

Thanks a lot for visiting us during the Canton Fair.

Behind every successful distributor, there is a capable & reliable supplier.

As a capable & reliable producing supplier for ×××, ×××（知名大客户），we hope to be the one that stand behind, and give you firm support.

Can you give us a chance ?

Best regards,

Kate

亲爱的彼得，

非常感谢你在广交会期间来参观我们（的展位）。

每一个成功的经销商背后，都有一个能干可靠的供货商。

作为一个有能力和可靠的×××生产供货商，×××（知名大客户），我们希望能成为站在您背后给您坚定支持的供货商。

您能给我们一个机会吗？

最好的问候，

凯特

3. 了解信息的客户

这类客户往往对于某个产品还不甚了解，只是随便问问，了解一下信息。当客户直接问价格时，有的业务员会误认为问价格的客户一定兴趣很大。其实，有相当部分的客户问价只是为了随口了解一下，他们甚至还没有到认真考虑销售这个产品的程度，更不用说跟你合作了。

对于这类客户，业务员可以把他们放在一个小组里，然后发出一封模板邮件来进行跟进。具体如下所示。

Dear Peter,

Very pleased to talk with you on Canton Fair.

To let you have more information about our product ×××, I attach our brochure for your reference.

Very briefly, this products target high-end market with better distribution profit margin. Consumers love it for its features :

（1）...

（2）...

（3）...

If you have high-end customers, this is a very good opportunity worthy to investigate further.

Best regards,

Kate

亲爱的彼得，

很高兴在广交会上与您交谈。

为了让您有更多关于我司 ××× 产品的信息，现附上产品小册子供您参考。

简单地说，该产品瞄准高端市场，且具有更好的分销利润率。消费者喜欢它的功能：

（1）……

（2）……

（3）……

如果您有高端客户，这是一个很好的机会，值得进一步研究。

最好的问候，

凯特

对于这类客户，业务员应将重点放在帮助他们了解产品的来龙去脉、产品的卖点、市场机会等，以触动客户去深入调研这个产品，下决心购买。

4."路人"客户

有些客户并非经营同类产品，销售渠道也没有，只是出于好奇到你的展位上交换了名片，甚至是过来推销的。对于这类客户，不需要在他们身上花精力。

1.2　通过 B2B 平台寻找客户

1.2.1　如何选择B2B平台

外贸业务员可以通过表1-5所示的方法迅速找到所需的B2B平台。

表1-5 选择最优B2B平台的方法

序号	方法类别	具体说明
1	看知名度	各种媒体、各大网址导航站上重复出现的都是一些知名度比较高的外贸B2B网站
2	查询买家数量	企业在B2B网站上可以查询买家刊登的询盘，用所在行业的关键词查看网站上买家询盘数量和发布的时间，对比一下其他网站，就会对一个网站有一个基本的评估，知道自己的产品是不是适合在这个网站上销售
3	查看论坛讨论情况	国内有几个外贸业务员聚集的论坛，上面会经常讨论和B2B网站相关的内容，评价各个网站的优缺点，如"贸易人""福步论坛""合众外贸论坛"等都是很好的外贸论坛
4	到搜索引擎上搜索	如果企业是做"TV"（电视）业务的，试着用"Wholesale TV"作为关键词到搜索引擎上搜索一下，一般第一个外贸B2B网站效果就应该还不错
5	B2B网站有饱和效应	在选择某个网站前，企业应先在网站中查查自己产品所在行业的关键词，看是不是有很多会员和相关产品，如果网站上的供应商过多，又不能保证自己排在前面，那么这样的网站就没有效果
6	二八法则	网上流传着很多如"1000个B2B站"的帖子，看上去，如果到这1000个网站中都去发布广告，你就"天下无敌"了，但大部分网站对你来说都是无效的，不如抓住几个主流的B2B网站，集中精力去经营

 相关链接<

几个主流外贸B2B平台

1. 环球资源网

企业加入环球资源网的年费为10万～20万元。该网站主要靠线下展会、杂志、光盘宣传吸引企业加入，其中最有优势的是电子类和礼品类行业的企业。同时，该网站对买家的审核很严格，在成交的订单中，大单较多；该网站的客户以大企业为主，小企业应谨慎选择。

2. 阿里巴巴

阿里巴巴于2020年4月7日宣布，时隔11年再次启动扶助中小企业的特别行动——"春雷计划"，阿里巴巴希望通过其数字化能力，帮助中小企业不仅渡过眼前的"危"，更要找到面向未来的"机"。

"阿里巴巴春雷计划2020"出台了5大方面16项扶助措施，其中的两项措施是外贸升级线上突围、助力外贸开拓内销。

为帮助外贸企业转型升级、线上突围，阿里巴巴依托速卖通、Lazada、天猫海外等平台，实现海外线上"云拓客"；利用阿里巴巴国际站帮助线下外贸企业搭建线上展馆；联合各地打造具有地方特色的数字化商贸市场和数字化产业带。

为帮助外贸企业迅速开拓内销市场，阿里巴巴中国内贸平台开设数字化"外贸专区"；帮助没有线上经营经验的外贸企业直接成为天猫超市、淘宝心选供货商；对已入驻天猫的外贸制造业企业，减免3个月的店铺服务费；为中小外贸企业开通入驻淘宝企业店绿色通道，并提供相应支持。

3. 中国制造网

中国制造网的域名有特色、上口、好记，给国外客户留下了深刻的印象。该网站的广告投放力度并不大，在国内外主要靠口碑相传，搜索引擎优化排名也不错。

4. 伊西威威

伊西威威是一个按效果付费的B2B网站。如果以收取年费来盈利的B2B网站为第一代B2B网站，那么实行按效果付费的盈利模式的B2B网站就可以称为第二代B2B网站。供应商在使用伊西威威时，决定付费的前提在于供应商通过伊西威威网站收到有效询盘，供应商在收到买家的大量询盘后，可以根据询盘的内容来自主判断是否为有效询盘。伊西威威只对供应商自主筛选后的有效询盘收费。目前这个网站推广力度很大，值得关注。

5. Tradekey

如果仅以询盘的角度来判断，Tradekey的效果还算不错，它依靠网站的搜索引擎优化买家，用许多产品的关键词在搜索引擎中搜索，三页内经常可以看到Tradekey的身影。该网站现在已经取消免费会员，其银牌会员的年费是369美元，该价格不算贵且目前上面供应商的数量还不多。Tradekey的金牌会员很少，这就说明银牌会员已经能满足一般企业的需要，该网站上的竞争还没达到白热化的状态。

6. eBay

不要认为eBay是针对个人的拍卖网站，事实上，eBay上除了C2C交易以外，B2C和B2B交易也相当活跃。eBay的每个分类里都有一个批发专区，可以刊登批发信息，而且eBay中的不少采购量大得惊人。通过eBay首页底部的全球网站导航，企业可以进入26个国家或地区页面刊登批发信息。

7. iOffer

这是一个美国的交易网站，严格说不能归为B2B网站，但有批发业务。该网站中的批发交易很活跃，通常都是小单。iOffer 是一个基于谈判的交易系统，买家可以在线提问、与卖家协商并最终成交，同时可以在线付款。该网站中的所有交易记录和协商过程都记录在网站上，这样方便买家对商品价格和卖家信用进行评估。想注册成为 iOffer 的卖家，需要使用国际信用卡，iOffer 根据成交金额收取交易费。

8. DHgate

这是一个新兴的外贸 B2B 网站，主要面向中小企业。在该网站中，卖家注册完全免费，可以任意刊登产品信息，国外买家选购商品后先用 PayPal 付款给 DHgate 公司，DHgate 通知中国供应商发货，买家收到货后检查没有问题，通知 DHgate 放款给中国供应商，大大降低了国际采购商受欺诈的风险。在交易中，DHgate 公司向买家收取 10% 的交易费。这是一个很有前景的网站，不妨一试。

1.2.2 如何运用B2B平台推广业务

运用 B2B 平台推广业务的步骤如图1-3所示。

图1-3 运用B2B平台推广业务的步骤

（1）注册

外贸业务员在基本了解 B2B 平台的访问量和免费会员的权限后，接下来就是注册。

进入网站找到"登录/注册"，一般在页面靠上或者页面最上面，选免费注册。

点击注册会员之后将会出现注册会员页面，按照网站要求填写内容，一般有星号为必须填写的内容。

小提示

注意事项：某些网站需要填写公司名称，若是公司名称已经被注册，可以将公司名字少写字来规避这个要求；某些网站对用户名有要求，注意按要求填写。

注册成功之后，一般会要求激活账号，发送邮件到邮箱中，点击链接之后激活账号。目前某些网站也要求绑定手机号。然后进入个人中心。

进入个人中心之后，最好不要着急发布产品，先将账户管理信息、认证信息等填写完整，如果需要公司营业执照等文件，积极提供。

等网站审核完成之后，就可以发布产品了。如：供应信息—我的供应—发布供应信息或者产品中心—产品管理—发布产品，不同平台对这个模块有不同的表述。

发布产品之前，某些网站会有"如何发布产品"等文章，可以先阅读之后，了解大概内容，再进行产品发布。

小提示

（1）将所有内容均用Word文档准备好，包括账号、用户名、密码，和电话号码、邮箱、QQ等联系方式，以及公司主打产品、公司信息等，在注册过程中只需要复制粘贴。在注册过程中遇到新的要求及时更新内容。

（2）注册过程中做好记录，如每个网站网址、用户名、密码以及设置的某些密保问题和答案、生日等相关信息。

（3）某些网站可以看到询盘（主要是外贸B2B），可以关注一下询盘方面的信息。

（4）注册要准备的相关资料一般包括以下项目。

——企业介绍（成立时间、年产量、年销售额、出口额、员工数量、企业负责人等）。

——产品概述。

——单个主推产品的详细描述。

——企业注册地址、电话、传真、邮箱、网站。

（2）进行产品发布

外贸业务员在B2B平台上完成注册，并准备好产品描述材料、技术资料、认证信息、价格、图片等以后，就可以发布产品。产品发布的内容与要求如表1-6所示。

表1-6　产品发布的内容与要求

序号	内容	发布要求
1	产品名称	产品名称是供应产品的核心，表述清晰且包含产品关键信息的标题能够让用户更容易地了解产品，从而引起采购商更多的兴趣。企业要想发布高质量的信息，就必须做到以下3个方面 （1）一个信息标题只描述一种产品，不要将多个产品放在同一个标题中 （2）信息标题包含与产品相关的关键字 （3）信息标题中增加与产品相关的描述性词语，丰富标题内容，突出产品卖点
2	产品目录	产品目录要选择正确。企业在发布产品时，要按照类目结构、产品用途选择产品所对应的类目，归类错误将导致企业的产品不能在相应的产品目录中显示

续表

序号	内容	发布要求
3	自定义产品类别	产品不应该与产品类别名称相脱离，比如，不可将"曝气器"产品放到"蜂窝填料"这个类别下。完整、正确的自定义类别能够让采购商在第一时间更全面地了解产品，同时有助于搜索引擎抓取类别页面
4	产品图片	上传产品清晰的实拍大图，帮助买家第一时间直观地了解产品细节。上传的产品图片会显示在供应信息的搜索结果列表中，也会显示在该条信息的详情页面上 （1）上传图片的大小不能超过100kB （2）图片文件名不要包含标点符号，也不要过长，图片必须是Jpg、Jpeg、Gif格式 （3）点击上传图片按钮后，网站提供自动加水印的功能 （4）如果对目前图片的效果不满意或需要转换图片格式，可使用其他专业的图片处理工具处理后再上传
5	产品简介	产品简介是产品详细介绍的浓缩及摘要，产品简介添加得好能获得更好的搜索引擎排名
6	产品详细介绍	（1）产品的详细介绍包括产品细节图、性能、材料、参数表、型号、用途、包装、使用说明、售后服务等方面，图文并茂，能够突出企业产品的优势和特点，它是采购商进行下单交易决策的重要组成部分 （2）产品详细介绍可能存在不同的介绍方式及侧重点，如着重填写全面的产品介绍、参数表格、技术文档、售前和售后服务、退换货问题等。建议上传部分产品细节图、产品参数表格、包装、后期服务、运输及企业加工能力等的说明

小提示

不同的B2B网站可以免费发布的产品数量也不一样，企业需要根据网站的具体情况选重点、分主次。需要注意的是，只要网站有上传图片这样的功能，企业就要充分利用，以便给企业产品加分。

（3）搜索了解网站的信息

先搜索了解网站信息有明显的好处，企业可以很快知道会员和非会员的权限，以及免费和交费的区别。在搜索时，企业可能马上可以看到一长串的供求信息，也有可能被告知无权搜索。前者是企业最想要的结果，可以据此收集宝贵的客户信息。对于被告知无权搜索，可能有两个结果：必须注册才可搜索或交费才可以搜索。

每个网站的搜索页面都不同，一般都在首页，也有些是在Offerboard（商情板，即电子公告牌）页面或Bizopportunity（商业机会）页面。由于各个网站的风格不同，如果在首页没有找到搜索页面，就多点击几个页面，搜索页面通常最多就在二级页面上。

利用搜索得到的信息可以知道这个网站的访问量和信息量。企业的目标不仅是寻找信息量大的网站，最重要的是这些信息要适合企业的产品。有些网站每天都有成千上万条求购信息，让人看了心花怒放，但是键入企业的产品搜索求购信息后可能发现，当天、一周内、一个月内甚至半年内，搜索出的结果都是0。

（4）发布信息

发布信息也就是发布商情。

① 注意掌握更新的周期。较多的网站都有商情发布的功能，发布信息要注意掌握更新的周期，可以参考图1-4所示的4个因素。

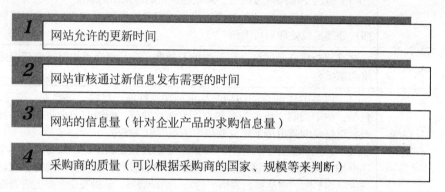

图1-4 产品发布要考虑的因素

外贸业务员可以根据图1-4中的要素来判断并记录好网站更新的时间和更新周期。

② B2B平台产品关键词的设置。从广义讲，关键词指的是用户在搜索引擎中输入的单词，以表达他们的个人需求。

B2B平台的关键词是用户在搜索供货商或产品时，需要键入的产品名称或其他相关单词，当这些信息与企业设定的关键词一致或包含企业或产品的关键词时，企业发布的产品就会出现在搜索结果里。

可以按照下面的方式设置关键词：打开你的网站（产品或服务列表），从头到尾将网站里的产品看一遍，提取一个产品，然后停下来思考下面的问题。

——我的产品或服务用到哪些领域？（行业）

——哪些地方的人使用？（区域）

——这款产品有哪些特性？（产品功能）

——当我的潜在客户在搜索引擎上搜索这款产品时，他可能使用的关键词有哪些？（搜索习惯）

然后按照图1-5至图1-8所示的方式设置关键词。

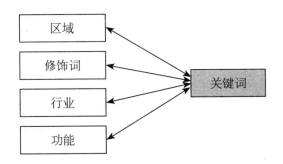

图1-5 关键词设置方式（1）

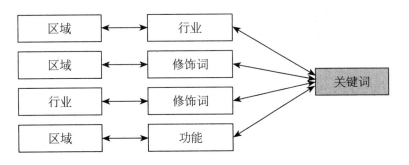

图1-6 关键词设置方式（2）

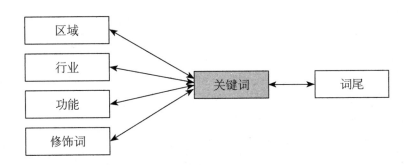

图1-7 关键词设置方式（3）

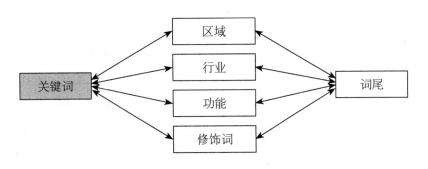

图1-8 关键词设置方式（4）

什么是修饰词：修饰词就是对关键词进行描述，比如二手、打折、特价、优质、规模最大的、最新的、热门的、流行的、最实惠的、最便宜的、最好的、最优惠的、产量高、华丽的、时尚的等。

什么是词尾（长尾词）：词尾就是增加关键词的属性值，比如公司、制造商、生产厂、厂家、供应商、供货商、价格、专卖店、售货点、生产厂家、服务点、出租、租赁、机构、集团、联盟、零售店、批发商、中心、研究院、总代理、店铺、连锁、公社、销售部、工作室、代理商、加盟店、加盟商等。

关键词设计的四种方式中，可以从任何一种方式使用两项或者两项以上组成一个新的关键词，比如：关键词——吊车；出租区域——深圳宝安；行业——建筑；功能——塔吊。

按照上面的关键词设置图，可以把以上的词组成如下不同的关键词。

——深圳宝安吊车出租。

——宝安建筑工地用吊车出租。

——深圳宝安吊车出租公司。

——建筑行业吊车出租。

重复以上步骤，将每一款产品都制作一份独特的关键词列表。

小提示

（1）设置产品关键词是双刃剑，不要以为越多越好，注意相关性，如果设置了不相关的词汇就会收到不相关的询盘，而且会给一部分买家留下不专业的印象。

（2）关键词之间要用英文字符的逗号隔开，不要用中文字符。

（3）一般来讲，单数"product"和复数"products"只需设置一个单数就可以，如果遇到单数变复数不是加S的单词，比如单数"battery"，复数"batteries"，就需要将单数和复数都要设置。

---

③ 关键词应用举例说明。

——以包为例。用户在查找bag的时候会发现些诸如"hand bag"（手提包），"leather bag"（皮包）的衍生词，可以将这些衍生词结合，生成新的关键词，如"leather hand bag"。

——以登山包为例。在写关键词发布产品时，要考虑是直接写"Hiking Backpack"，还是"Hiking Backpack for Camping Fishing"，因为受众不同，一般精准的定义转化会比较高，广告也体现得非常明显。现在很多竞争对手除了利用亚马逊站内的词，还会去购买更加精准的流量词，以提高客户的关注度及购买率。

——以纸袋为例。产品发布中三个关键词分别是"paper bag""shopping bag""custom paper bag",那标题就可以设置成"custom kraft paper shopping bag with paper twist rope"。这个标题既覆盖了三个关键词,又加了修饰词"kraft"和"paper twist rope",这样覆盖面会更广,更有利于被客户搜索到。

——以腰包为例。产品发布中三个关键词分别是"Belt bag for women""belt bag for men""RFID waist bag",那标题就可以设置成"waterproof sport FRID waist belt bag for women men"。这个标题叠加了这三个关键词,覆盖面有所扩大,更易于被客户搜索到。

——以钱包手机壳为例。如果要发布iPhone的钱包手机壳这款产品,产品的核心词就是"iPhone case"。考虑到"iPhone case"的竞争异常激烈,如果用这个大词来作为关键词,无疑是以卵击石。可以将"iPhone wallet case"作为主推词布局在标题权重最高的位置,将辅助关键词"iPhone wallet case detachable""iPhone wallet case magnetic flip""iPhone case with wallet""iPhone case detachable",布局在"bullet point"和"search terms"里。还可以将相关的长尾词在页面描述中进行布局。这样,客户在用iPhone钱包手机壳以及各种相关的搜索习惯来搜索产品时,发布的产品就有可能被快速精准匹配和展示。

——以知名企业为例。还可以在关键词中使用公司名、产品品牌名、地理位置(地理位置对于服务于地方性的企业尤其重要,如果你的业务范围以本地为主,则在关键词组合中加上地区名称)。

(5)搜索和收集买家的资料

目前,国内很多中小型企业已经自己开展外贸业务,逐渐告别依赖外贸公司的时代。这是因为厂家如直接作为卖方,首先是产品价格有绝对优势,其次是客户资料由自己掌握,这是企业生存的长远之道。

① 制定自身产品关键词,使产品在不同的关键词搜索中排名靠前。通过关键词找产品是客户上B2B网站寻找供货商非常重要的一个手段,也是供货商通过在B2B网站上注册、发布产品,制定产品关键词,让客户找上门来的一个非常重要的手段。所以,制定产品的关键词就尤为重要。

比如压缩机这款产品关键词的制定。

产品名称:压缩机"Compressor";如果是一款天然气压缩机的话,可加上"gas",为"gas compressor";再结合产品自身特点,往复式、活塞式、高压性质的,为"reciprocating gas compressor""piston gas compressor""hig pressure gas compressor",那么,这样的关键

词组合被搜索引擎检索到的机会就会大增，有机会让客户通过找到该产品，从而找到此产品的供货商。

② 搜索供求信息（Trade lead），使用产品关键词，比如说是LED台灯（LED desk lamp），先用"LED desk lamp"搜索供应信息，看自己发布的供应信息能不能搜到、排名是多少，其次用"LED desk lamp"搜索采购信息（Buying lead），可以用产品的关键词与国家的不同来寻找客户，找到客户后，对这些客户逐一记录，做一些简单的分析，大部分的B2B网站都要求，不管是买家还是卖家都要填写详细的资料。买家发布的需求信息，有些网站是要收费才能看到的。

在搜索过程中，业务员应注意以下3个因素。

其一，是通过关键词搜索，搜索的范围要从小到大，这样既能提高匹配性，也能节省时间。

其二，选择搜索的类别，我们要找的是买家。

其三，注意时间，要从最新的信息开始搜索。

小提示

搜索的时候，如果关于买家的资源有限，也可以搜索卖家，卖家列表中的公司虽然是企业的竞争对手，但也可能成为企业的客户，毕竟，OEM（自主加工）业务非常普遍。

（6）联系客户

搜索工作告一段落之后，就进入联系客户阶段。有些B2B网站可以搜索到客户的详细信息，如电子信箱、传真、电话、网站，对这些信息，企业一定要做好记录，并主动联系客户。而有的B2B网站不公布客户的联系信息，只能通过网站的平台来发送邮件。有的B2B网站会把询价信息都存在企业的账户里，企业必须登录才可以看到。为了避免错过客户的询价，企业最好看清楚网站的说明，做好记录，并定时打开网站的收件箱。

小提示

如果觉得某客户的询价有价值，而在某B2B网站没有权限看到这个客户的相关信息，则相关人员可以在搜索引擎上查找这个客户的信息，或者在其他B2B网站上查找这个客户的信息。

1.2.3 利用B2B平台运营的技巧

B2B平台不仅权重高，而且有很大的用户量。外贸业务员如何利用好B2B平台，也是有技巧可循的，具体内容如表1-7所示。

表1-7 利用B2B平台运营的技巧

序号	技巧类别	具体说明
1	标题优化技巧	标题很重要，在写标题的时候，不要简单地用核心关键词，这样很难获取到排名，一定是要有长尾关键词，并且3个关键词左右，切勿同类关键词堆砌，这样违背算法操作，难以有排名
2	关键词	在发布产品的时候，B2B平台大都会提供一个让客户自己添加关键词的地方，所以，企业要选择精准的关键词
3	准备好产品资料或服务资讯	发布信息要图文结合，要具体产品性能、卖点、与竞争对手优势、合作流程、企业相关信息、联系方式，内容一定要详细、丰富，用户看一遍就能全面了解到产品或服务，这样才能做到吸引客户
4	内容方面需要做的优化细节	重点内容要有提醒效果，比如关键词要加粗，设置背景色，多上传产品图，图片的宣传效果更直观，内容中要展示出检测陈述、各项证书等，体现企业的专业与权威，塑造公信力
5	B2B平台能够装修的，一定要装修	有些平台可以允许装修，比如设置下导航、产品分类、banner图、企业介绍、联系方式等，让客户了解得越多，越能引导用户深度浏览，进而进入网站浏览，达到我们推广目的
6	排名优化	排名靠前的产品自然容易被发现，最简单的办法是对已经发布的商品不断变更内容，进行重新发布，也可以为产品内容页加入精准的关键词
7	站内广告投放	通常所有B2B网站首页和次级栏目都有广告位出租，或是参加付费排名
8	使用代人填表的软件	很多B2B网站的功能都很相似，如填写注册信息、发布公司介绍、产品介绍等，因此有很多复制、粘贴的重复性工作。推荐使用AI RoboForm软件，它可以存储第一次填写的内容，遇到同类的填写表格，只要点一下鼠标就能将上次填写的内容一次性复制填写，既方便又节省时间
9	回复要及时	要知道目标市场的客户大概什么时间在线，就要在那个时间段登录B2B网站，当收到询盘时，第一时间回复通常会带来比较高的成交率

 **相关链接**

避免B2B网站推广误区

外贸业务员在运用 B2B 网站推广时，需要尽量避免以下误区，以免得不偿失。

1. 过度依赖 B2B 网站，推广手法单一

很多外贸业务员整天在各 B2B 网站"转悠"，发布供应信息，搜索买家信息，寻找新的 B2B 网站。实际上，真正有诚意的询价单只来自少数网站，更多的是那些代理公司打探价格而已。据调查，在国外并不是所有买家都习惯去供求平台寻找供应商。美国、欧洲国家的一些客户动手能力强，更倾向于通过搜索引擎或类似 eBay 这样的平台自己去寻找卖家。因此，国内企业的业务员如果一味地将自己"绑"在某些 B2B 网站上，将错失很多机会。

2. 重视信息发布内容，忽视网站自身建设

依赖 B2B 网站进行产品推广的企业往往把信息重点放在平台而不是自身网站建设上，经常变换信息发布的主题和内容，却很少更新或添加网站内容页面。实际上，网站是一个独立的营销实体，而在平台上发布的信息或免费空间只有依托该平台才能起作用。忽视网站自身建设而把主要精力放在 B2B 网站上是策略性失误。

3. 高估搜索引擎提交和信息发布工具的作用

搜索引擎提交和信息发布工具泛滥是早期免费发布信息时代的产物，但今天一次性提交诸多供求平台和搜索引擎目录对很多外贸业务员来说仍然充满极大的诱惑力。然而，真正效果明显的大型网站都排斥来自自动提交软件发布的信息。诸如此类的提交工具只能作为辅助性手段，不可依赖、指望它带来客户。

4. 过于频繁地发布供求信息

有的外贸业务员每天都向各平台提交同一个供求信息，搞信息轰炸，使发布的信息有兜售之嫌。其实，每周发布 1 ~ 2 次即可，发布时应用不同的产品名称，不断变换信息发布的主题，撰写有针对性的内容。在热门平台上，即使信息发布不久就被隐藏到"下一页"也不用担心，实际上买家会通过搜索框直接搜索要买的产品，所以信息发布的主题和内容含有产品名称比频繁发布更加重要。

5. B2B 网站的地域性认识问题

一些外贸业务员在开拓重点区域市场时，会特意寻找目标国家的 B2B 网站，这个思路表面上看起来不错，但从进口商的角度来看，它们寻找供应商时，更多地会去供应商所在国家的 B2B 网站或在线黄页上寻找。因此，业务员在选择外贸平台时，

没有必要过分强调平台所在国家，人气始终是第一考虑因素，一个人气旺盛的外贸平台会将全球各地的商家都聚到一起，所以有的 B2B 网站会故意淡化自身的区域色彩，以强化国际形象。

1.3　通过邮件营销寻找客户

1.3.1　邮件营销有什么优势

邮件营销（E-mail Marketing）就是把文本、超文本标记语言（HTML）或多媒体信息发送到目标用户的电子邮箱，以达到营销目的。邮件营销已经存在了数十年，而且还在不断变化。

邮件营销是外贸业务中常用的网上营销手段，在海外营销中，客户之间大多是通过邮件来进行沟通和交流的。据了解，90%外国人都有使用电子邮件的习惯，他们通过电子邮件进行沟通交流、日常办公等，查看自己的收件箱是他们一天中做得最多的事情。因此，邮件营销也被越来越多的外贸企业应用，拓展海外业务的业务员必然要通过发送邮件来进行自己的海外营销活动。邮件营销的优点具体如表1-8所示。

表 1-8　邮件营销的优点

序号	优点	具体说明
1	用户量大，传输容量大	目前，全球电子邮件用户达到40亿以上，数量远超微信、facebook 等社交平台，且邮件传输容量大，方便保存。从2015～2020年中国个人邮箱用户规模及预测数据来看，整体呈阶梯状上升趋势，2015年个人邮箱用户规模为2.52亿人，2018年其用户规模增长为3.05亿人，2020年中国个人邮箱用户规模达到3.42亿人
2	许可式营销	邮件营销采用了许可式营销方式，也就是说每一封邮件投放都征得对方同意，极大限度保证了有效性
3	针对性强	常用的电子邮箱对应的就是用户个人，标签和属性都不会有太大的变化，邮件能直抵潜在客户或消费者邮箱，更容易针对性地投出用户爱看的广告
4	可持续性	众所周知，开发一个新客户比促进老客户消费成本和精力消耗更多，电子邮件地址基本上是伴随用户终身的，这意味可持续利用邮件地址营销
5	覆盖面广	打破时间和空间的局限，无论发送目标是国内还是海外，邮件都可以实时传递。只要你拥有足够多的邮件地址，就可以在很短的时间内向数千万目标用户发布广告信息，营销范围可以是中国全境乃至全球

序号	优点	具体说明
6	展现形式 丰富	由于广告的载体就是电子邮件，所以具有信息量大、保存期长的特点，具有长期的宣传效果，而且收藏和传阅非常简单方便，很好地适应了碎片化阅读的时代特点和移动互联网流行趋势，邮件能够随时随地被读者调出来阅读，包括在移动端设备上处理
7	成本低	电子邮件营销是一种低成本的营销方式，成本比传统广告形式要低得多。U-mail邮件群发平台发送不成功不收费，发送量越大单价越便宜
8	效果好	电子邮件本身具有定向性，你可以针对某一特定的人群发送特定的广告邮件，你可以根据需要按行业或地域等进行分类，然后针对目标客户进行精准邮件群发，使宣传一步到位，这样可使行销目标明确，效果非常好
9	易于跟踪	对于每一封电子邮件，企业都可以进行跟踪，包括用户是否打开和回复，企业可以据此制定非常详细的报告，以便下一步的决策

1.3.2　寻找客户邮箱有什么方法

很多外贸业务员抱怨找不到目标客户的有效邮箱。要想找到目标客户的有效邮箱，首先要学会通过各种渠道找到客户信息，如网址、网页等信息，再进一步进行查询与了解，从而找到客户有效邮箱以开展邮箱营销。下面介绍一些寻找客户的方法。

（1）利用搜索引擎寻找客户

随着互联网的飞速发展，可以借助强大的搜索引擎，如Google、Baidu、Yahoo、Sohu，获得相关潜在客户信息。通过网络方式的搜索主要是选择比较合适的关键词。对于从事不同产品销售的外贸业务员来说，可以用搜索不同的关键词组合来获得比较精确的客户定位信息，多种关键词的组合会达到意想不到的效果，要通过多种跟产品相关的关键词来进行这项工作。利用搜索引擎寻找客户，通常有表1-9所列30种方法。

表1-9　利用搜索引擎寻找客户的方法

序号	方法	说明
1	在Google中输入产品 名称+importers	如Neck wallet + importers，也可以用importer代替importers进行搜索。对于不同产品或者行业，这些网站的排名往往不太一样，用自己的产品测试时，应选取排名比较靠前的网站加以利用。还可以在Google在不同的国家搜索，如Google英国：www.google.com.uk；Google加拿大：www.google.com.ca
2	关键词上加引号，即搜索"Productimporter"，在输入时将引号一起输入	这种方法可以保障在搜索出来的网页中，用户输入的关键词是连接在一起的，不像上一种方法得到的结果中，输入的关键词可能是分开的。这样搜索的结果虽然数量上大大降低，但准确性必然会大大提高

序号	方法	说明
3	搜索产品名称 +distributor	搜索时如果加上引号，能得到更准确的结果。虽然这样做可能过滤掉很多潜在客户，但如果运气好的话，可以找到很多分销商的信息
4	其他类型目标客户搜索	产品名称+其他客户类型。相关目标客户的词语还包括buyer、company、wholesaler、retailer、supplier、vendor及其复数形式，可以用来和产品名称结合进行搜索。这样搜索的结果不会很多，但包含比较丰富的客户信息和其他市场信息，比如行业状况、竞争对手信息和技术资料等
5	Price+产品名称	通过这种方法得到的信息，其中一部分往往可以找到很多在网上销售产品的零售商和经销商，还有一部分搜索结果是一些市场报告、谈论产品行情的文章，如果是比较新的资料就可以作为参考
6	搜索 Buy+产品名称	这种方法可以发现可能被忽略的求购信息
7	国家名称限制方法	在上述6种方法的基础上加入国家名称限制。一般从这种搜索结果中可以得到自己所关心的产品在目标市场的情况，其中也包含不少客户信息和客户资源
8	关联产品法	产品名称+关联产品名称，这样的搜索结果往往是一些目标客户网站和行业网站
9	著名买家法	产品名称+自己行业里面著名买家的公司简称或者全称，这种方法可以找到行业市场的情况，并能在相关的网站中找到其他买家的名字
10	Market research方法	产品名称+Market research，这种方法用以搜索某种产品的市场研究报告。一般在这种报告的提要或者内容中，可能会提到很多著名的行业内的公司，包括制造商和分销商
11	观察搜索引擎右侧广告	搜索产品名称后，查看搜索结果右侧广告。经常可以看到在Google右侧会出现一些文字广告，这是Google为了防止影响搜索结果的公正性而特别置于右侧的，这种方式既照顾到了搜索人不想受广告干扰的心理，也照顾到了广告主的利益。根据上述提到的众多的关键词搜索目标客户信息时，往往那些广告主提供的服务也是值得关注的
12	寻找行业展览网站	中小企业拓展海外市场最为有效的方式仍是参加面向国际市场的各种行业展览。这类展览的组展方都会建立专门网站，该网站上往往会罗列上次展览的参展商名单和本次已经报名参展的客户名单，名单信息中通常包括公司名称、网址、邮箱、电话、联系人、公司经营范围等信息
13	高级搜索的 Title 方法	使用Google高级搜索功能的Allintitle功能，搜索上述各个项目的关键词。Title方法的原理是把客户可能用在他们的网页标题中描述他们自己的关键词找出来，然后我们在网页标题中搜索这些关键词，这时候搜索出来的内容相关性比以往大大提高，非常准确

序号	方法	说明
14	寻找能链接到大客户网站的网页	即使用Google查找大客户网站的链入网页。无论是什么情况，链入网页很可能是个比较专业的网页，考虑到该网页可能同时包含其他潜在客户，所以非常值得关注
15	寻找有引用客户网址的网页	方法同上一个方法一样，只是查找的是引用客户网址的页面，而不是链入页面
16	网址包含大客户公司名	利用Google高级搜索功能，输入大客户名称，在字词位置选择"网页内的网址"搜索。这种方法搜索出来的网页同上述方法第14、15一样，都是非常专业的页面。一般来说，如果某个网站会以某个客户的名称来命名网页，那么很有可能是在介绍一系列的公司，其中很有可能还有其他潜在客户
17	多语言方法	搜索关键词的其他语言写法。这种方法对非英语的国家比较有用，如东欧、南美国家等。这种方法很少有人使用，但非常值得尝试一下
18	专业文档方法	搜索引擎还提供类似于ppt、pdf、Word、Excel文档的高级搜索功能。一般来说，互联网上这种文档数量比网页数量要少得多，这种文档一般都是专业的资料，绝对值得研究
19	网址目录方法	注重在网络上宣传自己的公司往往会将自己登录到Yahoo.com和DMOZ.org这两个世界上最有名的网址目录中，因此用户可以到这两个网址目录中去寻找一些客户信息
20	企业名录网站方法	全球有一些专门提供买家名录的公司和网站，在这些公司中，Kompass（www.kompass.com）和Thomas Tlobal Register（www.tgrnet.com）最为有名和受市场好评，用户可以从这两个公司提供的名录中找到很多潜在客户信息
21	进口商与分销商名录网站方法	可以通过搜索importers directory和distributors directory进行查找潜在客户信息
22	行业网站方法	专业网站在买家、卖家信息的真实性、完整性方面一般都比综合商贸网站专业，而且分类更加细致，更容易找到对口的信息
23	综合商贸网站方法	如通过阿里巴巴、生意宝、环球资源、慧聪网、商品资源网、中国制造网等诸多综合性B2B电子商务平台及其站内搜索引擎搜寻
24	黄页网站查找方法	在研究区域市场时，该区域的黄页是很有用的，特别是一些新兴市场，如按洲和国家分类的黄页大全Nob2b.com
25	商务部世界买家网	win.mofcom.gov.cn中国商务部为中国广大出口商收集了世界上40多万进口商的资料，并免费对中国出口商开放
26	商务部驻外机构	商务部驻外机构的信息在这里可以查询到：www.mofcom.gov.cn/jingshangjigou.shtml
27	进出口协会或者商会	在开发区域市场时，往往需要罗列该区域的主要进口商，然后选择合适的代理，企业可以参考商务部提供的信息，如service.win.mofcom.gov.cn/jmwz.htm。此外，商务部还提供了很多其他免费资料供查询，如www.mofcom.gov.cn/quanqiu/qqswzd.shtml

续表

序号	方法	说明
28	各国行业商会	在搜索引擎中搜索行业名称+Association。一般来说，某国的行业协会都包含了制造商、经销商的相关信息
29	行业巨头渠道	可以到网站www.tgrnet.com来查找信息源
30	利用Alexa工具	Alexa网站可以检测一些行业网站、贸易网站的流量，据此来判断这些网站的知名度。另外，也可以通过"联盟网站——网盛生意宝"（www.NetSun.com）查询同类的B2B网站，以寻找新的商业机会

通过搜索，企业至少可以获得如下基本信息。

① 客户的基本联系方式。

② 客户的公司简介，可以了解该公司目前的规模和实力。

③ 客户的公司产品，可以了解产品的技术参数、应用的技术等。

④ 网络上还有一些行业的专业网站会提供该行业的企业名录，一般会按照区域进行划分，也会提供一些比较详细的信息。如慧聪国际、阿里巴巴这些网站会由于进行行业的分析研究而提供比较多的信息。

企业或公司的网站也可以与互联网搜索引擎服务商进行合作，提供能够按照客户习惯搜索的关键词，使该企业或公司能够比较容易地出现在搜索结果的前列，这样，会让一些正在寻找这些企业或公司的客户比较容易地找到你们。

（2）利用海关数据寻找客户

搜索引擎中输入"海关数据"，就会显示很多出售海关数据的网站，大多数是收费的，也有些是免费的，有针对性地购买海关数据是一条很好的途径。目前市场上能够提供的海关数据包括美国进口商、英国进口商、韩国进口商、俄罗斯进口商、拉美7国（阿根廷、智利、哥伦比亚、厄瓜多尔、秘鲁、巴拉圭、乌拉圭）进口商报告。国外进口商报告可以直接联系潜在客户，了解其交易的细节（包括价格、数量等），可以用来开发新客户和了解对方的真实经济状况。这种报告是来自海关的真实记录。

（3）利用专业渠道寻找客户

可以利用专业渠道寻找潜在客户，专业渠道包括以下方法。

① 专业的行业期刊、杂志、网站。

② 专业的市场调研公司所提供的关于行业的分析报告与客户名录。

③ 行业协会主持的业内研讨会、产业发展研讨会等。

（4）其他渠道

如通过黄页、贸促会、驻外经济商务参赞处等寻找潜在客户。

1.3.3 如何写好外贸邮件

初入外贸行业，撰写邮件成为最基本的工作技能，写好一封商务邮件，可以最大效率地跟进客户，保持良好沟通，同时增加职场竞争力。

外贸邮件的撰写要求需做到图1-9所示的11点。

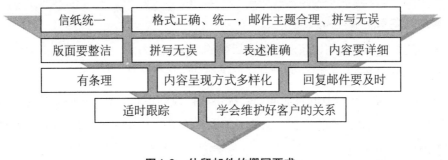

图1-9　外贸邮件的撰写要求

（1）信纸统一

信纸统一，且最好有企业的商标（Logo）、主要产品的图片类别等。网络下载的信纸不适合商务使用。

（2）格式正确、统一，邮件主题合理、拼写无误

所有发给客户的邮件应该采用统一的格式。

① 邮件主题最好有企业或公司名称等，比如企业名称为"Export"，行业为"LED System"，如查这封邮件的内容是给一款产品报价，那么主题可以写成"Export LED System/quotation of type A"。这样做的好处是，既可以方便客户查阅，又方便自己以后查找发给客户的历史邮件。若与客户的往来邮件很多，通过主题查找就会很方便，且能节省时间。

② 邮件正文两端要对齐，对于段落较多的邮件，正文两端对齐会显得相对整洁。

③ 第一封邮件最好写"Mr.×××"或"Ms.×××"，职位写"Sales Manager"（销售经理）等。不管你是不是经理都没关系，发件人职位高的话，会让客户觉得企业重视他，对自己有利。

④ 邮件落款要有企业标识及详细的联系资料。如图1-10、图1-11所示。

Best Regards

Nur Athirah
Purchasing & Logistic

Power to serve, passion for **PORT**

T: +65 6710 5480
F: +65 6710 5400

E: nur.athirah@firstportglobal.com

First Port Global Pte Ltd
9 Yishun Industrial Street 1
#02-70/71 North Spring Bizhub
Singapore 768163

www.firstportglobal.com

Think before you print.

图1-10　邮件落款（1）

Best Regards,

Accounts Payable – France
Alstom Transport SA

Global Finance Center – Bangalore
Email: alstom.france.fournisseurs@alstomgroup.com
www.alstom.com

ALSTOM
·mobility by nature·

Please consider the environment before printing this e-mail

图1-11　邮件落款（2）

（3）版面要整洁

在OE或foxmail里面把撰写邮件的字体、字号（10 ～ 12号比较好）都设置好（如图1-12所示），不要一会儿大字，一会儿小字，也不要过于花哨，特别是不要全篇都是大写字母，这会增加阅读难度，让人反感。对于一些需要特别提醒客户注意的地方，则可以用大写、加粗，以及特殊颜色等突出显示。

图1-12　邮件中字体、字号的设置

（4）拼写无误

在每封邮件发出之前都应仔细检查邮件是否全部拼写无误，也可使用拼写检查工具检查是否拼写无误。

（5）表述准确

邮件要能够准确表达企业的观点，不要让客户产生任何歧义，尽量避免使用有歧义的单词或短语，尽量避免使用俚语等。

（6）内容要详细

邮件应给客户提供非常详细的资料，回答其提出的问题，并将没有问到的问题也整理出来。有时候，外贸业务员提出的问题会让客户觉得其很细心、很可靠且非常专业。但需要注意，详细并不是说一股脑将所有内容全盘托出，应该学会在适当的时候谈适当的事情。

（7）有条理

邮件内容要能够让客户清楚地看明白，谈完一件事再谈另外一件，混在一起会让人产生混乱感。在很多时候，邮件的内容要用"1、2、3、4"等标出来，这样客户就能清楚地知道外贸业务员要说或问什么。

（8）内容呈现方式多样化

邮件的内容呈现方式可以多样化，比如配合图示说明、照片说明等。很多事情往往用语言很难说清楚，但借助一张图纸或一幅照片，就会一目了然。

（9）回复邮件要及时

尽量做到当天邮件当天回复。在收到邮件后，应马上整理出自己不能解决的问题，及时提供给其他部门或者供应商，要求他们在指定时间内给予详细答复。外贸业务员要养成一个好习惯，早上收到邮件后，整理出哪些需要询问技术人员、生产人员、采购人员等或者供应商解决的，然后将问题发给他们后，再回复能够答复的邮件内容。如果不能当天答复的，要给客户一个解释说明，即答复不了的原因是什么，并向其承诺一个明确的回复时间。

（10）适时跟踪

一般客户都是同时向数个供货商询问产品报价等事项，所以要适时提醒客户你把他放在心里，并让他知道你在等待他，如节日时发个问候邮件，公司有了什么技术改进或者新产品开发，都可发送给客户，或许就有机会。

（11）学会维护好客户的关系

同客户维护好关系，这是最难也是最重要的一点。最基本的要求就是坦诚相待，不要欺骗，适当恭维也很有用。

1.3.4 如何减少海外邮件退信率

近年来，国家大力发展跨境电商，国内传统企业开始转型发展海外市场以赢得更多效益，电子邮件就成为了企业与海外沟通的主要渠道。但是，很多企业在做海外邮件营销的时候会发现，发送出去的邮件会被退信，甚至有石沉大海、对方收不到的情况，导致企业办公效率难以提升，海外发展日趋缓慢。

（1）邮件退信的因素

海外邮件的收发环境复杂，可能导致邮件退信的因素主要有以下5种。

① 收件人地址错误，或者地址不存在。收件人邮箱账号不存在或收件方服务器无法找到收件人邮件地址。

② 收件邮箱被禁用或空间不足。收件邮箱被禁用可能长时间未登录使用过，或者未交费等原因导致邮箱账号被冻结。空间不足则是对方邮箱的空间已满，已经没有了足够邮箱空间接收新的邮件。

③ 被国外的发邮件服务商拒收。发信服务器地址被加入到某些反垃圾邮件组织的黑名单中，导致拒收。

④ 外贸邮件内容不合规范，被收件服务器拦截退回。邮件的主题、姓名、正文、附件等信息触发了收件方服务器的垃圾邮件过滤规则，导致信件被当作垃圾邮件而退信。

⑤ 可能是国内的互联网网络与国际互联网网络之间出现网络拥塞、DNS服务器不稳定、发件服务器IP地址被国际反垃圾邮件联盟（PBL，RBL，CBL）等列入黑名单、部分地区网络ISP无法做地址反向解析、网络防火墙GFW干扰等方面的原因导致海外邮件退信。

（2）应对邮件退信的方法

做外贸，让业务员感到最为苦恼的就是客户不回复，发了半天的邮件几乎全被退回，是附件有问题？还是网址、关键词错误？知道了邮件退信的原因，那么，减少邮件退信率就有了方法，这些方法主要包括提高用户邮件地址列表的准确性、对邮件列表进行有效管理等。

减少邮件的退信率，应对邮件退信的方法主要有以下5种。

① 不论是从哪种途径获得的邮箱地址列表都应该避免出现无效或错误的地址，企业在做邮件营销之前应该对收件人的邮箱地址做好清理工作，也就是在前期准备中，对于邮件地址进行分析判断，清除无效用户名或域名格式的邮件，保持列表信息准确，以免影响发件服务器的信誉，浪费公司资源。

② 外贸企业或公司策划邮件营销内容的时候，要控制邮件的大小，对于邮件内容中的图片和视频压缩处理后再发送。最好不要使用附件，如果必须要有附件，可以把附件上传到第三方的网盘，比如OneDrive、Dropbox等，再把网盘生成的下载链接加入邮件内容中。

③ 邮件信息要符合规范，在撰写邮件内容的时候，要确保邮件的主题、姓名、正文、附件等内容规范，否则会触发收件方服务器的过滤规则，导致信件被当作垃圾邮件而退回。

④ 发送到国外的邮件会受到审核，如果其中涉及一些敏感内容，就会被GFW（中国国家网络防火墙）过滤，造成邮件投递失败、邮件严重延迟，甚至空白邮件。所以邮件内容要避免包含敏感词或敏感内容。

⑤ 发信服务器IP被国外的邮件服务商列入了黑名单又或者发送方的邮件系统不支持反解析，这时可以借助有实力的第三方邮件营销平台，以有效保障邮件发送的到达率。

 **相关链接**...

邮件营销常见问题

1.我回复了买家，为什么买家不理我

出现这种问题的原因及解决措施如下表所示。

"我回复了买家，为什么买家不理我"的原因及解决措施

序号	原因类别	原因解析	解决措施
1	邮件中有病毒	如果客户收到的邮件中带有病毒并被客户的杀毒软件所查出，那么客户会查看邮件，还是直接删除邮件呢？答案是显然的	定时定点对计算机进行彻底查毒，保证自己所发邮件不带任何病毒及木马程序
2	买家没有收到邮件	现在有很多国内的厂家、外贸企业用的邮箱地址仍然是免费的邮箱，甚至是数字邮箱。这类邮箱地址很容易被国外客户的邮件服务器辨别为垃圾邮箱，还没等到客户收到你的回盘信息，客户的服务器已经将所发送的邮件直接退回或删除了，客户自然不会回复	最好使用企业邮箱，即使用自己企业名称为后缀的邮箱。这个邮箱通常是有自己的顶级域名后赠送的，所以要先有自己的顶级域名

续表

序号	原因类别	原因解析	解决措施
3	发送的时间有时差	（1）除了亚洲一部分国家及大洋洲地区国家，绝大部分国家和我国是有时差的。企业即使马上回复了客户，客户也会在其上班的时间才能看到邮件 （2）客户所发的询盘，肯定不会只有一个人回复，而是有许多的供应商争相回复，这样，最早回复的邮件按照邮箱排列的顺序被沉到了最底层	（1）了解客户当地的时差及上班时间，在客户的上班时间发送邮件 （2）按照客户的上班时间，在线与客户联系
4	客户休假及发邮件的密度	（1）除了及时与客户联系外，还要了解客户所在地的法定节假日或休息时间。许多国家的客户是很遵守作息时间的，一旦休息或放假，是不会处理公务的，因此了解客户的放假时间也是很重要的 （2）发送邮件的密度也非常重要，如果密度过高，每天至少三封，这样很有可能被客户认为是骚扰或者垃圾邮件而将你加入黑名单	（1）最适宜的邮件密度为：第1天、第2天、第6天、第13天、第28天、每隔1个月 （2）发送的内容千万不要一样，标题也要经常变换
5	是否有附件	很多外贸业务员在报价时喜欢把企业的报价单或图片直接以附件的形式添加在邮件中，殊不知这样做有可能会被客户忽略或删除，因为一方面Word或Excel文档容易携带病毒，另一方面点击附件会花费一定的时间，特别是在网速很慢的情况下	如果报价产品的数量不是很多，可以直接写在正文中，图片也可以直接粘贴在正文中，这样既节省客户打开附件的时间，又一目了然
6	没有打动客户的合作之心	外贸业务员在交流过程中非常被动，往往忙着回答客户的问题，着急满足客户对报价单的需求，但对客户真实的、潜在的需求与意图并不了解，所以当报价单一发给客户就石沉大海、杳无音信	学习向客户提问，倾听客户的心声，了解客户对供应商规模、国际认证、产品的规格、具体功能及产品改进点等的要求，引导客户的需求。在交流过程中，外贸业务员不仅要用自己的专业度取得客户的初步认可，同时对客户的专业度也要有深入了解，这样在对客户进行产品推荐和报价时才更具有针对性，更容易将合作继续推进下去

2. 有些买家联系了几次就没有音信了

出现这种问题的原因及解决措施如下表所示。

"有些买家联系了几次就没有音信了"的原因及解决措施

序号	原因类别	原因解析	解决措施
1	客户不信任	也许这些客户曾经受到不道德商人的诈骗，导致他们在和外贸业务员沟通的时候，如果感觉不对劲儿，就不会轻易联系了	在开始与客户联系的时候，把企业的海关备案登记表扫描件发给客户，让客户相信本企业是正规的企业
2	市场周期	了解产品的市场周期，明确此产品的淡季和旺季。掌握产品的淡旺季，能帮业务员掌握和客户取得联系的时机	
3	与其他供应商相比无明显优势与吸引力	如果发现客户是潜在客户，一定要慎重报价。客户会收到很多询盘，如果企业的价格比其他供应商的价格高出太多，那么客户根本就不会考虑	
4	邮件表达不清楚	这个主要是针对新的外贸业务员来说的，邮件不是写小说或抒情文，最主要的是简单、明白，要让客户能看懂表达的意思	

3. 反馈有好多啊，可没有我想要的大买家

大客户不是常有的，能遇到真正的大客户的机会并不多，大客户都是自己在长期的业务往来中建立和培养起来的。客户在培养工厂，同样，工厂也在培养客户，大客户通常都需要相对较高的产品认证及工厂环境，如果企业没有相关的条件，就很可能被大客户拒绝。但也不要迷信大客户，对大客户的大订单要慎重处理。

4. 和客户一直都有邮件联系，但是客户就是不下单

遇到这种问题，如果是个专业客户，就有可能是正在和其他供应商合作。外贸业务员要想尽一切办法找到客户的直接联系方式，不能仅用邮件联系，还要使用电话及其他即时通信手段。

1.4　运用企业网站寻找客户

1.4.1　企业建设网站有什么好处

与传统贸易相比，建设外贸网站对外贸业务主要有以下3个好处。

（1）提高传统商品交易的透明度，降低买卖双方的交易成本

对传统商品而言，比如煤炭、钢铁、矿砂等产品，原来的交易方式是供货商与消费者直接交易，缺乏透明度，而现在的外贸网站会公开客户资料，买卖双方通过网络直接接触，减

少了交易环节，只要支付较低的网络通信和管理费用就可以存储、交换和处理信息，节省了资金，降低了成本。

（2）电子商务提高了工作效率

现有网络技术实现了商业用户间标准格式文件（如合同、提单、发票等）的即时传送和交换。买卖双方足不出户就可以在网上直接办理订购、谈判、签约、报关、报检、租船定舱、缴税、支付结算等各项外贸业务手续，大大缩短了交易时间，使整个交易非常快捷、方便。

（3）外贸网站建设有利于提升企业竞争地位

外贸企业申请注册域名，在互联网上建立自己的网站，通过网页介绍产品、劳务和宣传企业形象，有利于扩大企业的知名度，结识更多的客户，开拓海外市场和提高国际竞争力。此外，电子商务无时间、空间的限制，企业能够给用户提供全天候的产品信息咨询服务，有助于及时、准确地掌握市场动态，同客户进行密切联系，增加贸易机会，从而大大提升企业的市场竞争地位。

1.4.2 建设企业网站有什么要求

外贸企业在建设企业网站时要重点关注图1-13所示的5个方面。

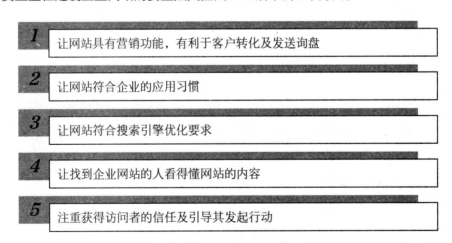

图1-13 建设企业网站的重点

（1）让网站具有营销功能，有利于客户转化及发送询盘

企业营销网站与形象网站是完全不同的两个概念。形象网站是企业的一张名片，体现的是企业的形象，而营销网站则完全不同，它是以销售为最终目的的。因此，具有营销功能、

有利于客户转化及发送询盘，才是企业建设外贸网站的真正需求。

（2）让网站符合企业的应用习惯

在企业网站的后台，企业可以轻松地添加产品资料、企业资质文件、产品技术文档、客户评价及其他各类可以增强潜在客户信任感的内容。系统在针对行业特性的同时应考虑到灵活性，可以根据实际情况调整栏目内容、修改栏目名称、选择某些栏目在前台显示，还可以通过独特的后台统计分析系统，全面掌控及了解推广的情况，并根据自己的情况进一步调整推广的策略及方向，同时对客户进行长期、有效的维护及营销。

（3）让网站符合搜索引擎优化要求

企业应利用搜索引擎的收录规则，用搜索引擎优化技术优化搜索排名。从网站的建设方面来看，企业应从三个方面去着手优化搜索排名，包括网站结构（好比人的外貌）、网站内容（好比人的学识和才干）、网站链接（好比人在外部的社会人际关系）。

（4）让找到企业网站的人看得懂网站的内容

许多外贸企业的外语版网页问题很多，按中文直译的内容根本不适合外国人的思考模式。同时，每个国家都有自己的语言，不是每个外国人都懂英语，同样每个国家也有自己本土的人气搜索引擎。因此，企业要尽可能多地使用不同语种网站来为企业开拓国际市场，打造企业产品的国际品牌。你会多少种语言，你就能占领多大的市场。

（5）注重获得访问者的信任及引导其发起行动

企业应通过流程优化和视觉习惯研究，引导访问者进入具有咨询及发送询盘的页面，促使潜在客户尽快询盘。企业营销网站的结构、内容除了要符合搜索引擎优化及产品展示要求外，还应该注重获得访问者的信任，让国外采购商感觉到其访问的是一家有实力、重信誉的企业的网站，只有这样才能引导其发起行动。

 **相关链接**

企业自建外贸网站常见问题

国内许多外贸企业所建立的外贸网站，往往存在以下7个问题。

（1）网站站内产品搜索工具不符合国外用户的浏览习惯。

（2）网站设计不专业，做工粗糙，存在很多英文语法错误。

（3）网页存在大量图片和动画，以致客户无法打开或浏览速度极慢。

（4）网站上的留言反馈、在线咨询、电邮咨询成为摆设，用户问了半天，没有得到回复。

（5）网站内容很少，无更新，缺乏潜在客户的持续访问。

（6）没有做外贸网站推广优化，在海外系列搜索引擎上排名靠后，客户很难找到。

（7）网站优化作弊，被搜索引擎封禁，从而在搜索引擎上找不到该网站。

1.4.3 建设企业网站需考虑哪些因素

外贸企业在自建企业网站时需考虑图1-14所示的因素。

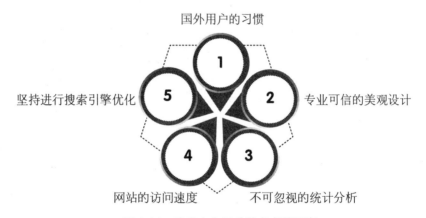

图1-14 建设企业网站需考虑的因素

（1）国外用户的习惯

企业外贸网站面对的浏览群体是国外客户，因而外贸企业的英文网站设计应符合国外用户的浏览习惯，使其容易找到自己想要的资讯。同时，企业要考虑国外当地用户的习惯，考虑当地知名的网站和黄页等采购商常用的工具。

（2）专业可信的美观设计

外贸企业要走出Flash和JS的误区，最好是多参考一下世界五百强企业的网站，要以大气、简约为美，简约而不简单；网页设计要考虑到各种浏览器的兼容性，当然IE还是使用者最多的。清晰的结构和站内搜索系统，能够让客户更容易找到自己需要的信息。

（3）不可忽视的统计分析

企业应在外贸网站中设置访问统计系统，因为如果不知道自己网站有没有浏览者、浏览者是如何找到自己的、浏览者是哪个国家的等信息，对于一个企业的网站来说是可悲的，因为它根本没有发挥一个平台的作用。

（4）网站的访问速度

在建立英文网站时，企业应选用 GoDaddy 申请域名，用 ixWebHosting 购买空间，用 IXWebHosting 设立中文网站，这样方便海外客户搜寻。

如果使用 ASP 或 PHP 的企业网站，那么，最好也使用 Appache 中的 Cache 缓存技术和 Gzip 压缩输出技术来提高速度，尽量不要用 Flash，对大的图片要进行切片处理。

（5）坚持进行搜索引擎优化

搜索引擎优化（Search Engine Optimization，SEO）不是陌生的话题，要有好的搜索排名，就必须坚持 SEO。要有较高质量的搜索引擎优化水平，就必须保证：所有页面都有独立的 META 及 TITLE 元标签，META 标签的作用是向搜索引擎解释你的网页是有关哪方面信息的，是专门给搜索者看的；TITLE 则是网页的标题，即浏览器最上面的描述。

1.4.4 如何推广企业的外贸网站

网站制作完成并正式在互联网上推出，只是万里长征的第一步，后期的维护和更新也很重要。经营一个电子商务网站，你要知道将你的产品在搜索结果中排列在竞争对手前面的重要性，尤其是当你和竞争对手在销售一模一样的产品时，这就提醒企业应进行后期的网站优化推广。外贸网站推广最首要的工作是制定一份可行的推广计划方案，企业需要结合自身的实际情况进行需求分析，制订周密的计划，配备专门的人员，这样才能取得成功。

一般网站搭建起来的初期需要大量的外链建设给网站加分，所以初期的推广主要以建立大量的外链为主，以吸引流量为辅。企业应利用免费资源增加搜索引擎对网站信息的收录量。

（1）推广准备阶段（注册为主）

企业应研究竞争对手的网站。企业可通过 Yahoo Site Explorer，查看对手的推广轨迹，并对各类资源进行注册整合，加强资源的整理。可以在 Blog、PR、Article、Bookmark、RSS

等网站进行注册。

（2）推广初期工作

推广初期工作主要是指完成网站基本内容、产品框架建设，前期主要以Web2.0推广为主。具体工作事项如表1-10所示。

表1-10 推广初期工作事项

时间点	推广事项
刚上线时期	（1）向国外各中小型搜索引擎提交企业的外贸网站，即使这些搜索引擎的流量并不高也不能忽视 （2）向国外目录黄页网站（Directory网站）提交企业的外贸网站 （3）在问答网站上推广，在权重较高的问答网站中采用自问自答与回答他人问题的方式宣传企业的外贸网站 （4）在社会书签网站（Bookmarking）上进行推广，在社会书签网站中收藏企业的外贸网站页面及已发布的软文地址。社会书签网站的推广效果还是比较好的，其他几个权重比较高、效果显著的平台包括Dig、Delicious、Friendfeed.、Facebook、Twitter等 （5）RSS网站推广，在主流阅读器中注册账户，订阅企业网站内容与其他权重较高的网站
上线20天左右	（1）自建博客并定期发布软文及产品信息文章，添加相应的好友，增加其他用户对自建博客的关注 （2）向国外免费提交文章网站（Articles网站）提交有关产品使用窍门、使用方法的文章（如可以在Articlebase、Ezinearticle等平台上提交文章） （3）在国外PR网站（Press Release）中每周最少发布一篇文章，有付费和非付费两种形式，后期可考虑在一些付费的PR平台上发布

（3）推广中期工作

推广中期工作主要是网站所有人员配备完全，网站运作完全稳定后展开的工作。中期工作主要是以多样化为主。推广中期工作主要包括如下8个方面。

① 企业网站内部博客资讯建设。发布新产品信息、促销信息、行业相关信息及相关软文，增加用户互动。这样不仅可以作为网站官方信息的发布平台，也可以增加客户黏性，增加网站访问量，挖掘潜在消费者，提升网站SEO效果。

② 优惠或折扣（Coupon/Deal）类网站。定期在部分免费的优惠类网站发布相关信息。要注意的是，优惠类网站多为付费网站。

③ 外部论坛。

第一，定期在外部论坛中发布高质量软文（效果并不佳，且容易被封IP，不建议使用）。

第二，在论坛上留言，修改所有能修改的论坛签名，用可在签名档中带链接的账号在论坛内部回复各类文章，以提高网站访问量。

第三，在相关行业的英文论坛上进行注册，并且回答相关产品、行业内的问题（很耗费时间与人力）。

④ 社交网站推广。以Facebook及Myspace为重点开展相关的社交网站推广工作；应以我国文化为主导，更新网站信息，提高用户关注度；创建小组，提交具有视觉冲击力的图片等，以增加相关用户对主页的关注度；可相应地发布一些网站资讯。

⑤ 在图片分享网站做推广。准备具有视觉冲击力的图片，添加网址水印，并在文字说明中灵活添加网站元素，将其发布在各大图片分享网站中。

⑥ 在百科类网站提交企业网站相关信息。这类网站的搜索权重较高但是审核非常严格，提交网站比较困难。

⑦ 在视频网站推广。将网站相关的视频资源在各大视频网站进行发布。

⑧ 在交易论坛（Marketing Place Forum）上，企业可寻找相关的产品交易论坛或论坛的交易板块并发布产品信息。真正有效的交易论坛较少，但合适的交易论坛针对性强、目标客户明确、转换效果最佳。

（4）推广后期工作

在推广后期，网站可陆续展开的大型营销推广方式包括以下4种。

① 联盟（Affiliate）推广。联盟推广在国外是一种常见的推广方式，企业网站应有效利用联盟推广方式，充分开发第三方合作伙伴并进行有效跟踪。

② 在国外有名的同行业网站（如比较类网站）中进行推广。比较类网站分为付费和非付费两种，可根据企业实际情况进行开展。

③ 电子邮件营销。就目前来说，电子邮件营销针对性强、信息攻势猛、效率高、范围大、发展空间大。电子邮件营销是需要持续进行的，企业应开发有效的发送及制作机制，避免触犯垃圾邮件规则，随时监控服务器的运作，提供电子邮件营销效果报表，并不断进行优化，可适当寻求第三方电子邮件营销服务商。

④ Google AdWords及Google AdSense付费推广是后期推广中必然采取的方法，使用该方法可以增加客户来源，在掌握正确的方法和策略的基础上，用最低的成本获得最高的转换率。

（5）后期维护与效果跟踪

每周定期对搜索引擎的收录情况、各类网站的影响效果进行跟踪与调查；对网站流量分布情况进行分析，用最低的工作量获得最高的成效，不做无用功，以实现网站自然流量的突破。

小提示

网站推广还是以网站内容为基础的，只有内容建设成熟才能提高客户黏度，令推广工作获得好的效果，同时网站的具体外部推广工作应该与网站内部的产品促销活动相辅相成，而不是独立存在。

 **相关链接**

推广好企业外贸网站的渠道

1. 通过网络平台留言和评论来推广企业的外贸网站

如果企业外贸网站里的商品是大众化的，那么网络平台将是企业推广网站的最佳渠道。网络平台是私人的东西，企业应尽可能地寻找目标客户的网络平台，给网络平台留言、评论，留下自己的网址，当然不能纯发网址，否则会被删除。这样浏览网络平台的人都有机会看到企业的网站，大大增加了企业网站被点击的机会，也就能给企业带来潜在客户。

2. 通过论坛来推广企业的外贸网站

外贸业务员可以去一些专业性比较强、人气比较高的国外论坛或国内论坛，积极参与交流，发布一些有"干货"的文章或给予有质量的回帖和评论，偶尔在文章和回帖中引用企业的网站是很好的一种推广方法，这样企业的网站自然就能获得浏览者的关注。当你在论坛的时间越长、发帖越多，你在论坛的资历也就越高，这样你便拥有一些权限，可以将企业的网址设置在签名里，那么每当你发帖一次或回帖一次，企业的网址就会多显示一次，这增加了曝光的机会，也就意味着有更多的潜在客户会发现企业的网站。

3. 利用 B2B 平台大力推广企业的外贸网站

B2B 平台是目前买家比较集中的地方，而这些 B2B 平台的营销推广人员也会想办法对自身平台进行优化、推广，企业只需要在平台上发布企业信息和产品信息即可，这样可以直接让买家有机会看到企业和产品信息。

4. 通过电子邮件推广企业的外贸网站

外贸业务员在向国外用户通过电子邮件推广企业的外贸网站时，要做的就是让企业的邮件不被当作垃圾邮件，也就是外贸业务员要找对接收对象。正确的接收对象应该是相关产品的直接买家、批发商和零售商。

5. 通过 SEO 推广企业的外贸网站

对网站做 SEO 是很重要的，通过 SEO 可让买家在使用搜索引擎搜索产品和供应商时找到企业，搜索排名越靠前，获得关注和点击的机会就越多。

6. 通过各大网址导航及商业目录推广网站

企业要想办法加入国外各大网址导航及商业目录推广网站中，这样能加大企业网站被查询到的范围。如果有人查找相关的产品信息，也能够通过目录找到企业的网站，从而获得客户。

7. 通过社交平台推广企业的外贸网站

这是目前比较流行的营销方式，在这里推荐 Facebook、Twitter、LinkedIn 等平台。在这些平台上聚集了全球各个行业、各个年龄段的用户，中小企业可以借助这些平台分享企业的网站和产品。另外，在交友过程中也可以让中小企业直接获得买家。

1.5 做好客户背景调查

1.5.1 背景调查有什么意义

外贸业务员在审慎选择客户的同时，须对客户进行深入的资信调查，这是对客户进行把关的第一步。在国际贸易中，贸易双方发生索赔纠纷、履约发生阻碍或收回货款方面发生阻碍，而使一方遭受风险及损失，这都与不了解贸易对方的资信情况有直接关系。因而，做好调查工作对于外贸业务的开展有很重要的意义，如图1-15所示。

意义一	有助于选定信用良好的客户
意义二	了解对方的信用程度，在 D/P、D/A 及寄售条件的交易中，可以测定给予赊账的限额与现存契约限额，以便安全
意义三	即使在与对方缔结了交易关系后，也应定期作资信调查，以便经常了解对方的资信情况

图1-15 背景调查的意义

1.5.2　背景调查的对象是什么

在出口贸易中，凡是同该贸易业务有关的从事商业行为的对方（即国外买方），都应进行不同程度的信用调查，主要针对买方开立信用证的事项做好防范。

国外买方即使使用开立信用证的支付方式，也有很多信用风险，也不能忽视资信调查。

比如，当该项产品价格下跌时，买方任意决定"不开立信用证"，虽然开立信用证的直接当事人是买方的往来银行（开证行），但是买方未向开证行交付开证申请，我国出口公司也不能指控对方的银行。所以，像这种情况，就属典型的买方违约。

另外，有些国外买方，商业道德和信用恶劣，故意开立与合同不符的但仅对自己有利的信用证，这就会给卖方带来一定的损失。

1.5.3　背景调查包含哪些内容

进行客户背景调查，主要从客户的组织机构、经营能力、资信状况等方面入手，如表1-11 所示。

表 1-11　背景调查的内容

序号	调查内容	实施要点
1	厂商企业的组织情况	（1）包括公司、企业的组织性质、创建历史、分支机构 （2）要弄清厂商企业的英文名称及详细地址，以防出错 （3）可以从政府公司注册机构、劳工部、税务局、银行、信用评估机构拿到相关资料，一般都是需要交费的，且只有有资格的机构才能获得资料 （4）在取得这些资料后，还可以据此分析该公司在行业内的竞争地位、主要对手、债务风险评估等
2	往来对象的性格和道德	（1）贸易往来对象诚实可靠是交易成功的基础 （2）在国际贸易中，如果遇到不可靠的贸易对象，就难免出现货物的品质不良、开来与合同不符的信用证、延交货物等现象
3	贸易经验	客户是否有一定的国际贸易经验至关重要，必须仔细调查以促成交易的有效、及时进行
4	资信情况	所调查的对方资信情况包括企业的资金和信用两方面 （1）资金指的是企业的注册资金、实收资金、公积金、其他财产及资产债务的情况等 （2）信用是指企业经营作风的履约守信等
5	经营范围	（1）经营范围主要是指企业生产或经营的商品 （2）经营的性质调查也不能忽略，如是代理商、生产商还是零售商、批发商等

序号	调查内容	实施要点
6	经营能力	（1）该企业每年的经营金额 （2）销售渠道 （3）贸易关系 （4）经营做法
7	往来银行名称	了解对方往来银行的名称、地址同样重要，以便对企业进行全方位调查评价

1.5.4 背景调查有哪些途径

如何进行背景调查才能获得比较真实、完整的客户信息，是外贸出口方重点考虑的问题，可采用表1-12所示的途径进行调查。

表1-12　背景调查的途径

序号	调查类别	具体方式
1	银行调查	（1）通过国内往来银行进行调查，具体实施如下 ——在我国，一般委托中国银行办理，由中国银行根据具体要求，通过国外的分支机构或其他往来银行在当地进行调查 ——这种调查通常是拟好文稿，附上调查对象的资料，寄给国内的往来银行 ——向银行查询客户资信，一般不收费或少量收费 （2）直接向对方的往来银行调查。可直接将文稿和调查对象的资料寄给对方的往来银行，并用简洁文句表达调查的意愿
2	资信机构调查	（1）委托国内的资信机构进行调查 （2）通过国外的资信机构调查 ——国外有名的资信机构，不仅组织庞大、效率高，而且调查报告详细且准确 ——调查报告均以密码编类各类等级，这种等级的划分以估计财力与综合信用评价分为High（高）、Good（好）、Fair（一般）、Limited（限制）四个等级
3	通过国外的工商团体进行调查	（1）通过商会、同业公会、贸易协会等，这些机构一般都接受委托调查所在地企业情况 （2）此种调查所取得的资信，要经过认真分析，不能轻信
4	通过驻外商务机构调查	（1）一般通过我驻外机构和在实际业务活动中对客户进行考察所得的材料进行评估调查 （2）调查的资信一般比较具体可靠，对业务的开展有较大的参考价值
5	出口方自己调查	（1）通过国外的亲朋好友进行调查 （2）由对方来函自己判断调查 （3）要求对方直接提供资信资料
6	其他方式	外国出版的企业名录、厂商年鉴以及其他相关资料

1.5.5　如何建立客户档案

对客户背景进行调查后，一般应建立客户档案卡备查并分类整理。可以使用表1-13的形式进行分析、归类、整理、评价。

表1-13　客户档案卡

客户编号：			
基本信息			
客户名称		经营范围	
地址		邮编	
电话		传真	
网址		E-mail	
联系人		部门及职务	
联系人电话		开户银行	
税号		账号	
资信状况			
信用等级：			
资信能力：			
市场容量：			
经营业绩：			
组织结构：			
竞争对手状况：			

02

第二章

获得订单

【本章要点】▶▶▶ ·······························

➡ 给客户写开发信
➡ 回复客户询盘
➡ 给客户报价
➡ 给客户寄样
➡ 接待客户验厂

2.1 给客户写开发信

外贸业务员在得到潜在客户的联系方式以后，接下来当然是主动出击，吸引客户，争取贸易机会了。写给客户的第一封信很重要，外贸上称之为开发信。

2.1.1 开发信的写作要求有哪些

开发信的写作要求如表2-1所示。

表2-1 开发信的写作要求

序号	写作要求	具体说明
1	简单	开发信的语言一定要简练，不要啰唆，因为很多外国商人没有多少耐心，如果你的第一封开发信无比冗长用词深奥，他们根本不会读下去，其结果往往是当作垃圾邮件处理了
2	专业	在信中一定要表明你们是专业的公司，拥有专业的产品和专业的销售及售后人员，你写的信要简单，但不能把你的专业和基本的礼仪也省略掉了，在信的末尾一定要附上你详细的联系方式，包括你的姓名、职位、公司名、电话、传真、E-mail地址、网址和公司地址等信息内容，给对方一个很正规的印象
3	恰当	恰当其实是最不容易的。买家总希望和精通产品的人打交道，如果你在写第一封开发信时就错误百出，一看就是外行，买家会认为你不是真正的生产厂家，或者对产品并不熟悉，很可能就一去不回。所以，你写信前一定要了解客户的背景并对客户进行分析，因为如果你对这个客户一点都不了解，写出的开发信很可能就是言之无物
4	清晰	一定要充分利用电子邮件传递图片的优势，这样更能说明问题，同时也可以降低成本，图文并茂的效果会比单纯语言喋喋不休来得更直接。另外，发出邮件之前，要仔细再检查一下，有无拼写或语法错误，尽量把可能给别人的不良印象减到最小。清晰明了才是一封成功的开发信

小提示

在第一封开发信发出后，不断地跟踪客户也很重要，即使客户现在没有购买的意向，但是因为你经常跟踪往返，客户会对你有很深的印象，一旦他有购买同类产品的需求会第一时间想到你，而且就算客户没有意向购买，他也会推荐给他的朋友。

2.1.2 开发信的写作格式是什么

开发信通常的格式，首先是说明获得客户联系方式的途径，以免唐突，比如"有幸在广交会上得到您的名片""经同行介绍""在某某网站上看到您的求购信息"等。接下来，简要介绍一下自己的情况，包括公司规模、成立时间（国际贸易商青睐成立时间较久的企业，觉得信用度较高）、产品（特别是主打品的简介）、对双方合作的诚意以及联系方式等。

需要注意的是，开发信应言之有物，凸显公司与产品的优势，提高吸引力，但也不宜太过详细，长篇大论。须知开发信不是作文比赛，其目的是引起客户的注意和兴趣，引诱客户回复联系。因此，有收有放，有所保留，"欲知情况如何请联系详谈"才是上策。

开发信要自己写，而不要抄书或者网上那种固定的范文，古板雷同的文字只会让客户反感。况且产品种类不同，写法也不一样，工艺品、日用消费品、时尚产品等不妨轻松活泼，而如果你卖的是阀门，那么还是严谨专业些比较好。

下面提供一份开发信的范本，仅供参考。

 范本

开发信

Dear Mr. Steven Hans,

We get your name and e-mail address from your trade lead on www.tradelead.com that you are in the market for ball pen. We would like to introduce our company and products, hope that we may build business cooperation in the future.

We are factory specializing in the manufacture and export of ball pen for more than six years. We have profuse designs with series quality grade, and expressly, our price is very competitive because we are manufactory, we are the source. You are welcome to visit our web site http://www.aaa.com which includes our company profiles, history and something latest designs.

Should any of these items be of interest to you, please let us know, We will be happy to give you details.

As a very active manufactures, we develop new designs nearly every month, If you have interest in it, it's my pleasure to offer news to you regular.

Best regards,

Kate

请注意这封开发信的写法。作为初次联系的信件，它简洁明了，鲜明地展示了自己的特点：工厂、款式多、价格有竞争力，并暗示建议客户绕开中间商直接跟厂家合作。因为不知道客户的详情，特别强调有多种品质，这样无论对方是精品路线还是廉价路线，都有洽谈的空间。此外，并没有谈论太深，而是引导客户去访问自己的网站。最后再抛出诱饵，以不断提供新款设计信息为由吸引客户回复，而客户一旦回复，就极可能确认了应该联系的人。要知道，你原先获得的名称地址很可能只是个打字员的。

这样的开发信，再随附一张展现琳琅满目款式的产品照片，效果会很不错的。

2.1.3 开发信的写作注意事项有哪些

（1）写之前一定要弄清，产品是不是客户需要的，客户的规模是怎样的，要结合自己的产品优势和特点，分析客户情况，挑选出可能适合自己的客户群。

（2）要有针对性地发邮件，哪怕一天只发十几封，甚至是几封，效果都要好过没有针对性地发上几百封。

（3）开发信不同于Trade Lead，为表示诚意，不宜千篇一律，应该根据客户的规模、国籍不同略作调整，在信件中适合的地方自然地点一下客户的公司名字，暗示这封开发信是专门诚意写给贵公司的，而不是草率的广告。这些小技巧虽然不起眼，但颇能给客户以好感。

（4）写开发信时最好计算好中国与客户的时差，在客户上班或即将上班的时候发给客户，这样客户读到开发信并回复的概率就大大提高了。

（5）传真发开发信，要知道客户负责人的具体名字。有具体人名的开发信，才不容易被人当垃圾传真扔掉。

（6）对发过开发信的客户信息一定要记录、整理，对读取邮件并回复的客户实行重点跟进，对没有回复开发信的客户要问清楚状况，了解清楚没有回复邮件的原因。

（7）对于暂时没有下订单的客户，要保持联系，比如假日的问候、有新产品向其推荐等，一直保持友好的联系，客户只要有需要，首先就会想到你。

 相关链接

开发信最佳发送时间

外贸业务员可以下表的北京时间为准，将写好的开发信发送给不同国家的客户。总之时差要掌握好，算好在客户上班之前正好可以收到你发的信，并且要掌握客户心

理，标题要新颖，知道其对什么方面比较感兴趣，而且内容一定要吸引潜在客户。

不同国家开发信的发送时间

国家	北京时间	备注
阿根廷	21:00 ~ 05:30	建议在这个时间内发送开发信或回复询盘
澳大利亚	09:30 ~ 17:30	建议澳洲开发信就是这个时间，询盘立刻回复
奥地利	15:00 ~ 23:00	最好的发送开发信时间是16:00，回复询盘最好是17:00，奥地利人礼拜天不处理工作，不要触碰这个底线
孟加拉国	11:00 ~ 19:30	最好这个时间内发开发信及回复询盘
比利时	15:00 ~ 23:30	比利时人不喜欢礼拜六及礼拜天谈生意
巴西	19:00 ~ 3:30	建议这个时间发开发信，巴西人喜欢免费样品
加拿大	19:30 ~ 04:00	建议发开发信及回复询盘最好时间是01:00，请注意用商务英语发开发信
智利	21:00 ~ 05:30	他们时间观念不强，建议在22:00发开发信
丹麦	15:00 ~ 23:30	建议这个时间内发送开发信，丹麦客户对新款容易感兴趣
埃及、利比亚、约旦、巴勒斯坦、卡塔尔、沙特阿拉伯	15:00 ~ 23:30	建议在21:00发送开发信，记得开头为"salmoalikom"。请注意阿拉伯人礼拜五不上班
法国、德国、意大利、西班牙、荷兰、葡萄牙	15:00 ~ 23:30	建议在这个时间内回复询盘及发送开发信。请注意：法国人对产品的包装感兴趣；德国人比较严肃，最关注质量；意大利人比较自信；西班牙人比较友好；荷兰人喜欢认真一点的企业；葡萄牙人性格开朗
冰岛	17:00 ~ 01:30	他们最喜欢新款的产品
印度、巴基斯坦	11:30 ~ 20:00	建议在14:00发开发信，印度人喜欢便宜价格，邮件开头最好为"cheapprice"之类的词语，打开率较高
伊朗	12:30 ~ 21:00	建议这个时间内发送，注意伊朗礼拜五不上班
爱尔兰	16:00 ~ 00:30	建议在20:00发开发信
以色列	14:00 ~ 22:00	以色列人不轻易相信人
墨西哥	23:00 ~ 07:30	尽量用西班牙语发送开发信，西班牙语互译可以用翻译软件
巴拉圭、秘鲁	21:30 ~ 06:00	建议在这个时间内发布，他们经常放假，回复可能比较慢一点
罗马尼亚	14:00 ~ 22:30	建议这个时间内发送，罗马尼亚人很友好，开头可以用"Dear"

续表

国家	北京时间	备注
土耳其	14:00 ~ 22:30	给他们的开发信可以考虑写长一点、仔细一点
阿联酋	13:00 ~ 21:30	大部分阿联酋企业的员工都是外籍人，不是本地人，所以建议先了解一下你是跟谁沟通
英国	17:00 ~ 01:30	英国人非常重视样品单的质量
美国	—	美国分四个大地区，横跨美洲大陆，建议你先了解一下你客户是哪一个地区再决定几点发开发信，美国人特别重视保密协议

2.2　回复客户询盘

在进行外贸活动时，买家如果有意购买一个商品，就会直接向卖方询盘，从而了解有关商品的更详细的信息。业务员回复的内容至关重要，是买家对此商品以及公司的第一印象，回复是否及时、内容是否详细妥当，均会对最终的交易结果产生直接影响。

2.2.1　如何回复内容空泛的询盘

接到询盘，如果发现询盘是很空泛的内容，可按以下步骤处理。

① 查一下客户的公司，看一下其网站，了解其经营什么产品，然后给客户一个简单的回复，说明我们可以提供他们经营的产品。

② 要对方提供所需产品的详细信息，并且向客户说明不同的规格的产品，其价格是不一样的，引导客户浏览本公司网站上的产品以供参考。

③ 根据客户选择的产品，给出一个大致的规格，让客户确认是否需要，如果需要进一步再联系。

2.2.2　如何回复内容详细的询盘

如果接到一个规格很详细的询盘，应按照以下步骤处理。

① 查看对方的资料。

② 制作一个表格，内容涵盖客户所需产品的详细规格，比客户询盘更详细（没有报

价），而且可以将其中一项参数稍稍改动（一定不要是最重要的一项），与客户所需稍有不同，并用有颜色的字体展示出来。

③ 在邮件中询问客户：我们可以提供的产品与你的要求稍有不同，如果认为可以，将进一步提供详细信息。通常，客户一定会回信。

小提示

一般来说，客户对内容详细的询盘回复都会很快回信，确认是可以的，要报价。这时候，就应该给客户一份详细的报价了。

2.2.3 回复客户询盘有什么技巧

对于外贸业务员来说，在日常工作中必须牢牢掌握如图2-1所示的询盘回复技巧，否则经常会出现回复了询盘但是却再也没有音信的情况。

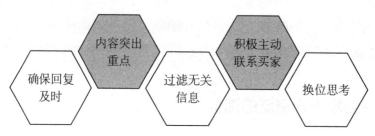

图2-1 回复客户询盘的技巧

（1）确保回复及时

对于外贸业务员来说，回复买家询盘的黄金时间段就是24小时之内，在回复时还需要考虑到时间差问题，尽可能确保对方收到回复邮件时是在上班时间内或者是白天。

除此之外，还需要根据各地区客户的喜好选择回复时间，澳洲的客户如果发来了询盘，建议业务员在第一时间做出回复；如果是欧洲的客户，那么时间尽可能选择在当地下午三点前完成回复任务。

小提示

因工作繁忙，外贸业务员可能会出现未及时回复的情况，此时就需要在回复邮件时向客户礼貌致歉，并简要解释原因。

（2）内容突出重点

在回复邮件的过程中，必须保证主题明确、带有基本问候语，并且还需要对客户所提的问题进行一一解答。对于外贸业务员来说，回复的重点内容应当是产品介绍以及相关报价。在回复过程中要切记，一定要体现自己的专业水平，只有这样客户才愿意信任此产品，从而达成交易意向。

比如，在回复过程中需要附上产品图片或者是询问买方是否需要邮寄样品。

客户收到的回复邮件有很多，为了能够确保在第一时间引起他的注意，就需要将优惠促销信息或者是产品优势放在最突出的位置。

（3）过滤无关信息

外贸业务员每天会收到大量的询盘，因此一定要学会提取关键信息，过滤或屏蔽垃圾文件。如果不能做到这一点，那么就会浪费大量的时间在无关紧要的询盘上。还有一些同行为了探得别的公司的产品报价，也会冒充客户发送询盘，这就需要外贸业务员时刻保持警醒，一定不要被套路，泄露关键信息。在众多询盘中，需要准确地挑选出最具购买意向的，并且积极进行回复。对于一些垃圾信息则要及时剔除，避免被其干扰而耽误了重要邮件的回复。

（4）积极主动联系买家

当回复了询盘之后，外贸业务员也不能放松，这并不意味着工作结束了，还需要日后实时跟进，了解客户是否有进一步询问的意向，如果有就需要再次为其提供服务。为了确保客户能够及时联系到自己，外贸业务员在回复时一定要留下清晰的联系方式，否则就会给客户留下不好的印象，即使其有购买意向因联系麻烦也可能就此作罢。

另外，在条件允许的情况下，业务员应当尽可能取得客户的联系方式，积极与其进行沟通，这样一来能够使客户更详细地了解到本公司的产品，因此更容易达成购买意向。

（5）换位思考

在回复询盘的过程中，外贸业务员需要把自己置身于买方的位置上而不是卖方，设身处地地思考买方最想要得到什么样的信息，只有这样才能够确保信息回复准确。如果一味地站在卖方角度思考问题，不仅不能抓住问题的关键，而且还会给客户一种在推销产品的感觉，从而使其产生抵触心理，这样一来成功的概率就会大大下降。

回复询盘时易犯的错误

1. 没有仔细研究询盘就回复

做业务的人都一样，当收到买家的询盘就会非常高兴，然后立即就回复对方，但是，很多人由于高兴过了头，在匆忙回复邮件时缺乏一个系统的分析过程，导致邮件内容考虑不周全，信息不清晰。当回复后再回头来看，发现有个问题忘记回复客户了，或者报价报低了，这样再去重新回复，客户就会有所质疑。所以业务员最好在收到询盘后先花费一些时间来分析一下，主要分析下客户的网站，网站上有哪些产品是跟你们的产品相符合的，或者客户的采购意向主要集中在哪些方面，这样有针对性地回复，效果肯定会好很多。

2. 盲目报价

在做业务时，首先将所接触的客户分一下类，如终端客户和贸易商，或者是大客户和小客户，这样做的好处是，我们可以根据不同的客户而作出不同的报价。通常对于终端客户而言，客人更注重的是产品的质量，而非价格；对于贸易商而言，能引起他们对产品感兴趣的可能就是价格了。

有些客户是第一次做这类产品的话，询盘具体要求都没有，那么价格方面就不能太低，因为他这个领域还不太熟悉，而你对这个客户也了解得不多，网站上也研究不出什么，这样的话价格尽量稍微高些，如果客户没有砍价，那自然最好。

有的客户发来的询盘问得很仔细，尺寸、数量、包装等资料都有，说明这个产品他至少还是比较了解，那么报价方面不能太高，否则客户很有可能不回复你。

3. 简单报价

现在常有一些业务员在报价的时候，可能事情比较多，回复一封询盘就用1～2分钟了事，但是客户往往希望能从报价单里知道得更多，他们希望你尽可能地发一份详细完整的报价单。如果你只是敷衍了事，这会让客户离你越来越远。最好的做法是先发一封简短邮件及时回复下客户，说明价格和其他资料会1天内报出去，这样也不至于让客户一直等着你的回复。

4. 报价后不跟踪

很多外贸业务员在这一点上做得都不好，报了价之后就坐等，有时候客户就在你等的过程中被别人抢去了。所以说报完价后一定要有条理地跟踪客户，客户不回复可能是没有收到报价单，又或者是客户觉得价格太高了而没有回复，更或者是客户收到报价太多了因而忘记。

最好的做法是先回复客户邮件，然后再打电话过去（当然最好不要在客户睡觉时间去打扰），咨询客户是否有收到邮件。报上你的名字后，说不定客户对你的印象也深了。

2.3 给客户报价

2.3.1 报价有什么要求

报价一定要中肯、要快。价格太高或太低都会直接被客户踢出。报价不能太慢，半个月后才报价，客户可能早就找到卖方了。此外，还要做到报价准确。

要做到报价准确有两个方法：一是经常刺探同行的价格；二是经常跟工厂技术人员接触，知道自己产品生产的每一环节的成本，最好有一个关系很好的技术人员，可以每天和你讨论价格。

2.3.2 报价前如何与客户沟通

每个公司都有自己的一套报价体系，可是有时候客户也会提供自己的报价单让我们按他们的要求来进行报价。值得一提的是，一份完整的报价单除了包括产品图片、货号、货物描述、单价、出货港口、单个产品包装、装箱率、外箱用料、毛重、净重等项目外，还要特别地与客户沟通以下内容。

① 产品是否需要做测试、测试费用谁来承担。如果测试费用由工厂承担，要向客户索要测试费用明细，了解一款产品大致需多少测试费。有很多客户会承担测试费用，但也有些客户不承担这部分费用，所以，报价前一定要与客户确认是否含此费用。

② 产品是否需要买保险、保险费用由谁承担。

③ 付款方式若是信用证××天，若公司要做discount，也要将银行利率这部分算在报价成本内。

④ 产品的包装。这里所说的包装不是指多少个装一个内箱，然后几个内箱装一个外箱的意思，而是单个产品包装，如blister card、backer card、PVC box、hangtag、UPC sticker和color box等。

小提示

有些产品包装，客户会自己提供，因为其有自己配合的印刷厂，这时报价就可以减去这部分成本。有些客户需工厂来承担产品包装的费用，若是这样，报价时就应该加上这部分的成本。

⑤ 有些要查产品进口商关税代码，如不明白时，可以写邮件问客户，而且税率一定要准，否则到时候由于实际税率高于你所查的，那么这部分差价就得由你自己来承担了。

⑥ 问问客户大概的订单量，这个时候只能是大概的，将以上所产生的费用平均到产品成本中去。

2.3.3 报价如何进行价格核算

报价通常使用FOB、CFR、CIF三种价格。对外报价核算时，应按照以下步骤进行：明确价格构成，确定价格构成，确定成本、费用和利润的计算依据，然后将各部分合理汇总。

下面提供一份三种贸易术语的对外报价核算的范本，仅供参考。

 **范本**

三种贸易术语的对外报价核算

背景材料：

A贸易公司某年收到A公司求购6000双牛料面革腰高6英寸（1英寸=2.54厘米，下同）女靴［一个40英尺（1英尺=0.3048米，下同）集装箱］的询盘，经了解每双女靴的进货成本为人民币90元（含增值税13%），进货总价：90×6000=540000元。出口包装费每双3元，国内运杂费共计12000元，出口商检费350元，报关费150元，港区港杂费900元，其他各种费用共计1500元。A公司向银行贷款的年利率为8%，预计垫款两个月，银行手续费率为0.5%（按成交价计），出口女靴的退税率为13%。海运费：大连——都柏林，一个40英尺集装箱的包箱费率是3800美元，客户要求按成交价的110%投保，保险费率为0.85%，并在价格中包括3%佣金。若A公司的预期利润为成交金额的10%，人民币兑美元的汇率为6.43∶1，试报每双女靴的FOB、CFR、CIF价。

第一步，核算成本。

实际成本=进货成本−退税金额［退税金额=进货成本÷（1+增值税率）×退税率］=

90－90÷（1+13%）×13%=79.646（元/双）

第二步，核算费用。

（1）国内费用=包装费+（运杂费+商检费+报关费+港区港杂费+其他费用）+进货总价×（贷款利率÷12）×贷款月份

$$=3×6000+（12000+350+150+900+1500）+540000×（8%÷12）×2$$

$$=18000+14900+7200=40100（元）$$

单位货物所摊费用=40100元÷6000双=6.683元/双（注：贷款利息通常以进货成本为基础）

（2）银行手续费=报价×0.5%

（3）客户佣金=报价×3%

（4）出口运费=3800÷6000×6.43=4.0723（元/双）

（5）出口保险费=报价×110%×0.85%

第三步，核算利润。

利润=报价×10%

第四步，三种贸易术语报价核算。

（1）FOB C3报价的核算：

FOB C3报价=实际成本+国内费用+客户佣金+银行手续费+预期利润

$$=79.646+6.683+FOB\ C3报价×3\%+FOB\ C3报价×0.5\%+$$

$$FOB\ C3报价×10\%$$

$$=86.329+FOB\ C3报价×13.5\%$$

等式两边移项得：

FOB C3报价－FOB C3报价×13.5%=86.329

FOB C3报价（1－13.5%）=86.329

FOB C3报价=86.329÷（1－13.5%）

FOB C3报价=99.8023（元）

折成美元：FOB C3=99.8023÷6.43=15.52（美元）

（2）CFR C3报价的核算：

CFR 3报价=实际成本+国内费用+出口运费+客户佣金+银行手续费+预期利润

$$=79.646+6.683+4.0723+CFR\ C3报价×3\%+CFR\ C3报价×0.5\%+$$

$$CFR\ C3报价×10\%$$

$$=90.4013+CFR\ C（3+0.5+10）$$

$$=90.4013+CFR\ C×13\%$$

CFR C报价－CFR 3报价×13.5%=90.4013

CFR C 报价 ×（1－13.5%）=90.4013

CFR C 报价 =90.4013÷（1－13.5%）

CFR C3 报价 =104.5102（元）

折成美元：CFR C3=104.5102÷6.43=16.25（美元）

（3）CIF C3 报价的核算：

CIF C3 报价 = 实际成本 + 国内费用 + 出口运费 + 客户佣金 + 银行手续费 + 出口保险费 + 预期利润

CIF C3 报价 =79.646+6.683+4.0723+CIF C3 报价 ×3%+CIF C3 报价 ×0.5%+CIF C3 报价 ×110%×0.85%+CIF C3 报价 ×10%

=90.4013+CIF C3 报价 ×（3%+0.5%+110%×0.85%+10%）

=90.4013+CIF C3 报价 ×0.14435

等式两边移项得：

CIF C3 报价 － CIF C3 报价 ×0.14435=90.4013

CIF C3 报价 = 90.4013÷（1－0.14435）=105.6522 元

折成美元：CIF C3 =105.6522÷6.43=16.43（美元）

第五步，三种价格对外报价。

（1）USD15.52/pair FOB C3 Dalian（每双 15.52 美元，包括 3% 佣金，大连港船上交货）。

（2）USD16.25/pair CFR C3 Dublin（每双 16.25 美元，包括 3% 佣金，成本加运费至都柏林）。

（3）USD16.43/pair CIF C3 Dublin（每双 16.43 美元，包括 3% 佣金，成本加运费、保险费至都柏林）。

2.3.4　如何制作报价单

在制作报价单时一定要考虑发给客户的文档是怎样的格式，有的人习惯在邮件中附上 Excel 或 Word 文档的报价单，结果发出之后常常没有客户的回音。

这是由于有不少病毒伪装成 Excel 和 Word 文档在邮件中出现，因此欧美大部分公司的邮件系统都采用了垃圾邮件过滤，只要是邮件中出现 Excel 和 Word 文档附件，就统统删除。而解决这个问题最好的办法就是把文件制作成 pdf 文档。pdf 文档是世界上最流行的文档之一，目前还没有病毒能伪装成 pdf 文件或在 pdf 文件中寄生。

因此，外贸业务员把报价单制作成 pdf 文档之后在邮件中发送，客户的邮件系统就不会把邮件误判成垃圾邮件或病毒邮件，邮件就可以顺利进入客户的邮箱。

当然，每个公司、每个产品的报价单都有所不同，但内容基本一样。下面提供一个报价单范本，仅供参考。

范本

报价单（Price List）

报价日期：_____年____月____日

Supplier 供应商		Address 公司地址	
Contact 联系人名		Approvals 产品认证	
Tel 电话号码		Fax 传真号码	
Mobile 手机号码		Messenger 即时通信	MSN，QQ，Skype:
Established 成立时间		OEM 贴牌加工	
Employees 员工人数		R&D staff 研发人数	
E-mail 邮箱地址		Website 公司网址	

Item No. 货号	Description Materials, approvals, technical parameters, etc. 产品描述，包括产品材料、认证、技术参数等	Product's Photo 产品图片	Specification L×W×H, Dia. 长、宽、高、直径等	FOB Zhongshan USD 美元离岸价	QTY./CTN PCS 每箱个数	CTN's Measure L×W×H（cm） 外箱尺寸	N.W.（kg） 产品净重	G.W.（kg） 产品毛重

续表

Remarks 备注：	
1. Payment terms 付款方式	
2. Single package's type，materials and size 单个包装的方式、材料及尺寸	
3. Inner package's type，materials and size 内包装的方式、材料及尺寸	
4. CTNs/20'，QTY./20' 每个 20 英尺柜中的箱数和产品个数	
5. CTNs/40'，QTY./40' 每个 40 英尺柜中的箱数和产品个数	
6. Delivery time 交货期	
7. Others 其他条款	

2.3.5 如何报出合理的价格

几乎每一次报价客户都会说高，跟单新手在对产品不是很熟的时候，常常被动地马上降价，虽然会说明理由，如"很期望跟您合作""我们很重视您并且愿意跟大公司合作"，但这样轻易降价之后，客户依然会认为你的产品价格比别人的高，而且也会因此失去很多客户，所以，一定不要轻言降价。非要降价时必须做到以下4点。

① 每一份价格都要经过仔细核算，不要报得太离谱。

② 每一份报价单都要做完整，有公司的抬头等信息，这样至少客户会认为我们很认真，不要直接在邮件里给一个价格，这样客户不方便保存，也不易查阅。

③ 每一份报价单都包含相关产品完整的规格。

④ 每一份报价单都要有期限，可以设定为一个月或两个月。

小提示

不轻言降价的前提是熟悉自己的产品，熟悉每一个生产环节的成本组成。知道了这些，就知道了价格底线在哪里，就不会盲目报出超高价格。价格一旦报出，决不轻言降价。

2.3.6　报价后要做什么

（1）发送报价单后及时通知

在检查报价单准确无误后，可以通过E-mail及时发送给客户。如果客户规定了发送方式与时间，就按客户要求进行。在报价单发送后，一定要及时通知客户接收，并告诉对方在有效期限内做出回应。

（2）报价单一定要留底

价格报出去了，自己一定要留底，可以设计一份表格来管理所有的报价，表单名称可按客户名来分类，这样当客户在未来的某个日期来函要求对价格进行调整时，就能回顾当时的报价，了解当时报价的基础，再根据现时情况进行必要调整。如表2-2所示。

表2-2　报价单管理表

客户名称：　　　　　　　　　　　　　　　报价日期：_____年___月___日

客户要求			
报价情况			
报价的计算			
	成本项目	计算方式	金额
国内费用	原材料费用		
	包装费		
	运杂费		
	商检费		
	报关费		
	港区港杂费		
	其他费用		
	银行贷款利息		
	银行手续费		
	客户佣金		
	出口运费		
	出口保险费		
备注			

2.4 给客户寄样

2.4.1 寄样前要做哪些准备

（1）和客户确认信息

① 样品确认。确认客户需要的样品型号及规格，包装、说明书、每单数量要求、发票的格式等细节不容忽视，必要时可结合邮件及光盘、照片。

② 寄样地址确认。贸易中介等往往存在公司地址与寄样地址不一致的情况，一旦错寄会严重影响你的商业机会。

有些国家，比如巴西、意大利，寄样的时候要特别注意他们国家海关清关的相关规定，这些信息可以向货代咨询，也可以通过平时积累。

（2）样品准备

① 取样原则。取样原则如图2-2所示。

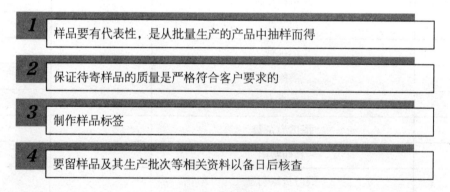

1	样品要有代表性，是从批量生产的产品中抽样而得
2	保证待寄样品的质量是严格符合客户要求的
3	制作样品标签
4	要留样品及其生产批次等相关资料以备日后核查

图2-2　取样原则

② 样品的必要附件。一定要写有自己或者公司联系方式等信息的小标签或者卡片。

③ 样品包装。包装好样品，做好防摔防水防碎防泄漏应对措施。

比如在包装盒里面塞入泡沫、防震气泡袋等固定之类的。

注意不能用报纸或者其他带文字和图片的刊物，容易被海关扣押。

2.4.2 寄样有几种方式

寄样品一般选择快递，可以通过顺丰快递、中国邮政EMS等国内知名快递公司或国际快递公司寄样。

当然，如果样品重量或体积比较大，也可以选择空运。快递和空运都是通过飞机运输送达目的地，但是快递是门到门服务，操作简单，一般只需向快递公司提供发票就可以了；空运则较复杂，要拖运、报关，而且通常空运只发货到对方的临近机场。

2.4.3 现有产品如何寄样

有些客户看到满意的产品，便直接按所寄目录上的型号、款式要求工厂送样、报价。报价一般需由经理级别以上人员核准以后，才能传真给客户。客户确认后，需填写"样品订单"，待样品制作好经质管部检验合格后，则以客户需求时间的紧急与否，选择快递方式或普通方式发出。

2.4.4 开发的新产品如何寄样

部分客户需要为其开发新的产品，这时则需要事先核算所需模具的费用，再报价给客户。报价时应考虑正式订单的数量，若超过一定数量时，模具费可以分摊在货款中，即客户在订单超过一定的数量后可收回已预交的模具费。

① 将每件样品的单价传真给客户，客户同意并签章确认之后，须通知研发部门安排"模具开发日程表"。

② 追踪新模具开发的进度以及研发部门制作"物料清单（BOM）"，并进行评审。当这些工作完成后，下"样品订单"给生产部（有些企业是下给工程部）。完成的生产样品须经质管部检验合格后，才能发送给客户进行评审与验收。新开发的样品一经客户确认后，至少需保留一件样品并进行封样，以便作为日后批量出货订单的依据。

小提示

开发新款式时应将客户关于样品的要求资料传真件转送研发部门，通常由研发部门与模具制作部门、采购部门共同核算所需模具费用。对于客户同意的确认单据须由客户盖章签名后生效并使用。

2.4.5 寄样后要做什么

① 当样品寄出之后，用邮件或电话第一时间通知客户你的发样信息，最好将快递单扫描给客户，告知大概何时到达，请客户收到样品后确认。在估计客户收到样品的时间前后，发传真或电子邮件给客户，请客户确认是否收到样品，同时应将样品寄送情况登记在"样品寄送记录表"上。如表2-3所示。

表2-3　样品寄送记录表

序号	日期	客户	寄送样品名	数量	寄送单号	预计到货时间	客户确认到货时间	备注

② 及时了解客户对样品的评估情况，从客户那里得到对产品的具体评价，无论客户对产品满意与否。

小提示

不管样品在短期内是否能带来订单，都要与客户建立起一种稳定的联系，并适时地推荐新产品，发出新的报价单。

2.4.6 样品费和快递费如何处理

样品费和快递费可以做以下处理。

① 对于新客户，若样品货值比较低，免收样品费，快递费到付；若样品货值比较高，要收样品费，快递费也到付。如果觉得客户诚意不是很大，样品货值低的情况下也可以适当收一些样品费。

② 对于资信较好的老客户，样品费和快递费都可以预付。

③ 新客户如果要求免样品费，可以告诉他，收样品费是公司的规定，如果客户下单，这些费用将在客户付款时抵扣。

④ 如果客户已经下了订单，再要求寄产前样或大货样，快递费一般由出口商承担。运费到付的话，要以客户的书面确认（E-mail或传真）为准，否则会有客户拒付的风险。

2.5 接待客户验厂

客户如果说要验厂，一般就说明他对你的产品已经很感兴趣了，很希望和你们公司合作。客户验厂后下单的概率是很大的，因此要认真对待。

2.5.1 验厂前要做好哪些准备工作

外贸业务员在接待客户验厂时，需要做好以下准备工作。

① 要事先了解清楚客户来访的日程安排、来访人员、来访议题等。

② 提前通知客户将派车去其指定地点接客户（如机场、码头、酒店等）。根据来访客户级别、人数及所带行李做相应接待安排。

③ 整理好与客户的函电往来内容、邮件记录，特别是一些表格、单据、文件等，最好准备在一个文件夹中或是先打印出来。

④ 准备好会议室、茶水、名片、相机、录音用MP3设备、投影仪、公司及产品宣传资料、网站。做好公司办公区域、生产厂区、样品展示间的5S管理（根据需要也可准备鲜花、水果）。

⑤ 合理安排会谈的人员，如总经理、部门经理、主管等同客户来访议题有关的人员。

⑥ 了解客户手机或房间分机号码，以及客户所在的国家地区及饮食习惯、生意习惯和宗教习俗。

2.5.2 如何接待验厂的客户

当客户来了之后，一定要做好客户的接待工作。

① 互换名片，安排座位、茶水，提供公司网站及其他推广资料，播放公司介绍、产品介绍幻灯片。

② 拿出一些相关业务资料、产品样品进行面洽，向客户介绍公司运营、工厂生产及产品研发情况，带客户参观公司主要部门并做简要介绍，合影留念。

③ 会议后，根据客户行程情况安排就餐及送客户到酒店或其指定的其他地点。

小提示

如果客户在酒店下榻，就要预计从公司到酒店所需时间，同时通知司机详细酒店地址及联系人电话，以便及时接到客户。

2.5.3 带客户验厂要注意什么

① 在验厂之前，业务员要准备好包、名片、纸巾、手机、数码相机、纸、笔、零钱等。

② 记好厂方相关负责人（外贸人员、工程技术人员、司机等）的联系电话、手机号码、公司名称、工厂地址等资料并打印出来。

③ 与外商合影最好选择合适的时间和有代表性的场所，如在商贸部办公室里，客户正坐在电脑旁并进行操作时；客户正坐在办公室里与商务中心人员洽谈时；与客户在公司前台处合影；与客户在其下榻的酒店宾馆合影；与客户在厂家的门口、样品房、模具房、洽谈室、生产线、工程部、质检室等现场合影。

小提示

在工厂里面拍照的时候，只要有产品样品的地方，要尽量避免拍摄工厂样品架上的样品，除非已经征得厂方的同意。

④ 陪同客户验厂时，要注意让其了解以下内容：工厂是否有这种产品的生产线、生产经验和生产能力；工厂产品样品检测过程的观摩，产品获得的认证；产品的性价比；需要工程技术人员在一旁对样品进行现场检测，打印出产品检测的技术参数，并加以解释；样品的外表美观程度和内部构造及部件的质量；工厂的模具开发能力；交货的及时性；工厂的规模；工厂的生产经验及历史；产品的OEM加工；单个包装、内外包装方式；货柜的装货数量。

⑤ 用餐时要尊重客户的宗教信仰和饮食习惯。

⑥ 在个别词句没听懂时，要请求客户重复或放慢语速，或者用笔写出来，或者用手势示意客户等。

⑦ 在与外商告别时，要对其行程表达谢意，表示愿意继续提供相关帮助和服务（如预订房间和机票、兑换外汇、叫出租车等）并建立长期合作关系，希望其下次来访中国。另

外，可顺便探问其下面的行程，并估计其到达目的地的时间，适时加以联系，并加以问候，记得将合影发到其邮箱中。

小提示

通过初次的见面和采购行程，一般来说，客户都会比较信任我们及我们的服务了，因此，下一步就是如何跟紧客户的询盘、订单意向或订单了。

陪同客户验厂回来后需要及时整理整个行程的经历、思绪和感想，再加上一些合影，及时整理出一篇报道，并发布到公司网站上，加以推广。此外，要整理一些费用单据找直属上司、部门经理、部门总经理、财务部办理报销事宜并等待出纳通知领取报销款。

 相关链接〈···

陪同客户验厂时的常用英语

外贸业务员陪同客户验厂时不可避免地要与客户有交谈，以下介绍一些常用的交谈用语。

一、常用英语句子

1. I will give you a complete picture of our operation.

我会让您完全了解我们厂的运作情况。

2. Let me take you around the factory.

让我带你到工厂四周看看。

3. We are running a little short on time, so...

我们的时间有限，因此……

4. I hope the noise isn't bothering you.

希望噪声不会打扰你。

5. You need this for security.

你需要使用这个，以保证安全。

6. At present, there are 968 workers at the manufacturing plant.

目前，制造厂有员工 968 人。

7. Watch your step.

请注意你的脚下。

8. I'm not familiar with that point. Let me call someone who is more knowledgeable.

关于那一点我不太熟悉。让我打电话给比较了解情况的人。

9. It's very important not to touch the machinery.

请不要触摸机器。

10. Please come this way.

请这边走。

11. Our company deals in a wide range of related products.

本公司经营一系列相关产品。

12. How big is your company?

贵公司的规模有多大?

13. What is your market share?

贵公司的市场占有率是多少?

14. Well, shall we have a break? You must be tired after having seen all of our plants atonce.

好了，我们是不是应该休息一下呢? 一下子参观完我们全部的工厂，你一定累了。

15.I hope you don't mind having Chinese food for lunch.

希望你不介意午餐吃中国菜。

16. We still have plenty of time. So if there's some place you'd like to stop by, please don't hesitate to ask.

我们还有很多时间，所以如果你想在哪里逗留一下，请提出来。

17. Are all these available now?

这些产品有现货吗?

18. Can you give me some samples?

你可不可以给我一些样品?

19. If you decide to use our products, I'm sure you won't be disappointed.

如果你决定用我们的产品，保证不会让您失望的。

20. That's it. Is there anything else you'd like to see?

就这些，你还有什么别的想看的吗?

21. Let's go up to my office and discuss more ...

我们上楼到办公室去进一步讨论……

22. What did you think of our factory?

你觉得我们的工厂怎样?

23. What's your overall impression?

你总的印象如何？

24. I'm very favorably impressed.

我的印象很好。

25. This completes our schedule for today. I understand they have our car already wait.

今天的活动安排已结束，我想我们的车已在等候。

二、陪同客户参观时常见对话

对话1。

Henry：I'll show you around and explain the operation as we go along.（我陪你到各处看看，边走边讲解生产操作。）

Tim：That'll be most helpful.（那太好了。）

Henry：That is our office block. We have all the administrative departments there. Over there is the research and development section.（那是我们的办公大楼。我们所有的行政部门都在那里。那边是研发部。）

Tim：How much do you spend on development every year?（你们每年在科研上花多少钱？）

Henry：About 3%~ 4% of the gross sales.（大约是总销售额的3%到4%。）

Tim：What's that building opposite us?（对面那座建筑是什么？）

Henry：That's the warehouse. We keep a stock of the faster moving items so that urgent orders can be met quickly from stock.（那是仓库，存放周转快的货物，这样有紧急订货时，就可以立刻交现货。）

Tim：If I place an order now how long would it be before I got delivery?（如果我现在订购，到交货前需要多长时间？）

Henry：It would largely depend on the size of the order and the items you want.（那主要得依据订单大小以及你需要的产品而定。）

对话2。

Tim：How large is the plant?（这个工厂有多大？）

Henry：It covers an area of 75,000 square meters.（面积有七万五千平方米。）

Tim：It's much larger than I expected. When was the plant set up?（比我想象的要大多了。什么时候建厂的？）

Henry：In the early 90s. We'll soon be celebrating the 30th anniversary.（20 世纪 90 年代初期。我们很快要庆祝建厂三十周年了。）

Tim：Congratulations!（祝贺你们。）

Henry：Thank you.（谢谢。）

Tim：How many employees do you have in this plant?（这个工厂有多少员工？）

Henry：500. We're running on three shifts.（五百个，我们是三班制。）

Tim：Does the plant work with everything from the raw material to the finished product?（从原料到成品都是工厂自己生产吗？）

Henry：Our associates specializing in these fields make some accessories. Well, here we're at the production shop. Shall we start with the assembly line?（有些零配件是我们的联营单位生产的，他们是专门从事这一行的。好了，我们到生产车间了。咱们从装配线开始看，好吗？）

Tim：That's fine.（好的。）

对话 3。

Henry：Put on the helmet, please.（请戴上安全帽。）

Tim：Do we need to put on the jackets too?（我们还得穿上罩衣吗？）

Henry：You'd better to protect your clothes. Now please watch your step.（最好穿上，以免弄脏你的衣服。请留神脚下。）

Tim：Thank you. Is the production line fully automated?（谢谢。生产线都是全自动的吗？）

Henry：Well, not fully automated.（哦，不是全部自动的。）

Tim：I see. How do you control the quality?（哦，那你们如何控制质量呢？）

Henry：All products have to go through six checks in the whole manufacturing process.（所有产品在整个生产过程中都必须通过六道质量检查关。）

Tim：What's the monthly output?（月产量多少？）

Henry：One thousand units per month now. But we'll be making 1,200 units beginning with October.（目前每月一千套，但从十月份开始每月将为一千二百套。）

Tim：What's your usual percentage of rejects?（每月不合格率通常是多少？）

Henry：About 2% in normal operations.（正常情况下为 2% 左右。）

Tim：That's wonderful. Is that where the finished products come off?（那太了不起了。成品从那边出来吗？）

Henry：Yes. Shall we take a break now?（是的，现在我们稍微休息一下吧。）

对话 4。

Tim：It was very kind of you to give me a tour of the place. It gave me a good idea of your product range.（谢谢你们陪同我看了整个工厂。这次参观使我对你们的产品范围有了一个很好的了解。）

Henry：It's a pleasure to show our factory to our customers. What's your general-impression, may I ask?（带我们的客户来参观工厂是我们的荣幸。不知道你总体印象如何？）

Tim：Very impressive indeed, especially the speed of your AT Model.（非常好，尤其是你们的 AT 型机器的速度。）

Henry：That's our latest development. A product with high performance. We put it on the market just two months ago.（那是我们新开发的产品，性能很好。两个月前刚投放市场。）

Tim：The machine gives you an edge over your competitors, I guess.（和你们的竞争对手相比，我想这机器可以让你们多占一个优势。）

Henry：Certainly. No one can match us as far as speed is concerned.（当然。就速度而言，目前没有厂家能和我们相比。）

Tim：Could you give me some brochures for that machine? And the price if possible.（能给我一些那种机器配套的小册子吗？如有可能，还有价格。）

Henry：Right. Here is our sales catalog and literature.（好的。这是我们的销售目录和说明书。）

Tim：Thank you. I think we may be able to work together in the future.（谢谢。我想也许将来我们可以合作。）

2.5.4　验厂后如何跟进

在寄样、陪同客户验厂等工作完成后，外贸部一定要及时跟进客户，以加深客户的印象，尽量促成交易。

（1）跟进时应询问的事项

及时与客户取得联系，询问其对本企业的评价，表达对客户的重视程度，体现外贸的专业精神。无论客户的评价满意与否，都要得到对企业，尤其是对产品的具体评价及看法。

（2）及时处理客户反馈

在客户验厂后，客户会根据验厂时的所见所闻发回反馈意见。对于客户的反馈意见要及时处理。

① 如果客户给的意见较好，应及时沟通，并询问是否可以考虑进一步的合作，通过旁敲侧击促成订单的下达。

② 如果客户意见不太好，或指出了不满意的地方，一定要尽量解释清楚，以求得其理解。当然，如果本次不成功并不意味着没有希望，必须经常保持与客户的联系和沟通，为日后的成功做好基础准备工作。

③ 如果客户提出了改善的具体意见，一定要表示会立即整改，并表达希望再次验厂的意愿，以促成合作。

03

业务谈判

【本章要点】▶▶ ··

⇨ 业务谈判的方式

⇨ 业务谈判的阶段

⇨ 业务谈判的技巧

3.1　业务谈判的方式

3.1.1　如何进行面对面谈判

面对面谈判，就是谈判双方（或多方）直接地、面对面地就谈判内容进行沟通、磋商和洽谈。具体适用分析如表3-1所示。

表3-1　面对面谈判的适用分析

序号	事项	具体要点
1	适用范围	（1）比较正规的谈判 （2）比较重要的谈判 （3）比较大型的谈判 （4）谈判各方相距较近 （5）谈判各方认为面对面谈判效果较好，方式较佳，本次谈判最为适宜时
2	优势	（1）谈判具有较大的灵活性 （2）谈判的方式比较规范，一般按照开局、讨价还价、达成协议或签订合同的谈判过程进行 （3）面对面谈判方式可以就某些关键问题或难点进行反复沟通、磋商、洽谈，从而使谈判的内容更加深入、细致，谈判的目标更容易达成 （4）有利于建立长久的贸易伙伴关系。面对面的沟通可以增进了解，培养友谊，从而为今后新一轮的谈判工作做好铺垫
3	缺点	（1）容易被谈判对方了解己方的谈判意图。可以从各种细节如举手投足、语言态度、面部表情等来推测己方的最终目标以及追求最终目标的坚定性 （2）决策时间短。面对面的谈判方式，期限较短，没有充分的考虑时间 （3）费用高。谈判各方一般需要支付一定的差旅费或礼节性的招待费等，可能增加相应的成本支出

3.1.2　如何进行电话谈判

电话谈判就是借助电话进行信息沟通、协商，寻求达成交易的一种谈判方式。它是一种间接的、口头的谈判方式。

（1）适用范围

当面对面谈判方式难以进行时，可考虑采用电话谈判方式。此外基于以下的考虑因素，也可采用电话谈判。

① 想与谈判对方快速沟通、尽早联系、尽快达成交易。

② 想取得谈判的优势地位时，就可采用主动联系对方的方式。

③ 对待难以沟通和难以对付的谈判对手，运用电话谈判方式更具实效。

④ 想缩小相关谈判信息的流传面。

（2）电话谈判的优缺点

具体如表3-2所示。

表3-2　电话谈判的优缺点

优点	电话进行谈判的主要优势是快速、方便、联系广泛
缺点	（1）误解较多，很容易出现对语音、声调、字词的误解 （2）易被拒绝。采用电话谈判，因对方没有交易的意向，可以迅速拒绝 （3）在运用电话谈判方式时，多数情况下是一次性叙谈，很少有重复，谈判者有意无意地将某些事项遗漏或删除 （4）有风险。在电话中无法验证对方的各类文件、证据和许诺的真伪，有可能上当受骗 （5）时间紧。电话谈判较其他谈判方式而言，时间有限，谈判者缺乏深入思考的时间，尤其是受话者一方，往往是在毫无准备的状态下仓促面对某一话题，甚至进行某一项决策，因此容易出现失误

（3）使用电话谈判的技巧

由于电话谈判是一种只有声音没有人物表情、形体动作的洽谈，所以一旦选用电话谈判方式更需要注意其技巧。具体如表3-3所示。

表3-3　电话谈判的小技巧

序号	注意点	具体说明
1	事先做好准备	事先做好计划和准备，才能真正取得主动权，具体包括以下事项 （1）把要谈判的内容列一份详细的清单，包括说话的内容和顺序，尤其是重要事项不要遗漏 （2）把即将在电话里进行的谈判在脑海中演练一遍，熟悉内容，加深记忆 （3）对于对方在谈判中可能采取的战略战术、技巧策略要有所估计和预料，以便做好相应的对策 （4）在打电话之前，应当把将要用到的东西放在手边，如有关资料、记录用的纸和笔、计算器等 （5）要准备好一两个"借口"，以便在谈判不利的时候随时不失礼节地挂断电话

续表

序号	注意点	具体说明
2	争取主动	（1）一经选定电话谈判方式，便应积极争取做主动打电话的人，不做被动的接听者 （2）如果对方给你来了电话，而你没有准备时，可以化被动为主动，如可以说："对不起，我正有一件紧急的事情要办，您说个方便的时间我给您回电话吧"
3	集中精神	把注意力完全集中在电话上，排除外界种种干扰，不可一心二用，与谈判无关的事待谈判结束后再做
4	听说有度	（1）适当掌握听与说的比例，尽量诱使对方多说，学会聪明地沉默 （2）多听少讲，从对方的谈话中获得更多的信息和资料
5	把握节奏	一般来说，电话谈判并不是一次性解决所有问题，尤其不能仓促决策，而应循序渐进
6	及时更正	如果事后发现谈判的结果对己方不公或不利时，应毫不犹豫地要求对方重新谈判
7	记录整理	要在电话谈判过程中做好笔记，并在谈判结束后尽快将笔记整理归档，便于事后随时查阅
8	协议备忘录	（1）协议备忘录是把电话谈判中所要明确的谈判各方的责任、权利和义务都写在纸上，以作为双方协议的书面凭证，要求各方严格遵照执行 （2）在完成一次电话谈判后，就应认真地写好备忘录，通知并寄送对方

3.1.3　如何进行网上谈判

网上谈判就是借助于互联网进行协商、对话的一种特殊的书面谈判。它为买卖双方的沟通提供了丰富的信息和低廉的沟通成本，因而有强大的吸引力。

（1）网上谈判报文

网上谈判作为一种特殊的书面谈判，其报文由主数据和商业交易报文组成。如表3-4所示。

表3-4　网上谈判报文

类别	具体内容	主要用途
主数据	参与方信息报文	（1）是商业往来开始时，贸易伙伴第一次交换的报文 （2）用于把地址、相关的经营管理、商业和财务信息传递给贸易伙伴 （3）如果在以后的商务往来的各个阶段信息有变化，参与方信息应重新更换，以保持主数据最新

续表

类别	具体内容	主要用途
主数据	价格、销售目录报文	（1）由卖方传送给买方，以目录或列表形式给出供货方产品变化的预先通知 （2）该报文可以给出产品的一般信息，对所有买主都适用 （3）也可以给一个单独的买主提供一个专门信息，如特殊价格
商业交易报文	报价请求报文	由买方向一个或多个卖方发出的要求提供商品价格等的报文，表明买方向卖方提出他们所要求的答复内容
	报价报文	由卖方发送给买方的对买方报价请求的答复，该报文包括对买方要求的商品以及有关信息的详尽答复
	订购单报文	由买方向卖方发送的订购商品并提出相关数量、日期和发货到达地等的报文
	订购单回应报文	由卖方发送给买方，告知买方他已收到订购单，提出补充或通知买方拒绝或接受全部或部分订购单内容
	订购单变更请求报文	由买方向卖方提供的对订购单的修改，买方可以请求变动或取消某项商品信息

（2）网上谈判的技巧

网上谈判提高了谈判效率，降低了交易成本，但也存在一些弊端。商务信息公开化容易导致竞争对手的加入；互联网的故障、病毒等会影响商务谈判的开展。所以采取网上谈判时，要使用一些技巧。如表3-5所示。

表3-5 网上谈判的技巧

序号	事项	操作技巧
1	充实自己的知识	（1）充实外贸知识、商务知识 （2）学会使用电子商务技术，要懂一定的信息技术
2	加强与客户关系的维系	由于互联网是公开的大众媒体，竞争对手可能会抢走客户，所以借助于互联网进行商务谈判，还应注意情感的培养，提高服务水准，以更好地维系与客户、合作伙伴的关系
3	各种资料的存档保管	谈判过程中的发盘、还盘、确认等资料要及时下载，打印成文字，以备存查
4	必须签订书面合同	（1）网上谈判达成的交易，一经确认或接受，一般即认为合约成立，交易双方均受其约束，不得任意改变 （2）为了明确各自的权利与义务，加强责任心，双方必须签订正式的书面合同，促使双方按照合同办事

3.1.4　如何进行函电谈判

函电谈判是外贸业务谈判中使用最普遍的方式，是通过邮政、电传、传真等途径进行磋商，寻求达成交易的书面谈判方式。

函电谈判的程序如图3-1所示。

图3-1　函电谈判的程序

（1）询盘

询盘又称探盘，是指谈判一方大致地询问另一方（或多方）是否具有供应或购买某种商品的条件，只是了解一下供求情况，以衡量一下对方的实力和需求。具体而详尽的交易条件是在双方沟通的基础上进一步磋商。询盘多由商品的买方发出，但卖方也可根据自己的需要发出询盘。

询盘的目的主要是寻找合适的买主或卖主，而不是同买主或卖主正式进行谈判，不具有约束力。因此，在询盘时要注意如下策略。

① 询盘的对象既不能过窄，也不能过宽。过窄难以了解国外市场情况，过宽则会失去焦点。

② 询盘的内容既要能使客户进行工作，提供报盘资料，又要防止过早透露销售或采购数量、价格等意图，被客户摸到底细。

③ 在书面洽谈的交易方式中，询盘还应注明编号以加速国外复电、复函的传递，并说明应报货物的种类和价格条件，并且对于商品品种、规格、型号、技术要求务尽其详，以免进口商品不符合要求。

下面提供一封询盘信的范本，仅供参考。

询盘信

Dear Sirs,

　　Messrs Johns & Smith of New York inform us that you are exporters of all cotton bed-sheets and pillowcases. We would like you to send us details of your various ranges, including sizes, colours and prices, and also samples of the different qualities of material used.

We are large dealers in textiles and believe there is a promising market in our area for moderately priced goods of this kind mentioned.

When quoting, please state your terms of payment and discount you would allow on purchases of quantities of not less than 100 dozen of individual items. Prices quoted should include insurance and freight to Liverpool.

Yours faithfully,
United Textiles Limited
Manager

（2）发盘

由买卖双方中的一方向另一方提出交易条件和要求，所以发盘有两个关系人，一个是发盘人，另一个是受盘人。若一项发盘是由卖方发出，卖方就是发盘人，而买方就是受盘人，反之亦然。按照发盘人在受盘人接受发盘后，是否承担订立合同的法律责任来划分，发盘可分为实盘和虚盘，如表3-6所示。

表3-6　发盘的分类

序号	分类	具体说明
1	实盘（firm offer）	实盘是对发盘人有约束力的发盘，也就是发盘人在一定期限内愿意按所提条件达成交易的肯定表示。发盘内容具有达成交易的全部必要条件，而且发盘人在规定的有效时限内，受发盘的约束，即未经受盘人的同意不得撤回或修改，受盘人在有效时限内若无异议地接受，合同即告成立，交易也就达成了
2	虚盘（offer without engagement）	虚盘是发盘人所作的非承诺性表示，不具约束力。对虚盘，发盘人可以随时撤回或修改、变更内容，受盘人即使对虚盘表示接受，也需要经过发盘人的最后确认，才能成为双方都具有约束力的合同 虚盘对于发盘人较灵活，可以根据市场变化修改交易条件，选择合适的对手，但是受盘人常常将其看作是一般的业务联系而不加重视，因而不利于达成交易

（3）还盘

还盘是指受盘人在接到发盘后，不能完全同意发盘人在发盘中所提的交易条件，为了进一步磋商，对发盘提出修改意见的一种表示。受盘人一旦还盘，原发盘即失去效力，原发盘人也不再受原发盘的约束，还盘也就成了新的发盘。

一封完整的还盘应包括以下内容。

① 确认对方来函，礼节性地感谢对方来函，并简洁地表明我方对来函的总体态度。

② 强调还盘条件的合理性并列明理由，如出口方可强调符合市场价格，品质优良，在原料上涨、人工成本提升的情况下，利润已降至最低；进口方可强调订货量大、付款条件优惠等。

③ 提出我方条件，并催促订货或发货。应使用具有说服力的语言，如数量折扣、优惠的付款方式、较早的交货期等吸引订货或发货。若我方不能接受对方的条件，则推荐其他替代品，寻求新的商机或委婉暂停交易，保持与客户的关系。

（4）接受

接受又称承诺，是受盘人完全同意对方的发盘或还盘的全部内容所做的表示。根据《联合国国际货物销售公约》的规定，一项有效的接受，应具备下列3个条件。

① 接受必须是由受盘人或特定的法人做出，才具有效力，第三者做出的接受不具有法律效力。

② 接受的内容或条件应与发盘（或还盘）相符，这样才表明就交易条件达成一致。

③ 接受必须在有效期内表示，才有法律效力，过期接受或迟到接受，都无法律效力。

（5）签订合同

签订合同是一场商务谈判的尾声。买卖双方通过交易谈判，一方的发盘或还盘被另一方接受后，交易即告达成，但在商品交易中，通常通过签订书面合同予以确认。

一般来说，大宗商品和重要的机器设备，均须使用正式合同；一般商品或成交额不大的交易，多使用"销售确认书"。书面合同的正本，一般都是一式两份，经交易双方签署后，双方各保留一份。

3.2　业务谈判的阶段

商务谈判的过程即谈判的各个阶段。当彼此具有利害关系或矛盾争议的双方，为了协调一致，或者争取和解，在特约的时间、地点进行一场正规的谈判时，谈判就有了特定的规则和程序。

3.2.1 谈判的准备阶段应做什么

正所谓知己知彼，百战不殆。在正式谈判前，外贸人员一定要做好图3-2所示的准备工作。

图3-2 谈判前的准备工作

（1）了解客户的基本信息

首先需要对客户的基本信息进行了解，最主要的是对其信誉以及资信情况进行调查，避免日后签订协议后出现无法及时付清款项的行为，这将给公司造成巨大的损失。

（2）了解客户的需求

谈判前需要对客户的需求充分了解，提前洞悉客户对商品有哪些需求，并且心里预期的价位是什么。

（3）调查资源市场

在对采购需求作出分析之后，外贸业务员要对资源市场进行调查分析，从而可以获得市场上有关物料的供给、需求等信息资料，为下一步的谈判提供决策依据。目前市场调查的内容可以参考表3-7：

表3-7 市场调查的内容

调查项目	调查内容	调查目的
产品供应需求情况	（1）对于该产品来讲，目前市场上是供大于求、供小于求还是供求平衡 （2）了解该产品目前在市场上的潜在需求者，是生产本企业同种产品的市场竞争者，还是生产本企业产品替代品的潜在市场竞争者	制定不同的采购谈判方案和策略。比如，当市场上该产品供大于求时，对于己方来说讨价还价就容易些；供小于求情况则相反
产品销售情况	（1）该类产品各种型号在过去几年的销售量及价格波动情况 （2）该类产品的需求程度及潜在的销售量 （3）其他购买者对此类新、老产品的评价及要求	可以使谈判者大体掌握市场容量、销售量，有助于确定未来具体的购进数量

续表

调查项目	调查内容	调查目的
产品 竞争 情况	（1）生产同种所需产品供应商的数目及其规模 （2）所要采购产品的种类 （3）所需产品是否有合适的替代品的生产供应商 （4）此类产品的各重要品牌的市场占有率及未来变动趋势 （5）竞争产品的品质、性能与设计 （6）主要竞争对手所提供的售后服务方式及中间商对这种服务的满意程度	通过产品竞争情况的调查，使谈判者能够掌握供应己方所需同类产品竞争者的数目、强弱等有关情况，寻找谈判对手的弱点，争取以较低的成本费用获得己方所需产品，也能使谈判者预测对方产品的市场竞争力，使自己保持清醒的头脑，在谈判桌上灵活掌握价格弹性
产品 分销 渠道	（1）各主要供应商采用何种经销路线，当地零售商或制造商是否聘用人员直接推销，其使用程度如何 （2）各种类型的中间商有无仓储设备 （3）各主要市场地区的批发商与零售商的数量 （4）各种销售推广、售后服务及存储商品的功能	可以掌握谈判对手的运输、仓储等管理成本的状况，在价格谈判时心中有数，而且可以针对供应商售后服务的弱点，要求对方在其他方面给予一定的补偿，争取谈判成功

（4）制定谈判方案

当所有消息都探查清楚之后，就需要依据客户的特点来制定有针对性的谈判方案。依据客户提出的价格要求以及质量要求来制定可以让步的最大范围，确保谈判过程顺畅。

① 确定谈判目标。谈判目标指参加谈判的目的。一般可以把谈判目标分为三个层次：必须达到的目标、中等目标、最高目标。如表3-8所示。

表3-8　谈判目标

目标层次	具体描述
必达目标	满足客户对原材料、零配件或产品的需求量、质量和规格等
中等目标	满足价格水平、经济效益水平等
最高目标	考虑产品的售后服务情况，如送货、安装、质量保证、技术服务活动等

② 安排谈判议程。谈判议程即谈判的议事日程，主要是说明谈判时间的安排和双方就哪些内容进行磋商。

——确定谈判主题。要进行一次谈判，首先就要确定谈判的主题。一般来说，凡是与本次谈判相关的、需要双方展开讨论的问题，都可以作为谈判的议题。外贸业务员可以把它们一一罗列出来，然后根据实际情况，确定应重点解决哪些问题。其中最重要的就是谈判产品的质量、数量、价格水平、运输等方面。

——安排谈判时间。谈判时间的安排，即要确定谈判在何时举行、为期多久。如果是一系列的谈判，则需要分阶段进行，还应对各个阶段的谈判时间作出安排。在选择谈判时间时，外贸业务员要考虑图3-3所示的3个因素。

因素一	准备的充分程度：要注意给谈判人员留有充分的时间探讨、互做介绍、商议谈判议程
因素二	要考虑对方的情况：不要把谈判安排在对对方明显不利的时间进行
因素三	谈判人员的身体和情绪状况：要避免在身体不适、情绪不佳时进行谈判

图3-3 选择谈判时间时应考虑的因素

③ 制定谈判备选方案。通常情况下，在谈判过程中难免会出现意外的事情，令谈判人员始料不及，从而会影响谈判的进程。因而在谈判前，外贸业务员应对整个谈判过程中，双方可能作出的一切行动进行正确的估计，并应依此设计出几个可行的备选方案。

小提示

在制定谈判备选方案时，可以注明在何种情况下，可以使用此备选方案，以及备选方案的详细内容、操作说明等。

（5）注意谈判礼节

谈判代表要有良好的综合素质，谈判前应整理好自己的仪容仪表，穿着要整洁正式、庄重。男士应刮净胡须，穿西服必须打领带。女士穿着不宜太性感，不宜穿细高跟鞋，应化淡妆。

（6）确定谈判地点

谈判地点的选择有三种情况：己方所在地、对方所在地、双方之外的第三地。对于最后一种情况，往往是双方在参加产品展销会时进行的谈判。三种地点选择有利有弊，具体如表3-9所示。

表3-9 谈判地点的优缺点

谈判地点	优点	缺点
己方所在地	（1）以逸待劳，无需熟悉环境或适应环境这一过程 （2）随机应变，可以根据谈判形势的发展随时调整谈判计划、人员、目标等 （3）创造气氛，可以利用地利之便，通过热心接待对方、关心其谈判期间生活等问题，显示己方的谈判诚意，创造融洽的谈判氛围，从而促使谈判成功	（1）要承担烦琐的接待工作 （2）谈判可能常常受己方领导的制约，不能使谈判小组独立地进行工作

谈判地点	优点	缺点
对方所在地	（1）不必承担接待工作，可以全心全意地投入到谈判中去 （2）可以顺便实地考察对方的生产经营状况，取得第一手的资料 （3）在遇到敏感性的问题时，可以说资料不全而委婉地拒绝答复	（1）要有一个熟悉和适应对方环境的过程 （2）谈判中遇到困难时，难以调整自己，容易产生不稳定的情绪，进而影响谈判结果
双方之外的第三地	对于双方来说在心理上都会感到较为公平合理，有利于缓和双方的关系	由于双方都远离自己的所在地，因此在谈判准备上会有所欠缺，谈判中难免会产生争论，从而影响谈判的成功率

（7）布置谈判场地

在己方所在地进行谈判时，己方要承担谈判现场的安排与布置工作。为了能充分利用己方所在地优点，在做此项工作时，也要讲求科学和艺术，为己所用。对其进行具体操作时应注意以下事项。

① 最好能够为谈判安排三个房间，一间作为双方的主谈判室，另外两间作为各方的备用室或休息室。其要求如图3-4所示。

主谈室

作为双方进行谈判的主要场所，应当宽敞、舒适、明亮，并配备应有的设备和接待用品

备用室或休息室

作为双方单独使用的房间，最好靠近谈判室，也要配备应有的设备和接待用品，同时也可以适当配置一些娱乐设施，以便双方缓和一下紧张的气氛

图3-4　谈判场所的要求

② 谈判双方座位的安排也应认真考虑。通常有两种座位安排方式：双方各居谈判桌一边，相对而坐；双方谈判人员随意就座。两种安排方式各有千秋，要根据实际情况加以选择。

（8）模拟谈判

为了提高谈判工作的效率，使谈判方案、计划等各项准备工作更加周密、更有针对性，因此在谈判准备工作基本完成以后，应对此项准备工作进行检查，而在实践中行之有效的方法就是进行模拟谈判。有效的模拟谈判可以预先暴露己方谈判方案、计划的不足之处及薄弱环节，检验己方谈判人员的总体素质，提高他们的应变能力，从而减少失误，实现谈判目标。

小提示

模拟谈判双方可以由己方谈判人员与己方非谈判人员组成，也可以将己方谈判小组内部分为两方进行。

3.2.2　谈判开局阶段应做什么

在谈判的开局阶段，各方的精力最为充沛，注意力也最为集中，双方都阐明各自立场，主要从吸引对方的注意力和兴趣出发，将谈判的程序、内容进行初步说明。

小提示

谈判之初的重要任务是摸清对方的底细，因此要认真听对方谈话，细心观察对方举止表情，并适当给予回应，这样既可了解对方意图，又可表现出尊重与礼貌。

3.2.3　谈判磋商阶段应做什么

谈判的磋商阶段是谈判开局阶段任务完成后议题深入的中心阶段，即谈判开始之后到谈判终局之前，谈判各方就实质性事项进行磋商的全过程。

（1）报价

报价，又称提出条件，是指谈判磋商阶段开始时提出讨论的基本条件。

一般而言，要根据谈判的不同性质来决定谁先报价。在己方比较了解对方的需要或低盘的情况下，争取率先报价比较有利，而反之最好请求对方先报价，这可为己方作个出价参考。另外，一些己方占有绝对优势的谈判，如拥有优势地位的产品，拥有多边谈判的选择性等，己方如率先报价，能够进一步强化优势，主导谈判。

（2）还价

谈判就是要对各不相同的主张和条件进行磋商，而谈判的双方一拍即合，也就无需深入讨论。所以，谈判的磋商阶段中，一方报了价，另一方就可能会还价，要还价，就要讲究还价的策略。

① 在还价之前必须充分了解对方报价的全部内容，准确了解对方提出条件的真实意

图。要做到这一点，应在还价之前设法摸清对方报价中的条件哪些是关键的、主要的，哪些是附加的、次要的，哪些是虚设的或诱惑性的，甚至有的条件的提出，仅仅是交换性的筹码。

② 准确、恰当地还价应掌握在双方谈判的协议区内，即谈判双方互为界点和争取点之间的范围，超过此界限，便难以使谈判获得成功。

③ 如果对方的报价超出谈判协议区的范围，与己方要提出还价条件相差甚大时，不必草率地提出自己的还价，而应首先拒绝对方的还价。必要时可以中断谈判，给对方一个出价，让对方在重新谈判时另行报价。

3.2.4　谈判促成阶段应做什么

商务谈判的最终目的就是为了促成交易，签订合同。谈判双方经过磋商、让步，最终对各项交易条件达成了共识，于是谈判进入促成阶段。在促成阶段，为了确认谈判各方的权利、义务，一般都要签订协议，或者说，要通过合同的形式来确立、变更或终止双方的权利义务关系，这样才能取得法律的保护，这种结果才是巩固的、确定的。

（1）最后的回顾

最后的回顾主要有以下工作。

① 明确是否所有的项目都已谈妥，是否还有遗漏的问题尚未解决。

② 明确关于所有交易条件的谈判是否都达到了己方的期望值或谈判目标。

③ 明确己方最后可作出的让步限度。

④ 决定己方将采取何种谈判技巧来结束谈判，进行签约。

这种回顾的时间与形式取决于谈判的规模。可以安排在正式谈判以外的休息时间里进行，也可以在己方内部安排一个正式会议，由己方谈判负责人主持进行。不管回顾的形式怎样，都应以对己方的总体利益的影响为依据。

（2）起草备忘录

备忘录实际上是谈判工作的记录。在促成阶段，双方要根据已经讨论过的各项内容起草一个协议备忘录。一份完好的备忘录中，双方的要求、希望和主要条件才是最重要的，没有必要过分注重细节。协议备忘录虽然不是合同书或正式协议书，但一经双方签字，就代表双方的承诺，整个谈判过程大抵算是完成了。

（3）起草合同

谈判结束后，就要针对谈判过程中所达成的协议起草正式的合同，经双方审核后，签字确认。

关于合同的起草与审核见本书第四章的相关内容。

3.3 业务谈判的技巧

3.3.1 谈判中报价需考虑哪些因素

外贸谈判中，如何报价是一个应该慎之又慎的问题。那么，外贸业务员在报价时，需要考虑哪些因素呢？具体如图3-5所示。

图3-5 谈判中报价需考虑的因素

（1）产品详细参数

其包括了产品的名称、属性、材料、大小、重量、尺寸、包装、颜色、相关认证等，总之所有与产品有关的都是需要考虑的内容。

（2）相关价格标准

在计算包含海运费，保险费等费用的时候准确一点。

（3）付款方式

用什么样的付款方式对价格来说也是有一定影响的，虽然往往这种影响相对于整个订单金额来说是微不足道的，但首先付款方式是必须明确的，另外考虑这种影响也有利于在报价过程中做到精确和掌握与客户交涉的筹码。

（4）产品单价

产品单价包含三部分，一是具体的价格数字；二是货币种类和货币单位，通常都是美元；三是单位，即产品的单位，如重量、体积、质量、容量、长度、件数、套件等，一般产品都有固定的计量单位。

（5）报价有效期

一份报价需要告知客户有效期是多长时间的，因为产品原材料、技术、职员工资、汇率、海运费、保险费、国际局势变动、国内政策变化等都会影响到产品的成本，所以必须标明有效期，没有哪一种产品的价格是一成不变的。而且一般客户对报价都会存档，很可能出现半年以后、一年以后，或者更长时间客户拿出当初的价格来商谈，这样如果没有当初价格的有效期为约束的话很容易使我们陷入被动地位。另外，还要指出报价当时的时间。

（6）运输工具

如果是CNF、CIF、CIP等包含运费和保险费的运输方式，还要考虑采用什么样的运输工具，运输当中又采用什么样的装箱方式等。

比如，我们最常用的海运，其中还包含了散装、拼箱、集装箱运输、集装袋、麻袋等方式，这些都是要向客户作出明确说明的项目。

3.3.2　如何应对注重质量第一的客户

尽管几乎每个客户都会强调质量，其实也不尽然。有的客户是将价格排在第一位；有的客户对质量的要求，在可控范围之内就可以。但有一类客户，却是将质量放在第一位，并且非常重视。这类客户在谈判中表现出来的特点如下。

（1）不会主动要价格

有的客户一直信奉"质量至上"。

××外贸公司的业务员小黄就碰到过这样一个客户。在询盘中，客户只简单提了一句"Can you promise the quality？"在邮件中，也只字不提需要报价的事，而是列举质量标准，非常明确的数字化标准，比如承重力、防火时长、表面粗糙度等，末尾总是提到一句：必须保证能达到这些要求，才会继续进行下一步。在报价前，客户来访的第一件事是进车间查看大货产品，亲自测试将近一小时。

一系列的质量沟通、检测、验厂之后，客户回国，这时认为这家外贸公司有能力满足他的质量要求，才提出报价要求。

针对这么严苛的质量要求，小黄把利润翻了几倍报过去，客户没有任何还价，并且付款方式100%TT发货前结清。

这个客户之所以不还价，是因为他遍寻厂家，没有一个厂家可以满足要求的同时，又对外贸业务这么了解。有的厂家懂技术，却无法沟通，不做外贸；有的厂家质量控制不达标。于是，天时地利人和的条件下，成交了。

这类客户比较极端，并不是所有质量至上的客户都这么不在意价格，不过他们的表现特点比较类似，对报价的需求并不着急。

（2）对价格没有明确回应

质量至上的客户，即使一开始就要求报价，也暂时不会有强烈反应。相反，在所有的报价供应商中，价格最低的很有可能直接淘汰。这是内部淘汰法，被淘汰的不会知道自己是因为报价低而被淘汰掉的。这类客户深知"一分价钱一分货"的道理。

如果你的报价低得离谱，差距太大，他就会认为你偷工减料。如果你降价太多太容易，他就会认为你无法保证质量。

比如，大型设备是最能体现价格决定价值的产品。购买这类产品的客户最明显的特点是，不敢找价格太低的厂家，更不敢使劲压价。他怕压价太狠，你勉为其难地答应后，会在设备材质上偷工减料。做设备的都知道，偷工减料太容易，一个小小的电子元件，价格都能相差几千元。

所以，这类客户即使要求你报价，暂时也不会进行价格商谈，而是先做到心中有数，先进行初期的"海选"。

那么，若你的产品就是中高端的，或者你的目标客户就是发达国家的，就不要急着降价，也不用急着报价。

并不是所有产品都适合竞价策略，也不是所有客户都会被你的高价格吓跑。若你就想和那类寻找最低价的客户合作，那就坚持你的底价策略；若你也希望寻找高利润、高质量的客户，那么就要因人而异地进行报价。

（3）先讨论质量再讨论价格

质量第一位的客户，将价格要到手，进行初步的海选之后，若他继续和你联系，那么也不是从价格入手，而是从产品相关的性能、检测等展开话题。

通常，你报过价格之后，他不说高，也不说低，而是直接进行下一个话题的讨论。这意味着他要看看你的质量是否与你的价格相称。这时候的谈判就要让客户多说话，先抓住客户的兴趣，再谈价格。

综上所述，对于信奉质量第一的客户，外贸业务员在谈判过程中，可以采取图3-6所示的应对措施。

若客户愿意谈，那就顺着客户谈，并且要有来有回地多多提问，让客户多说话，才能判断他的喜好

若客户不主动提及价格，你暂时也不要主动提及，而是顺着客户的意思，继续往下谈，一步步让客户对你的质量"放心"，抓住客户的兴趣，才有讨价还价的筹码

图3-6　应对注重质量第一的客户的策略

3.3.3　如何应对注重价格第一的客户

如果说信奉"质量至上"的客户，选择供应商的标准是：在质量达标的范围内，选择价格最合理的。那么，这类信奉"价格至上"的客户，选择供应商的标准则是：在价格最低的厂家中，选择质量达标的，并将他的价格压到行业最低。

这类客户最明显的特点是，张口闭口不离价格。他们会先看你的价格是否符合预期，再看你的质量是否在可接受范围内。

对待这类客户，价格一定不要轻易降，因为你需要一而再、再而三地应对砍价，并不是一次两次就能合作的。另外，若这个客户值得谈，那就把握主导节奏，将客户从价格上绕走，先谈其他，抓住客户的眼球。

3.3.4　如何应对重视技术标准的客户

有一类客户，对接人员是技术员或工程师，而不是商务负责人。所以这类客户的重点就放在了技术标准上，他们会孜孜不倦地和你探讨产品的技术细节、各项指标、各种测试细节。在这种情况下，外贸业务员如果能说服对方的技术人员，那么距离合作就不远了，接下来的价格谈判就很容易过关。另外，这类客户他们的邮件一般比较长、复杂、专业，问题繁多，特别针对细节。

应对这类客户，外贸业务员自己的专业知识是不够的。一定要耐心向生产经理请教，且不要完全照搬生产经理的回复思路，你需要按照业务的思路，结合对客户的把握，将每一个专业的回复，整合为促进合作的答案，提供给客户。

小提示

若你的客户规模小到不值得你花费数倍的精力，去帮助他拓展公司，那就快刀斩乱麻，引导客户将事情简单化。客户很聪明的，他知道自己的这种"打破砂锅问到底"没几个人喜欢，就逮住个"老实人"使劲问。

3.3.5 谈判时应注意哪些事项

外贸谈判是争取自己利益的重要阶段。良好地掌握谈判可以带来更高的利益，而糟糕的谈判则浪费时间和精力。因此，谈判非常重要，这就要求外贸业务员在谈判时，应注意图3-7所示的事项。

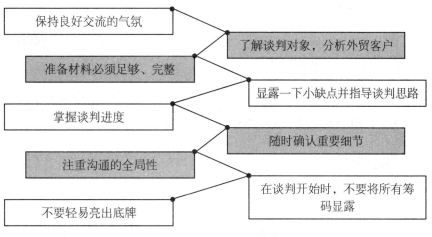

保持良好交流的气氛
了解谈判对象，分析外贸客户
准备材料必须足够、完整
显露一下小缺点并指导谈判思路
掌握谈判进度
随时确认重要细节
注重沟通的全局性
在谈判开始时，不要将所有筹码显露
不要轻易亮出底牌

图 3-7　谈判时应注意的事项

（1）保持良好交流的气氛

在面对客户时，外贸业务员应尽可能地使彼此方便，并表现出善意和诚意，以便从一开始就可以在友好和谐的氛围中进行沟通。同时，良好的态度是外贸谈判的基础。对外贸易谈判应保持冷静。当订单超过公司的可接受水平并且难以启动时，将对你的发展不利。因此，并不是说大客户就是好的，合适的客户才是最好的。

（2）了解谈判对象，分析外贸客户

只有了解对手，我们才能知道对手的弱点在哪里。因此，在进行谈判之前，需了解客户的偏好、优缺点、个性等，只有通过了解谈判对象，你才能根据客户类型制订谈判计划。

同时，在开始谈判之前，最好事先确定谈判对手的时间表，以便合理安排行程，避免浪费时间。

（3）准备材料必须足够、完整

手册、图片通常比口头描述更具说服力。当你拿出信息或样本手册时，客户必定更加感兴趣，并向你询问有关该产品的许多问题。这在商务谈判中非常有益。

（4）显露一下小缺点并指导谈判思路

适当暴露弱点，让对方认为有优势。你可以故意暴露谈判过程中的小弱点，使另一方感到有利可图，并诱使另一方按照既定思路进行谈判。

（5）掌握谈判进度

在谈判过程中，必须考虑到双方的利益。在争取自己的利益的同时，还必须为客户争取一些利润。谈判中最忌讳的事情是只为自己的利益而战，而不是考虑另一方。当客户向你抱怨时，你不仅要安抚，而且要解决问题和态度真诚。你必须了解，可以进行的交易业务是基于双赢的，仅考虑自身的利益是一次性的交易，而大家要做的是长期业务。

（6）随时确认重要细节

在对外贸易谈判中，当涉及金额、交货条件和日期时，除了口头确认合同之外，还必须在合同草拟后进行详细审查。如果你有任何疑问，应立即就任何合同问题向另一方询问。当你不理解对方在说什么时，务必请他重复一遍。

（7）注重沟通的全局性

当质疑对手的观点或条约时，务必将矛头指向问题本身，而不是对手。当意见不一致时，避免将责任和意见直指沟通的对手，因为此举不仅会导致交流中断，还会引起对手的不满。做外贸生意更要注意，生意不是辩论，不是面红耳赤就会胜利。

（8）在谈判开始时，不要将所有筹码显露

当谈判陷入僵局时，留下一两个筹码以打破僵局，包括价格、特殊包装、优质材料、售后服务等，可以使用一两个作为扭转局面的关键。

（9）不要轻易亮出底牌

谈判过程中最大的忌讳就是让对方提前探知底牌，使得价格被不断地压缩，最终导致公司利益受损。在与客户还价的过程中要注意方式方法，重点向客户强调产品的附加价值。切忌为了成单，一味地按照客户的要求降价，最后的结果要么是取消订单，要么是按照低价采购不合格的产品，最终导致订单的售后问题等。在沟通过程中一定要理解交易之所以能够达成一定是能够兼顾双方利益的，外贸订单很多是要长期合作的，所以在价格上一定要谨慎选择，兼顾买方和卖方利益。

04

第四章

签署合同

【本章要点】▶▶▶ ···

⇨ 起草合同

⇨ 审核合同

⇨ 签订合同

4.1 起草合同

4.1.1 国际贸易合同的形式有几种

由于合同是具有法律约束力的，所以在订立合同之前，外贸业务员最好先了解一下相关法律知识或者咨询有经验的律师。

在签订合同之前，外贸业务员需根据不同的业务需要，选择不同的合同订立形式。合同订立形式可以分为口头形式、书面形式、公证形式、鉴证形式、批准形式、登记形式。国际货物买卖合同一般金额大、内容繁杂、有效期长，因此许多国家的法律要求采用书面形式。

常见的书面形式有正式合同（Contract）、确认书（Confirmation）、协议（书）（Agreement）、备忘录（Memorandum）、订单（Order）、委托订购单（Indent）等。目前，我国的外贸企业主要使用正式合同和确认书两种，它们分别适应不同的需要而被采用。虽然二者在格式、条款项目和内容的繁简上有所不同，但在法律上具有同等效力，对买卖双方均有约束力。

（1）正式合同

外贸业务员在签订正式合同时，不仅要对商品的质量、数量、包装、价格、保险、运输及支付加以明确规定，而且对检验条款、不可抗力条款、仲裁条款都详尽列明，明确地划分双方的权利和义务。为了明确责任避免争议，合同内容应该全面详细，对双方的权利、义务以及发生争议的处理均有详细规定，使用的文字应为第三人称语气。根据合同起草人的不同，合同分为售货合同（Sales Contract）和购货合同（Purchase Contract），前者由卖方起草，后者由买方起草。一般各公司会以固定格式印刷（有的制成表格），在业务成交前由业务员按双方谈定的交易条件逐项填写并经授权人授权签字，然后寄交对方审核签字。合同一般为一式两份，一份供对方自留，一份经对方签字认可后寄回。

（2）确认书

确认书是一种简易合同。它在格式上与合同有所不同，条款也相对简单，主要是就交易中的一般性问题做出规定，而对双方的权利、义务规定得不是很详细。此种合同订立形式主要用于成交金额相对较小或者是已经订有代理、包销等长期协议的交易。

根据起草人的不同，确认书分为售货确认书（Sales Confirmation）和购货确认书（Purchase Confirmation）。如果双方建立业务关系时已经订有一般交易条件，对洽谈内容较复杂的交易，往往先签订一个初步协议（Premium Agreement），或先签订备忘录（Memorandum），把双方已商定的条件确定下来，其余条件以后再行洽商。在这种情况下，外贸企业可采用确认书的方式，将已签协议作为该确认书的一个附件。现在使用的简式确认书大都不包括仲裁、不可抗力、异议索赔条款等，往往在意外发生时易造成纠纷，因此建议补加此类条款。

4.1.2　如何起草合同的约首部分

一份完整的合同，其基本内容可以分为三个部分：约首、基本条款和约尾。

约首包括合同名称、编号、订立日期、地点以及订立双方的名称、地址、电话等信息，其作用是明确合同的当事人和合同包括的内容。

（1）合同名称

合同名称也就是合同的标题，一般采用销售合同或销售确认书的名称，其中销售合同多被一些经营大宗商品的企业所采用。

（2）合同编号

凡是书面合同都应该有一个编号。因为在履约过程中，不论是通过传真、信函、电子邮件等进行联系，还是在开信用证、制单、托运，乃至刷制运输标志等往往要引用合同编号。

（3）签约的时间

签约日期一般应尽可能做到在成交的当天，即尽可能做到成交日期与签约日期相同。合同中签约的时间表明，除非合同中对合同生效的时间另有不同的规定，否则应以签约的时间为合同生效的时间。

（4）签约的地点

在我国外贸出口企业中所使用的"销售合同"的格式上，往往都列明了"签约地点"的项目，但在"销售确认书"的格式上，一般不列"签约地点"这一项目。实际上，当履约过程中发生争议时，签约地点往往关系到该合同适用何国法律的问题。根据国际司法的法律冲突规则，如果合同中对该合同所应适用的法律没有做出明确的规定，在发生法律冲突时，一般应由合同的成立地的法律来确定，这时，签约地点的法律则成为合同的依据。否则，如果合同中未列明签约地点，国外的法律则有不同的解释，有的国家规定适用卖方所在地国家的法律，有的规定适用合同履行地法律。所以，签约地点还是不要漏填为好。

（5）订立双方的信息

双方当事人的名称、地址、营业所在地及其电话、电子邮箱地址等，正确列明这一点，不但能够确定双方的责任和便于卖方查对信用证、正确制单、发运及进行各种联系，而且在发生诉讼时，由于企业的法律地位不同，出资者对企业的债务承担也不一样。

比如，当具有法人地位的股份有限公司一旦破产，该公司的股东对公司的债务承担仅以其出资为限，除出资之外，不承担进一步的个人责任；而不具有法人地位的合伙企业一旦破产，普通合伙人就必须对企业的债务承担无限责任，即以个人所有的全部财产去清偿企业的债务。

所以列明双方当事人的名称，确定其法律地位，当一方破产时，对债权人的利益可能会产生重大的影响。

① 如果有代理人或中间商介入，由于洽谈交易的对方并非实际买方，这时往往会导致合同的当事人并非实际买方，而是与己方直接洽谈交易的中间商或代理人。在这种情况下，如果中间商或代理人要求以"委托人"（实际买方）为抬头拟制合同的话，只要该"委托人"资信可靠也可以。但在约首中不仅应注明实际买方（委托人）的名称、地址，而且最好也把中间商或代理人的名称、地址加以注明（如，通过×××成交）。特别是若能在合同中做出代理人应负履约责任的若干规定，将会更加促使代理人认真对待合同的订立和履行。

② 如果书面合同签订的依据是来往函电，就应在约首中准确无误地列明双方来往的一切函电。当然，若双方来往的函电很多时，也可择其重要的列明。

③ 如果是通过口头谈判达成的交易，则可注明双方出席的人数、时间、地点，如"××公司（卖方）的林××经理和杨××先生等经与××公司（买方）的威廉·汤普逊先生、史密斯先生等于20××年×月×日在中国××交易会上口头谈判……"。

④ 如果既有函电做依据，又有口头谈判加以确认，则两者均须列明，除非双方约定以前的往来函电无效。

4.1.3 如何起草合同的基本条款

（1）品质条款

不同种类的商品，有不同表示品质的方法。现将其中7种主要表示品质的方法及订立时应注意的事项简述如下。

① 凭样品买卖。凡以样品作为交接货物的依据者，就称为"凭样品买卖"。在此种情况

下，通常是由卖方提交样品，送买方确认后成交；或由买方提交样品，要求卖方据此加工或生产。品质条款的订立要求见表4-1。

表4-1 "凭样品买卖"品质条款的订立要求

序号	要求	具体说明
1	样品的份数	样品一般分为三份，买卖双方各执一份，另一份送呈合同规定的商检机构或其他公证机构保存，以备买卖双方发生争议时作为核对品质之用
2	订约注意事项	在凭样品的买卖中，交货的品质必须与样品相符，这是卖方的一项法定义务。若在合同中对品质既有文字规定，又写明"凭样品"，那么交货的品质则不仅要符合文字说明，还须符合样品。如果合同中规定样品仅供参考的话，只要交货的品质符合了文字说明，又基本与样品符合了，就表明卖方履行了交货品质的义务。但严格来说，后一种并非"凭样品买卖"的合同。所以在凭样品的买卖中，卖方为了防止交货的品质不能完全与样品相符而招致严重的法律后果，应在合同中力争加注"品质与货样大致相同"的字样，以此减轻自己的责任

② 凭商品规格。商品的规格是指用来反映商品品质的一些主要指标，如成分、含量、纯度、性能、长短、粗细等。

在制定品质规格时，不但要明确、具体，而且要切合实际和具有必要的灵活性。切合实际是指符合产品内在和外在的实际情况。就工厂生产方面而言，必须是在生产上实际做得到的和应该做到的。如果订得过高，脱离了实际生产的可能，势必造成生产上的困难，甚至影响按时、按质、按量交货；如果订得偏低，则会影响价格，还会影响销量。

必要的灵活性是指应根据生产的实际可能，使用一定的机动幅度和品质公差，不要订得过死，以免造成生产和交货的困难。因此，外贸业务员在拟订品质条款时可考虑采用表4-2所示的4种方法。

表4-2 拟订品质条款的方法

方法	描述	举例
规定极限	对商品的品质规格，规定上下、高低或大小极限	黑芝麻：含油量（最低）42%，水分（最高）8%，杂质（最高）1%
规定上下差异	卖方的交货品质可在规定的差异范围内波动	中国灰鸭绒，含绒量90%，允许1%上下浮动
规定范围	对某些商品的品质指标规定允许有一定的差异范围	如，白漂布30×36支，35/36×42码。这里的35/36，就是指布的幅阔只要在35～36英寸之间，都是合格的
其他	有些农副土特产品，由于对其品质规格难以定出统一的标准，在进行交易时可按"良好平均品质"条件来确定其品质	"良好平均品质"在我国外贸业务中通常称为"大路货"，主要是指装运地在一定时期内出口该种商品的平均品质水平或指合同约定的生产年份的中等货

③ 凭商品的等级。商品的等级是指同一类商品，按其规格上的差异，分为品质各不相同的若干级别，如大、中、小；重、中、轻；一、二、三；甲、乙、丙级等。

④ 凭商品的标准。商品的标准是由国家政府机关或商业团体统一制定用来进行商品品质鉴定的文件。但世界各国制定的品质标准是不一致的，因而在以标准成交时，必须在合同中明确规定以哪国的标准为依据以及该项标准的出版年代和版本，以免产生歧义。

⑤ 凭牌号或商标。对于某些品质稳定且树立了良好信誉的商品，交易时可采用牌号或商标来表示其品质。这在工业制成品和部分小包装的农副产品的交易中使用十分广泛。

比如，涪陵榨菜、红双喜牌乒乓球等。

⑥ 凭产品说明书。大型的成套设备和精密仪器，由于其构造和性能较复杂，无法用几个指标或标准来反映其品质全貌，所以必须凭详细的说明书具体说明其构造、性能、原材料和使用方法等，必要时还须辅以图样、照片来说明。

对于复杂的机电仪器产品，除订有品质条款以外，还须订有品质保证条款和技术服务条款，明确规定卖方须在一定期限内保证其所出售的机器设备质量良好，符合说明书上所规定的指标，以及售后服务项目和范围，否则买方有权请求赔偿。

⑦ 按现状条件。按现状条件即按商品成交时的状态交货。在此种买卖中，卖方对货物的品质不负责任，只要货物符合合同所规定的名称，不管其品质如何，买方均须接受货物。采用此种交货的方法，多用于拍卖合同。

（2）数量条款

在订定数量条款时，外贸业务员应注意以下4点。

① 考虑商品的计量单位和计量方法。由于商品的品种、性质不同以及各国度量衡制度不同，它们所采取的计量单位和计量方法也往往不同。

比如，粮食、橡胶、矿石、煤炭、生丝、棉纱、茶叶等交易中通常使用重量单位；机器设备、服装、汽车、家电、钟表、毛巾、日用品等通常采用个数单位；棉布、木材等通常采用长度单位。但有些商品在交易中则可以用多种计量单位表示，如石油产品既可使用重量单位，也可使用容积单位；木材既可使用长度单位，也可使用体积单位等。

一般来说，商品的计量单位如表4-3所示。

② 留意同一计量单位在不同国家所代表的数量。由于各国的度量衡制度不同，同一计量单位所代表的数量也各不相同。

比如，"吨"就有长吨（2240磅）、短吨（2000磅）、吨（1吨＝1000千克，约2205磅）之分；"尺"也有公尺（1米）、英尺（0.305米）、市尺（0.333米）之分等。

表4-3　商品的计量单位

序号	计量分类	计量单位
1	按重量	克、千克、吨、长吨、短吨、磅、克拉
2	按个数	件、双、套、打、罗、令、卷
3	按长度	米、英尺、码
4	按面积	平方米、平方英尺、平方码
5	按体积	立方米、立方英尺、立方码
6	按容积	公升、加仑、夸脱

因此，在签订合同时，除规定适当的计量单位以外，还必须明确规定使用哪一种度量衡制度，以免发生误会和纠纷。

③ 以重量作单位时须弄清以净重还是毛重计算。在以重量作单位时，由于各国习惯不同，所以还必须弄清重量是以净重计算，还是以毛重计算；是以卖方装船时的重量计算，还是以买方收货时的重量计算。

有些商品在装运途中难免失重，若按装船时的重量计算，则买方风险大；若按收货时的重量计算，则卖方又可能要承担很大的风险和损失（因为按有关法律，卖方交货的数量与合同不符，买方有权拒收并索赔），因而往往采用折中的办法，如规定卸货时缺重数量不得超过若干百分比，超过部分由卖方负责。

小提示

如果以净重计算时，其皮重是按约定皮重、实际皮重，还是按抽样估计皮重，最好也能在合同中有明确的规定，以免引起纠纷。

④ 要规定一个机动幅度。有些农副产品和工矿产品在交易时，卖方实际交货的数量往往难以完全符合合同的规定数量，为避免引起纠纷，双方当事人往往在交易磋商时对交货数量规定一个机动幅度，这就是合同中的"溢短装条款"，即允许卖方多交或少交一定数量的货物。机动幅度有两种规定法，如表4-4所示。

表4-4　机动幅度的规定方法

序号	规定方法	具体说明
1	明确规定溢短装若干百分比	如"大米1000吨，5%上下由卖方决定"。这时只要在1000吨的5%上下的幅度范围内都可履行交货的义务，没必要硬凑1000吨。溢短装百分比也可由买方决定，如"东北大米，2000吨，以毛重作为净重，10%上下由买方决定"。这种场合下，就表明买方在2000吨10%的范围内可以多要或少要

序号	规定方法	具体说明
2	在数字前加"约"字	如"大米约1000千克",这也可以使具体交货数量有适当的机动。但国际上对"约"字的解释不一,有的解释为可增减2.5%,有的则解释为可增减5%,而国际商会《跟单信用证统一惯例》第34条a款中则规定为允许有10%上下的机动。因此,为防止纠纷,使用时双方应先取得一致的理解,并最好在合同中予以规定

目前国际贸易中常用的度量衡制有英制、美制和公制。我国采用公制,但为了适应某些国外市场的习惯,有时也采用对方惯用的计量单位,所以必须掌握好几种常用度量衡制度中的一些较常用的计量单位及其换算方法。

(3)包装条款

商品是否需要包装以及采用何种包装,主要取决于商品的特点和买方的要求。买卖需要包装的货物时,双方当事人就必须在合同中加以明确和慎重的规定。包装条款订立时应注意表4-5所示的4项内容。

表4-5　包装条款订立时的注意事项

序号	注意事项	具体说明
1	包装费用	许多包装条款中未涉及包装费用,因为包装费用已包括在货价之中。但若买方提出特殊包装,其费用应由买方自理,这时包装条款中就须注明包装费用由买方负责。比如,筐装,外包麻布,麻绳捆扎,每筐50千克。若买方提出新的包装要求,需于装运月前60天通知卖方,其增加的费用由买方负责。另外,如果买方要求自己提供包装物料(包括商标和其他装潢物料),也应在合同中明确规定包装物料送达的时间、地点、方法、费用和双方的责任等,以防止影响生产和交货
2	包装材料	包装材料的好坏直接影响成本,因而须在合同中明确规定。另外,包装材料还涉及有些国家的进口规定。如有些国家规定不得使用麻袋、木材、稻草等作为包装材料或衬垫物。所以在合同磋商时,须对进口国家的有关规定加以注意,最好在合同中加以确认
3	包装装潢	如果客户或进口国对内外包装装潢上使用的标签、贴头、印记等有所要求或规定,也应在合同中反映出来
4	运输标志	按国际贸易习惯,运输标志(即唛头)可由卖方自行设计决定,并不一定要在合同中订明,而卖方自行设计的运输标志一般应包括收货人缩写、订单或合同或信用证号码、目的港、件号等四项内容。有时候买方要求决定运输标志,这时不但应该在合同中将买方的要求订明,而且还应规定买方向卖方提出具体运输标志的最后期限及其逾期的补救措施等

> **小提示**
>
> 在包装条款中应尽量避免使用含糊规定，如"习惯包装""出口包装""合理包装""适宜海运包装"等。因为这类规定看不出有关包装的基本内容，如果发生争议，双方当事人谁也解释不清其中的含义。

（4）价格条款

国际货物买卖合同中的价格条款主要包括单价和金额两个项目。

① 单价。单价一项中包括计量单位、单位价格金额、计价货币和价格术语等内容，有时还要规定作价的办法。

比如，"每吨1000美元，CIF伦敦（USD 1000perM/TCIF London）"这一单价中就表明了计量单位是吨，计价货币是美元，单位价格是1000美元，价格术语是成本加保险费加运费，目的港是伦敦。同时，由于对计价方法未做任何其他注明，则表示该项贸易是按固定价格计价的。

在表明单价时应注意如下4点。

——单价各个组成部分必须表达具体、准确，并且应注意四个部分在中、外文书写作上的先后次序，不能任意颠倒。

——计量单位应与数量条款中所用的计量单位一致，不能产生矛盾。

比如，菜籽油这一产品不能在数量条款中使用容量"桶"，在价格条款中又使用重量"吨"；或者某种用重量单位计量的货物，数量条款中采用吨，而价格条款中又用长吨或短吨去表示，这都是不行的。

——计价货币的名称要使用准确。不同国家或地区使用的货币名称可能相同，但币值却不一定相同，如"元"就有美元（US）、港元（HK）、日元（J）、人民币（RMB）等。另外，单价和金额或总金额中所使用的计价货币也必须一致。

——价格术语的选择要适当。在国际贸易中，一般都要使用一定的价格术语。价格术语不但确定了商品的价格构成，而且还表明了买卖双方在货物交接过程中的风险划分、费用负担以及应办手续的责任，同时还能确定合同的性质。

在采用贸易术语时，合同中其他条款要与之相适应，不要发生抵触。

比如，采用FOB这一价格术语，在合同的其他条款中就不能出现"货不到，不成交"或"卖方对货物所承担的风险至目的港"或"货物务必于××日期到达目的港"等措辞，因为这些措辞实际上是指目的港交货，所以它改变了FOB合同的性质。

② 金额或总金额。合同的金额是单价与数量的乘积，如果合同中有两种以上的不同单

价，就会出现两个以上金额，几个金额相加就是合同的总金额。填写金额或总金额时要认真细致、计算准确，否则将可能导致不必要的纠纷和麻烦。

小提示

合同中的金额除了用阿拉伯数字填写外，一般还应用文字表示，即所谓"大写"。

（5）装运条款

装运条款中主要应包括装运时间、装运方式、装运通知和装运港与目的港等事项。

① 装运时间。在国际贸易中，当采用FOB装运港交货条件成交时，卖方只要按时将货物在装运港装上指定的船只，即完成了交货义务。承运人在提单上所注明的日期就是交货日期，所注明的货物装运地点就是交货的地点。因此在装运港交货合同中装运期与交货期在时间上是一致的。

当采用FOB、CFR和CIF这三种贸易术语成交时，装运时间通常有三种表示法。

——规定具体时间装运。

比如：20××年8月装，20××年6月/7月/8月装。

若用前一种表示法，则卖方只要在8月1日～31日这一期间内的任何时候装运都算履行交货的义务；如果用后一种表示法，则卖方可以在6月1日至8月31日这一期间内任何时候装运。

——规定收到信用证后若干天装运。

比如：收到信用证后30天内装，但买方必须最迟于8月1日前将有关L/C开抵卖方。这种表示法中有如下三层意思。

第一，只要在卖方收到信用证后的30天内完成了装运就算履行了合同的交货义务。

第二，卖方的交货义务是在收到买方信用证后才开始发生，否则无义务履行交货。

第三，买方必须在8月1日前将信用证开抵卖方，否则就要负违约责任，同时如果买方想快点收到货，则必须尽快开出信用证。

这种规定方法对于卖方特地为买方生产或包装的货物买卖，以及买方的资信情况不良或卖方对买方资信情况不甚了解的情况下非常必要。

——综合规定。

比如：2022年8月装，但买方必须于装运月前20天将有关L/C开抵卖方。

该表示法虽然规定了卖方具体装运期间，但其前提条件是买方必须于7月10日前将信用证开抵卖方。

② 装运方式。装运方式主要指的是一次装运还是分批装运，是直达还是可以转运。

装运方式在合同中也很重要。按照有些国家的法律规定，如果合同中没有规定卖方可分批装运或转运的话，卖方若擅自分批装运或转运时，买方可拒收货物并索赔。不过，按照国际商会《跟单信用证统一惯例》，如果信用证上没有做相关规定，可准许卖方分批装运和转运。分批装运和转运这一条件的表示法有以下6种。

20××年6/7/8月装运，允许分批装运和转运。

20××年6/7/8月分三批装运，允许（或不允许）转运。

20××年6/7/8月每月各装一批，允许（或不允许）转运。

20××年6/7/8月分三批平均装运，允许（或不允许）转运。

20××年6/7/8月分三批每月平均装运，允许（或不允许）转运。

20××年6月装运若干，7月装运若干，8月装运若干，允许（或不允许）转运。

以上表示法，从上至下对卖方而言，越来越不利。就拿"分三批每月平均装运"而言，卖方的机动余地很少，只要其中任何一批没有按期按量装运，本批及以后各批货物就可能遭到买方拒收并索赔（除非合同规定，每批构成一份单独的合同），如果合同标的物是一种不可分割的货物（比如，一套大型的机械设备等）时，买方还可能退还已受领货物并索赔。所以在表示时一定要选择有利于己方的方法。

③ 装运通知。装运通知的目的是便于买卖双方互相配合，共同做好船、货衔接工作，避免在装运环节上出现漏洞。

——FOB条件成交时。FOB条件成交时的装运通知要求如表4-6所示。

表4-6　FOB条件成交时的装运通知要求

序号	程序	具体内容
1	卖方货物备妥时	按FOB条件成交，卖方应于约定的装运期开始前（一般为30天）向买方发出货物备妥装船的通知，以便买方及时向船公司或货物代理公司订舱位或派船到指定的装运港接货
2	买方接通知后	买方接到备妥装船通知后，应按约定时间将船舶预计到达装运港截止收货日期通知卖方，或及时将预订到的货物订舱单通过传真或电邮给卖方，以便卖方安排拖车送货到船公司指定的码头或仓库（如果是散货海运的话，是指海关监管仓库）
3	装船完毕	装船完毕，卖方应及时将有关合同号、货名、件数、唛头或重量、体积、发票金额、船名及装船日期、到达日期等有关事项（如果买方委托卖方代办托运时，卖方还需将有关船籍等事项告知）电告买方，以便买方投保及在目的港做好接货的准备

——CIF和CFR条件成交时。在按CIF和CFR条件成交时，上述通知也十分必要，特别是在CFR条件下，上述通知就更为重要，因为买方需要根据卖方电告的装船通知购买货物运输保险。如果因卖方延误发出装船通知，致使买方未能及时投保，由此而造成的损失将由卖方负责。

④ 装运港与目的港。在国际贸易中，装运港一般由卖方提出，经买方同意后确认，目的港由买方提出，经卖方同意后确认。由于装运港和目的港关系到卖方对货物装运的安排和买方的收货或转销，所以必须在合同中做出明确的规定。

一般来说，FOB合同必须注明装运港，如"FOB上海""FOB中国口岸"。而CIF和CFR合同则必须注明目的港，如"CIF纽约"。但不管哪一种合同，规定目的港时，都必须注意以下3点。

——不得将货物运往有包销代理或签有国家间贸易协定限制的国家或地区，不得将货物运往敌对国家或禁止贸易往来的地区。

——如果采用CIF或CFR条件成交时，还得注意目的港是否属危险（如冰冻、罢工、战争、瘟疫等）港口。

——在规定目的港时，还应注意港口重名的问题，比如叫维多利亚（Victoria）港的全世界有12个；的黎波里港（Tripoli）在利比亚和黎巴嫩都有；波特兰（Portland）与波士顿（Boston）在美国和其他国家都有同名港等。因此，在填写目的港名（特别是同名的港口）时，应写明所属国家或地区的属地名称，以免发生差错。

（6）保险条款

① 保险条款的内容。在国际货物买卖合同中，保险条款是一项重要条款。该条款的规定方法视合同所采用的价格术语而有所区别，具体如表4-7所示。

表4-7　不同价格术语保险条款的区别

序号	类别	具体说明
1	按FOB和CFR条件成交时	如果按FOB和CFR条件成交，货物的价格中不包括保险费用，因此保险由买方自行负责。在这种情况下，其保险条款一般都规定得较简单，如"保险由买方自理"。但若应买方的要求，卖方愿意代买方办理保险手续时，也应在合同中加以规定，如"应买方的要求，由卖方按若干保险价值在××保险公司代买方投保××险，其保险费由买方负责，并在信用证内做相应的规定"
2	按CIF条件成交时	如果按CIF条件成交时，由于货价中包括了保险费，因而在保险条款中应具体规定卖方需投保的险别与保险金额等

② 保险险别。保险险别主要包括基本险别与附加险别，具体如表4-8所示。

表4-8　保险险别

序号	类别	具体说明
1	常见的三大基本险别	（1）FPA（Free From Particular Average）平安险 （2）WPA（WithParticular Average）水渍险 （3）All Risks综合险、一切险
2	其他附加险险别	（1）Theft，Pilferage & Non-Delivery Risks（T.P.N.D.）偷窃、提货不着险 （2）Fresh and/or Rain Water Damage Risks淡水雨淋险 （3）Shortage Risk=Risk of Shortage短量险 （4）Intermixture & Contamination Risks混杂、沾污险 （5）Leakage Risk=Risk of Leakage渗漏险 （6）Clash & Breakage Risks碰损、破碎险 （7）Taint of Odor Risk串味险 （8）Sweating & Heating受潮受热险 （9）Hook Damage Risk钩损险 （10）Rust Risk=Risk of Rust锈损险 （11）Breakage of Packing Risk包装破损险 （12）War Risk战争险 （13）Strikes，Riots and Civil Commotions（S.R.C.C.）罢工、暴动、民变险

③ 保险金额。保险金额是保险公司可能赔偿的最高金额。为买方着想，习惯上保险金额按发票金额加一成预期利润和业务费用，即按发票金额的110%投保。不过，如果买方有要求，也可按发票金额加两成乃至三成的预期利润，但事先必须在保险条款中予以明确规定。

比如，我方出口货物时保险条款可以做如下规定。

由卖方按发票金额的110%投保平安险（或水渍险，或一切险）和战争险、罢工险。按20××年中国人民财产保险股份有限公司海洋运输货物保险条款负责。

由卖方根据20××年中国人民财产保险股份有限公司海洋货物运输保险条款，按发票金额的110%投保一切险和战争险。若来证规定货物需转运内陆城市或其他港口者，卖方代为办理至内陆城市或其他港口的保险，但此项额外保险费由买方负担，并在信用证中做相应的规定。

如果买方执意要求卖方按伦敦保险学会制定的《学会货物条款》（简称I.C.C）投保的话，也可接受，其规定如下。

"由卖方按发票金额的110%投保一切险和战争险，按伦敦保险学会的《学会货物条款》负责。"

④ 注意事项。在洽商保险条款时应注意以下3个问题。

——应尊重对方的意见和要求。有些国家规定，其进口货物必须由其本国保险，这些国家有40多个，包括缅甸、印度尼西亚、伊拉克、巴基斯坦、加纳、也门、苏丹、叙利亚、伊朗、墨西哥、阿根廷、巴西、秘鲁、索马里、利比亚、约旦、阿尔及利亚、扎伊尔、尼日利亚、埃塞俄比亚、肯尼亚、冈比亚、刚果、蒙古国、罗马尼亚、卢旺达、毛里坦尼亚等。对这些国家的出口，不宜按CIF价格条件成交。

——如果国外客户要求我们按伦敦保险协会条款投保，我们可以接受客户要求订在合同里。因为英国伦敦保险协会条款在世界货运保险业务中有很大的影响，很多国家的进口货物保险都采用这种条款。

——经托收方式收汇的出口业务，成交价应争取用CIF价格条件成交，以减少风险损失。因为在我们交货后，如货物出现损坏或灭失，买方拒赎单，卖方保险公司可以负责赔偿，并向买方追索赔偿。

（7）支付条款

支付条款的内容应包括支付金额、支付工具、支付方式等。

① 支付金额。一般来说，支付金额就是指合同规定的总金额。但在下述情况下，支付金额与合同规定的总金额不一致。

——分批交货、分批付款的合同中，每批支付的金额只是合同总金额的一部分。

——在以"后定价格"和"滑动价格"作价时，支付金额就须按最后确定的价格确定支付金额。

——在合同中若规定有品质优劣浮动价款或数量溢短装条款，支付金额就须按实际交货的品质和数量去确定。

——在订立合同时，如果无法确定由买方支付的附加费（如港口拥挤附加费、选港附加费、特殊包装要求的附加费等），一般不列入合同总金额内，而由买方连同货款一并支付。

以上所列情况，都有可能发生支付金额与合同总金额不一致，所以在支付条款中，规定支付金额的方法也不尽相同。通常有表4-9所示的3种规定法。

表4-9　支付金额的表示方法

序号	规定方法	适用范围
1	按发票金额的100%支付	多适用于交货前能够确定附加费用的金额，以及无附加费或其他浮动费用的交易。此种情况下，买方在付款时则按发票金额支付
2	规定约数	即在金额前加上"约"字，多适用于交货数量有溢短装条款
3	货款按发票金额支付，附加费等其他费用另行结算	适用于交货前无法确定附加费用的交易。比如，"货款按全部发票金额，选港附加费凭支付费用的正本收据向买方收取"

② 支付工具。国际贸易货款收付的工具中很少使用现金，大多使用汇票。

③ 支付方式。支付方式通常有图4-1所示的三种。

图4-1　常见的支付方式

在当今的国际贸易中一般用信用证付款方式，此时需注意信用证的有效期与装运期的关系，以保证安全收汇。装运期应与信用证到期日（效期）有一段合理时间：不能太短，甚至"双到期"，致使装运单据取得后没有足够时间进行议付；不能太长，占压买方资金，会在货价上表现出来。

总之，支付条款在合同中要规定得具体、准确，以免发生误会。

（8）检验与索赔条款

在买卖合同中通常都订有检验条款。由于检验与索赔有着密切的关系，有些买卖合同就把检验与索赔这两项合并在一起，称为检验与索赔条款。

检验条款主要包括检验权、检验机构与检验证书、检验时间和地点、检验方法与检验标准等内容。

① 检验权。检验权是指买卖双方究竟由谁来决定商品的品质、数量及包装是否符合合同的规定。目前在国际贸易中，对检验权的规定主要如图4-2所示。

图4-2　国际贸易中对检验权的规定

② 检验时间。

——检验期限与索赔期限的关系。检验期限一般是指买方对货物品质、数量等的复检期限，通常与索赔期限联系在一起，但两者之间又有区别，具体如表4-10所示。

总之，买方对货物必须首先委托卖方可接受的检验机构进行检验，检验结果若证明货物达不到合同的规定，才能索赔。其中从检验到提供检验证书之间的时间差距，对于不易腐品（如机器设备等）或较易保管的商品则关系不大，但对于鲜活等特殊货物则关系很大。

表4-10　检验期限与索赔期限的区别

序号	类别	具体说明
1	检验期限	指买方对货物品质、数量的复检（或检验）期限。比如，"买方必须于货到目的港后30天内进行检验""买方必须于货物在目的港卸船后15天内进行检验"。在这种情况下，买方只有在合同规定的期限内进行检验，并取得约定的检验证书，其检验结果才能作为提出索赔的有效依据，否则，如果买方超过规定的期限不进行检验，就丧失了检验的权利
2	索赔期限	指买方经检验货物不符合合同规定，向卖方提出请求赔偿损失的期限。比如，"买方对于装运货物的任何索赔，必须于货到目的港后30天内提出，并需提供经卖方同意的公证机构出具的检验报告。"在这种条件下，买方如果在30天内对货物的品质、数量等不提出索赔，就丧失了索赔权。另外，即使在有效期间内提出索赔，也必须提供约定的检验报告

——需区分检验期与索赔期的情况。在订立有关鲜活等特殊货物的检验与索赔条款时，应把检验期限与索赔期限分开。

比如："买方必须于货物在提单所订目的港卸船后的当天（或三天内）经由××商检机构（或××公证机构）进行检验；对于装运货物的任何索赔，必须于货物在提单所订目的港卸船后七天内提出，并须提供上述商检机构（或公证机构）出具的检验报告。"

——不需区分检验期与索赔期的情况。对于较易保管或不易腐蚀等普通商品，就不需区分检验期限与索赔期限了，仅仅规定索赔期限就已经足够了。其索赔期限的长短因商品不同而不同，对于机器设备等可规定60天或60天以上，对于一般性货物可规定30～60天，对于农副产品、食品等则通常规定得更短一些。

③ 检验地点。按照国际贸易惯例，在FOB、CFR、CIF合同中，除双方当事人另有协议外，检验地点是在目的港的卸货码头和关栈，而不是在货物的最后目的地或装运地点。

④ 检验机构。在国际贸易中，进行商检的机构主要有图4-3所示的三类。

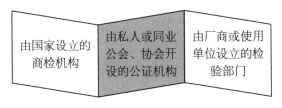

图4-3　进行商检的机构类型

在订立检验条款时，对检验机构必须做出具体的规定。

比如，在我国进行检验可规定："由中国商品检验局进行检验""提供中国商品检验局出具的有关检验报告（或证书）"。

⑤ 检验证书。检验证书是指商检机构检验货物后的结果，以证明标的物是否符合合同的规定。常见的商检证书有图4-4所示的5种。

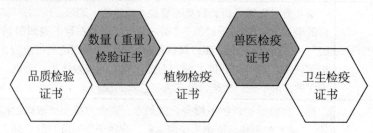

图4-4　常见的商检证书类型

因商品的特性不同导致应提供的检验证书也各不相同，所以在检验条款中也应对此做出明确的规定。

比如："以中国商品检验局出具的品质、数量检验证书和卫生检疫证书作为有关信用证项下议付所提出单据的一部分"。

⑥ 其他。除上述以外，为了避免意外的麻烦和误解，在检验条款中还应规定适当的检验方法和检验标准，因为许多商品在检验时，如果采用的检验方法或标准不同，往往会导致检验结果上的差异。

4.1.4　如何起草合同的约尾部分

约尾是合同的结束部分，完整的合同应该在约尾部分注明合同正本份数、使用文字和效力，以及双方当事人的签字、盖章、日期等。通常情况下，合同一式两份，双方各执一份。

4.2　审核合同

4.2.1　如何审核己方拟订的合同

对于己方（出口方）制定的书面合同，在寄送给买方之前外贸业务员要做好审核工作，以避免因合同的漏洞与差错而导致经济损失。具体审核要点如表4-11所示。

表4-11　合同的审核要点

序号	事项	审核要点
1	约首部分	（1）合同的编号必须要仔细审核，以避免出现错误 （2）买方的各种信息要仔细进行审核以防诈骗

续表

序号	事项	审核要点
2	质量条款	对于合同约定的表示方式，一定要明确其要求 （1）在实物说明的情况下，卖方应在合同中力争加注"品质与货样大致相同"的字样，以此减轻自己的责任 （2）对于依据说明书表示的，一般应注意是否订有品质保证条款和技术服务条款，以确定售后服务的范围以及问题出现时的解决方法
3	数量条款	（1）要注意考虑商品的计量单位和计量方法 （2）以重量作单位时须弄清以净重还是毛重计算 （3）要规定一个机动幅度，并在合同约定好
4	包装条款	必须在合同中加以明确和慎重的规定，不能出现模糊用语
5	价格条款	仔细审核贸易术语的使用，确保合同的其他条款不能与之抵触
6	装运条款	不同的贸易术语会有不同的装运时间、方式等，审核时要仔细检查确保前后一致
7	保险条款	检查是否按约定的要求投保和选择保险险别
8	支付条款	审核是否按规定选好了支付方式，尤其对于信用证，必须明确是不可撤销的，并须明确开到地点和时间、到期地点以及受益人名称
9	违约条款与不可抗力条款	要注意是依据协商而订立的，不能只是免去某一方的责任

在进行具体审核时，外贸业务员可以设计一个表格做好记录，以便己方更好地履行合同。如表4-12所示。

表4-12 合同审核单

合同编号：		签订日期：		信用证开到地点：	
买方地址：		电话：		传真：	
成交方式：			价格术语：		
品名及规格		单价	数量		金额
重量：			溢短比例：		
包装要求：					
唛头：					
质量要求：					
保险	保险金额：				
	保险险别：				

续表

装运	装运期： 装运港： 目的港： 装运方式：□不可分批装运 □可否分批装运，若可，可以分____批，时间规定：			
商品 检验	检验时间：　　地点：　　机构： 是否要复验：　复验时间：　　地点：　　机构： 检验内容： 检验项目： 检验证书要求：			
本合同有疑义的地方：				

4.2.2　如何审核对方拟订的合同

如果合同是由对方制好并签字寄来的，己方应作如下审核工作。

① 从头部到尾部仔细检查各项条款是否合理，确保合同内容与洽谈过程中达成的条件、协议相一致，至少没有己方不能接受的条款。

② 若有不能接受的条款，则不需要签字，可直接寄给对方，请对方修改。

③ 在签署退回时，要防止重复签署，造成一个合同两笔交易。

④ 对于合同中因对方大意而发生的书写、拼写错误，可直接修改后签字。签字后己方留一份，给对方寄回一份。

4.3　签订合同

4.3.1　签订合同有什么步骤

一般来说，签订合同的步骤如图4-5所示。

图4-5　签订合同的步骤

（1）达成合同意愿

买卖双方可以通过不同的方式及条件达成合同意愿，具体如下。

① 通过谈判直接成交而签订正式合同。如Import Contract（进口合同）、Export Contract（出口合同）、Purchase Contract（采购合同）、Sales Contract（销售合同）等。

② 通过信件、传真达成协议，应一方或双方当事人的要求，尚须签订确认书的合同。如Sales Confirmation（销售确认书）、Purchase Confirmation（采购确认书）等。

③ 通过信件、传真达成协议，即以发盘、还盘及有效接受的往来函电作为合同的基础。

（2）填写售货合同

在我国的国际贸易业务中，各外贸企业都印有固定格式的进出口合同或成交确认书，即所谓的格式合同（Model Contract Forms）。它适用于某一类产品（如化工产品、机械设备等）的买卖。格式合同只具有建议性质，当事人可依据双方协议修改或变更其内容。当面成交的，双方共同签署；通过往来函电成交的，由我方签署后，一般将正本一式两份送交国外买方签署，退回一份，以备存查，并用作履行合同的依据。

（3）出口合同核算

外贸业务员根据与客户最终达成的交易条件，仔细地进行出口合同核算，其中包括总成交金额、实际总成本、实际国内费用、总海运费、总保费、总佣金、总利润额、利润率。

（4）寄出成交签约函

外贸业务员给国外客户寄出成交签约函，感谢对方的订单，并说明随后会寄出售货合同或售货确认书，催促其迅速回签并及时开出信用证。

（5）审核其回签合同

需对方签回的书面合同，外贸业务员应及时认真地审核，检查对方是否对合同做了我方不能接受的修改。如果有，应立即通知对方不能接受其对合同的修改，或者依据存档的副本向对方提出异议。

4.3.2 签订合同应注意哪些事项

在我国外贸企业执行出口合同的实践中，常因一些合同中的漏洞与差错而贻误了合同的正常履行。

在我国企业的出口合同中经常容易出现的漏洞与差错主要有：合同的客户名称写得不全或字母不准；客户的电传、传真等忽略或忘记写上；价格计算有误或阿拉伯数字与相应的大写不符；包装条款含混不清；合同条款不明确或前后矛盾；唛头标记不明确；目的港选择不当；装运港规定过死或出现原则错误；装运日期安排不合理等。

以上种种，虽然并不都同时发生在同一个合同内，但也往往不易引起跟单人员的注意，然而就是这些漏洞与差错影响了很多出口合同的正常履行，因而外贸业务员在与客户签订合同时要认真审核，并注意以下要点。

（1）合同条款要体现我国的对外政策

① 成交对象和交货目的港要贯彻我国的对外政策。政策不允许的不能成交，也不能将货物发往政策不允许的地区。

② 对中国香港及中国澳门地区出口合同的装运口岸不能写中国口岸或中国上海，必须写具体港口名称，如上海。不能将中国港澳与中国并列。有的外贸公司在出口合同格式的装运口岸栏里已铅印了"CHINASEPORTS"字样的，在制作合同时更应引起注意。

③ 对那些明确规定需在国内办理投保的国家，不要强制对方接受CIF条件。

（2）合同条款内容要一致

① 成交条件与保险条款要一致。CIF条件成交的应当是我方保险，FOB或C&F条件成交的应当是对方保险。

② 成交条件与交货港口要一致。CIF或C&F条件要附带一个目的港即卸货港，FOB条件要有装运港。

③ 单价和总值要保持一致，在币别的使用上也要一致。

④ 包装条件与刷唛标记要一致，散装货不能有刷唛的要求。

⑤ 付款方式与装运期限要一致。

⑥ 合同总数量与分批装运的数量要一致。

⑦ 交货期与信用证开到日期要一致。

⑧ 有的格式合同对某些条款是填写内容和可供选择的，在制作合同时要正确填写或删除，不删除或删错了都会造成条款内容不一致。

（3）合同条款的内容要明确

① 对交货目的港不要只写国名或地区名称，如美国港口等，因一个国家有很多港口，

只写国名不利于船舶的安排。对有重名港口，名称后要写上国名，如加拿大、几内亚等国家都有叫维多利亚的港口。如为对方派船合同，装货港必须明确，卸货港则可按买方要求办理。

② 对合同的交货期、信用证开到日期等的书写上，应写清年、月，不能只写月，不写年。

③ 对包装条件的规定要明确，应列明用什么东西包装及每件（包）的重量。

④ 必须明确保险由谁办理，并须明确保险险别及适用条款。

⑤ 一般均应订上溢短装比例，散装大宗货一般为5%～10%，一般件杂货物（普通货物）为1%～5%。

⑥ 在合同中必须明确支付方式。对信用证必须明确是不可撤销的，并须明确开到地点和时间、到期地点以及受益人名称。对开到地点、开到时间和到期地点一般均应在中国境内，对信用证的有效期至少掌握在装船期后15天。

⑦ 对合同中的唛头标记，应争取按国际通常做法制作，即横式，共为4行，每行不超过17个字母，第一行为收货人缩写，第二行为合同号码，第三行为目的港名称，第四行为箱号或件数。

⑧ 对整船出运的货物，往往会涉及滞期、速遣条款。我方派船合同一般发生在国外目的港，对方派船合同发生在国内装货港。因此，应根据不同情况，分别在合同上附上一份运输条款。

05

第五章

履行合同

【本章要点】▸▸ ···

➪ 信用证跟催与审核

➪ 安排备货

➪ 办理出口报检

➪ 办理保险

➪ 货物进出口报关

➪ 出货跟踪

5.1　信用证跟催与审核

外贸合同获得最终确认的标志是收到订金或信用证，只有卖方收到了开立的信用证，才算完成了外贸交易的前期准备工作。

5.1.1　信用证概述

（1）信用证的含义

根据国际商会《跟单信用证统一惯例》（UCP 600）的解释，信用证是指一项不可撤销的安排，无论其名称或描述如何，该项安排构成开证行对相符交单予以承付的确定承诺。

简言之，信用证是银行向受益人开立的有条件的书面付款保证，该条件即为"相符交单"。

（2）信用证的特点

① 信用证是一种银行信用。在信用证支付方式下，开证行处于第一付款人的地位，对受益人承担的是一种独立的责任。受益人只要提交符合规定的各种单据，开证行就要保证付款，这是与建立在商业信用基础上的汇付、托收的本质区别。

② 信用证是独立于其他合同之外的自主的文件。信用证的开立以进出口双方签订的买卖合同或其他合同为基础，但信用证一经开出，即独立于这些合同之外，这就是信用证的自主原则。就性质而言，信用证与可能作为其开立基础的销售合同或其他合同是相互独立的交易。

③ 只凭单据而不管货物。在信用证方式下，实行的是凭单付款的原则。信用证业务是一种单据买卖，银行只看单据，而不管货物，它只要求受益人所提交的单据表面上与信用证条款相符合，而对于所装货物的实际情况如何、是否中途损失、能否如期到达目的港等均不负责。

（3）信用证涉及的当事人

信用证支付方式所涉及的当事人主要有以下8个，如表5-1所示。

表5-1 信用证涉及的当事人

序号	当事人	说明
1	开证申请人（Applicant）	指向银行申请开立信用证的人，国际货物买卖业务中，开证申请人一般是进口商
2	开证银行（Opening bank，Issue bank）	指接受开证申请人的委托，开立信用证的银行。开证银行一般是进口商所在地银行
3	通知银行（Advising bank，Notifying bank）	是指受开证银行的委托，将信用证转交出口商的银行。通知银行一般为出口商所在地的银行，其义务仅在于鉴别信用证的表面真实性并通知传递信用证及单据，不承担其他义务
4	受益人（Beneficiary）	指信用证上所指定的有权使用该证的人，国际货物买卖业务中，受益人通常是出口商或实际供货商
5	议付银行（Negotiating bank）	是指根据开证银行的授权买入或贴现受益人开立和提交的符合信用证规定的汇票或单据的银行，在遭到开证银行拒付时，对已经议付的货款，议付银行有权行使追索权
6	付款银行（Paying bank，Drawee bank）	是指开证银行指定代行信用证项下付款或充当汇票付款人的银行，一般是开证银行，也可以是开证银行指定的另一家银行，由信用证条款进行规定
7	保兑银行（Confirming bank）	是指根据开证银行的请求在信用证上加具保兑的银行
8	偿付银行（Reimbursement bank）	又称清算银行（Clearing bank），是指接受开证银行的指示或授权，代开证银行偿还垫款的第三国银行，即开证银行指定的对议付银行或代付银行进行偿付的代理人（Reimbursing agent）。偿付银行没有审核单据的义务，其偿付具有追索权

（4）信用证的主要内容

尽管各国银行使用的信用证并无统一的格式，其内容也因信用证种类的不同而有所区别，但信用证所包括的基本内容都差不多，主要有以下7个方面，如表5-2所示。

表5-2 信用证的主要内容

序号	内容项目	说明
1	对信用证本身的说明	包括信用证的种类、信用证号码、开证日期、信用证金额、有效期和到期地点、交单期限等
2	信用证当事方	必须记载的当事方有开证申请人、受益人、开证行、通知行。根据信用证种类的不同，可能涉及的当事方有保兑行、议付行、付款行、偿付行等
3	对汇票的说明	如果使用汇票，要明确汇票的出票人、受票人、受款人、汇票金额、汇票期限等内容

续表

序号	内容项目	说明
4	对货物的说明	包括货物名称、规格、数量、单价等，且这些内容应与买卖合同规定一致
5	对运输的说明	信用证中应列明装运港（地）、目的港（地）、装运期限、可否分批、能否转运等
6	单据条款	列明受益人所需提交的货运单据（如商业发票、运输单据、保险单）及其他单据的种类、份数、内容要求等
7	其他事项	包括开证行对议付行的指示条款；信用证交单期；开证行责任文句，通常说明根据《跟单信用证统一惯例》开立以及开证行保证付款的承诺；其他特殊条款，如限制由××银行议付、限制船舶国籍和船舶年龄、限制航线和港口等。这些特殊条款根据进口国政治经济情况的变动会有所不同

（5）信用证开立的形式

信用证开立的形式主要有信开本和电开本两种。

① 信开本（To open by airmail）。信开本是指开证行采用印就的信函格式的信用证，开证后以航空邮寄送通知行。这种形式现已很少使用。

② 电开本（To open by cable）。电开本指开证使用电报、电传、传真、SWIFT等各种电信方式将信用证条款传达给通知行。电开本又可分为图5-1所示3种。

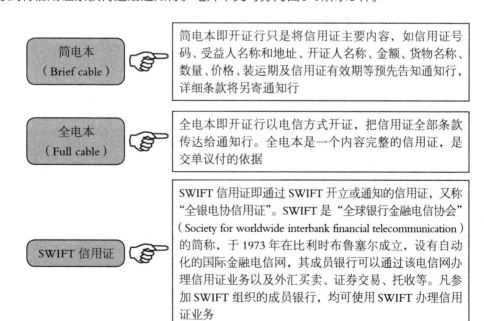

图5-1　电开本的信用证类别

SWIFT信用证具有标准、固定和统一化的格式，并且成本低、传送速度快、安全性高，目前已被全球大多数国家与地区的银行广泛使用。中国银行于1983年加入SWIFT，是SWIFT组织的第1034家成员行，并于1985年5月正式开通使用，成为我国与国际金额标准接轨的重要里程碑。随后，我国的各专业银行及上海和深圳的证券交易所也先后加入SWIFT。我国银行在电开信用证及收到的信用证电开本中，多数是SWIFT信用证。

（6）信用证的种类

信用证的种类很多，最基本的是可撤销与不可撤销两类，其他的都是在不可撤销的基础上演变而来的。在国际贸易中所使用的信用证，大多是跟单信用证（Documentary credit），即开证行凭跟单汇票或仅凭商业单据付款的信用证。信用证的种类主要有以下11种，如表5-3所示。

表5-3　信用证的种类

序号	种类	说明
1	不可撤销信用证（Irrevocable letter of credit）	是指信用证一经开出，在有效期内，未经受益人及有关当事人同意，开证行不得修改和撤销的信用证
2	跟单信用证和光票信用证	（1）跟单信用证（Documentary credit）是指开证行凭跟单汇票或仅凭商业单据付款的信用证。国际贸易中经常使用的是跟单信用证 （2）光票信用证（Clean credit）是指开证行仅凭受益人开具的汇票或简单收据付款的信用证。光票信用证在国际贸易中不常使用
3	保兑信用证和不保兑信用证	（1）保兑信用证（Confirmed letter of credit）是指开证行开出的信用证，由另一银行保证对符合信用证条款规定的单据履行付款义务 （2）不保兑信用证（Unconfirmed letter of credit）是指开证行开出的信用证没有经另一家银行保兑
4	即期信用证和远期信用证	（1）即期信用证（Sight L/C）是指信用证规定银行凭受益人开立的即期汇票和全套单据即期付款的信用证 （2）远期信用证（Usance L/C）是指受益人开立远期汇票并提交货运单据后，在一定期限内银行保证付款的信用证
5	付款信用证、承兑信用证与议付信用证	（1）付款信用证（Payment L/C）是指开证行保证当受益人向开证行或其指定银行的付款行提交符合信用证规定的单据时即刻付款的信用证 （2）承兑信用证（Acceptance L/C）是指使用远期汇票的跟单信用证 （3）议付信用证（Negotiation L/C）是指注明"议付兑现"（Available by negotiation）的信用证，即允许受益人向某一指定银行或任何银行交单议付的信用证
6	可转让信用证和不可转让信用证	（1）可转让信用证（Transferable credit）是指信用证的受益人（第一受益人）可以要求授权付款、承担延期付款责任、承兑或议付的银行（统称"转让银行"），或当信用证是自由议付时，可以要求信用证中特别授权的转让银行，将信用证全部或部分转让给一个或数个受益人（第二受益人）使用的信用证。信用证转让后由第二受益人办理交货

续表

序号	种类	说明
6	可转让信用证和不可转让信用证	（2）不可转让信用证（Non-transferable L/C）是指受益人不能将信用证的权利让给他人的信用证。凡信用证中未注明"可转让"者则不可转让
7	对开信用证（Reciprocal L/C）	对开信用证是用于买卖双方进行对等贸易，进出口人相互向对方开证。对开信用证多用于易货贸易或补偿贸易和来料加工业务
8	对背信用证（Back to back L/C）	对背信用证是指中间商收到进口人开来的信用证后，要求该证的原通知行或其他银行，以原证为基础，另开立一张内容近似的新证给供货人，这另开的新证称为对背信用证
9	预支信用证（Anticipatory L/C）	预支信用证是指开证行授权议付行（通常是通知行）向受益人预付信用证金额的全部或一部分，由开证行保证偿还并负责利息。预支信用证可分为全额预支和部分预支
10	循环信用证（Revolving L/C）	循环信用证是指当受益人全部或部分使用信用证金额后，其使用信用证金额的权利能够重新恢复到原金额再度被使用，周而复始，直至该证规定的次数和总金额用完为止
11	备用信用证（Stand-by L/C）	备用信用证是一种特殊的光票信用证，用途广泛，最通常的是用于保证方面，如借款保证、投标保证、履约保证、赊购保证等

（7）使用信用证应注意的问题

① 在买卖合同中，应明确所采用的信用证的种类。

② 在合同中明确规定开证日期，并同时规定，不按时开证的一切后果由进口商承担。进口商按时开证是出口商履行合同的前提条件。

③ 正确处理信用证与合同的关系。信用证的开出是以合同为基础的，二者不符，受益人有权提出修改，若不提出，会影响受益人安全收汇及按合同履约。

④ 做好单证工作，做到"相符交单"，这是L/C付款的基本原则。

⑤ 处理好开证日期、装运日期、信用证结汇有效期、交单日期四者的关系。

——开证日期与装运日期：开证应早于装运日半个月至一个月。

——装运日期与信用证结汇有效期：信用证结汇有效期一般比装运期晚半个月至一个月，以便出口商发货后有充分的时间缮制信用证规定的各种单据并向银行交单。

——交单日期与信用证结汇有效期：根据《UCP 600》的规定，除非信用证另有规定，交单应在提单签发日起21天内，但无论如何不能超过信用证有效期。

⑥ 关于信用证的修改。根据《UCP 600》第10条的规定，除可转让信用证另有规定外，未经开证行、保兑行（如有）及受益人同意，信用证既不得修改，也不得撤销。

⑦ 开证行、保兑行、指定银行在收到单据后的处理时间。根据《UCP 600》的规定，银行应在"从交单次日起的至多5个银行工作日"处理单据，否则，即丧失拒付的权利。

5.1.2 如何催开信用证

如果买卖双方约定采用信用证方式支付，那么买方应严格按照合同规定按时开立信用证，这是卖方履约的前提。但在实际业务中，买方在市场发生变化或资金发生短缺的情况下，往往会拖延开证。因此，外贸业务员有必要催促对方迅速办理开证手续。特别是大宗商品交易或应买方要求而特制的商品的交易，更应结合备货情况及时进行催证。

外贸业务员在遇到以下情况时，应注意向买方发出函电提醒或催促对方开立信用证。

① 在合同规定的期限内，买方未及时开证这一事实已构成违约。此时，如果外贸业务员不希望中断交易，那么可在保留索赔权的前提下，催促对方开证。

② 当签约日期和履约日期相隔较远时，外贸业务员应在合同规定开证日之前向对方表示对该笔交易的重视，并提醒对方及时开证。

③ 外贸业务员在货已备妥并打算提前装运时，可询问对方是否同意提前开证。

④ 若买方资信欠佳，外贸业务员应提前进行提示，以督促对方履行合同义务。

5.1.3 如何受理信用证通知

（1）受理情形

① 拥有出口经营权的受理。如果外贸企业可以直接出口产品，并且国外的信用证开到自己的名下，那么外贸企业的开户银行收到信用证后会直接告知，并把正本或复印件（一般是复印件，如无必要，正本建议留在银行保存）交给外贸企业。

② 代理出口的处理。如果是通过代理出口，信用证开到代理名下，那么外贸业务员就要及时敦促代理去查询具体情况，代理收到信用证后将其传真给外贸企业。

在实务中，因为代理不熟悉客户，所以在交接上容易出现问题，代理接到信用证却不知道是谁的，导致延误，因此一旦得知客户开立了信用证，外贸业务员就要把客户名称、开证金额告诉代理，盯紧进度。一般来说，从客户开证到外贸企业收到信用证，快则1周，慢则10天。

（2）受理信用证通知书

跟随信用证一起交给外贸业务员的，通常还有一页"信用证通知书"，这是外贸企业的开户银行出具的，主要列明了此份信用证的基本情况，如信用证的编号、开证行、金额、有效期等，同时要有银行签章。

（3）审核"信用证通知书"

对于银行开具的"信用证通知书"，外贸业务员应对其内容一一进行审核，具体的审核要点如表5-4所示。

表5-4　"信用证通知书"的审核要点

序号	内容	审核要点
1	上方空白栏	（1）先看信用证通知行的中英文名称、英文地址与传真号 （2）出口方一般选择自己的账户行为通知行，以便进行业务联络及解决将来可能发生的贸易融资问题
2	日期	即通知日期，收到国外开来的信用证后，应仔细审核通知行的签章、业务编号及通知日期
3	致（TO）	受益人的名称及地址，即信用证上指定的有权使用信用证的人，一般为出口方
4	开证行	一般为进口方所在地的银行
5	转递行	转递行负责将开证行开给出口方的信用证原件递交给出口方。信开信用证有转递行，电开信用证无转递行
6	信用证号	（1）信用证的证号必须清楚，没有变字等错误 （2）如果信用证的证号多次出现，应保持前后一致，否则应电洽修改
7	开证日期	信用证上必须注明开证日期，如果没有，则视开证行的发电日期（电开信用证）或抬头日期（信开信用证）为开证日期
8	信用证的币别和金额	（1）信用证中规定的币别、金额应与合同中签订的条款保持一致 （2）币别应是国际上可自由兑换的币种，货币符号为国际上普遍使用的世界各国货币标准代码 （3）金额采用国际通用的写法，若有大小写两种金额，应注意大小写金额保持一致
9	信用证的有效地点	（1）有效地点是受益人在有效期内向银行提交单据的地点 （2）国外来证一般规定有效地点在我国境内，但如果规定有效地点在国外，则应提前交单，以便银行有足够的时间将单据寄到有效地的银行
10	信用证的有效期限	（1）信用证的有效期限是受益人向银行提交单据的最后期限，受益人应在有效期限日期之前或当天将单据提交指定地点的指定银行 （2）如果信用证没有规定该期限，按照国际惯例，银行将拒绝受理于装运日期21天后提交的单据
11	信用证付款期限	分为即期付款和远期付款两种
12	未付费用	即受益人尚未支付给通知行的费用，审核是否填制清楚
13	费用承担人	信用证中规定的各相关银行的费用等由谁来承担
14	开证方式	开立信用证可以采用信开和电开两种方式 （1）信开信用证：由开证行加盖信用证专用章和经办人名章并加编密押，寄送通知行 （2）电开信用证：由开证行加编密押，以电传方式发送通知行

序号	内容	审核要点
15	信用证是否生效	（1）"生效"通常表示为"Valid" （2）如果信用证只有在一定条件下才能正式生效，则通知行会在正本信用证上加注"暂不生效"字样
16	印押是否相符	（1）收到国外开来的信用证后，应仔细审核印押是否相符，填"Yes"或"No" （2）电开信用证应注意其密押，看有无密押核符签章（SWIFT L/C因随机自动核押，无此章）
17	是否需要保兑行	根据信用证内容，填"Yes"或"No"
18	审核通知行签章	收到国外开来的信用证后，应仔细审核通知行的签章、业务编号及通知日期

5.1.4 如何审核信用证

在实际单证业务中，由于各种原因，买方开来的信用证常有与合同条款不符的情况，为了维护己方的利益，确保收汇安全和合同顺利履行，外贸业务员必须比照合同对国外来证进行认真的审核。

（1）审核的原则

出口商依据国内的有关政策和规定、交易双方成交的合同、《跟单信用证统一惯例》及实际业务中出现的具体情况进行审核时，应遵循图5-2所示的原则。

当信用证的规定比合同条款宽松时，往往不要求修改

信用证条款规定比合同条款严格时，应当作为信用证中存在的问题对其提出修改

原则

图5-2 信用证的审核原则

（2）信用证的审核要点

针对上述信用证条款的问题，外贸业务员在进行具体的审核时要仔细。具体的审核要点如表5-5所示。

表5-5　信用证的审核要点

项目		要点
信用证本身	信用证性质	（1）信用证是否不可撤销 （2）信用证是否存在限制性生效及其他保留条款 （3）电开信用证是否为简电信用证 （4）信用证是否申明所运用的国际惯例规则 （5）信用证是否按合同要求加保兑
	信用证受益人和开证人	特别注意信用证上的受益人名称和地址应与企业的名称和地址内容相一致，买方的企业名称和地址的写法也应完全正确
	到期日和到期地点	（1）信用证的到期日应符合买卖合同的相关规定，一般为货物装运后15天或21天 （2）到期地点一定要规定在出口商所在地，以便及时交单
	信用证内容	检查信用证内容是否完整及是否一致 （1）如果信用证是以电传或电报形式发给通知行，即"电讯送达"，那么应核实电文内容是否完整 （2）信用证中有无矛盾之处，比如明明是空运，却要求提供海运提单等
	通知方式	检查信用证的通知方式是否安全、可靠。信用证一般是通过受益人所在国家或地区的通知行或保兑行通知受益人的。遇到下列情况之一的应特别注意 （1）如果信用证是直接从海外寄来的，那么应该小心查明它的来历 （2）信用证从本地寄出，要求己方把货运单据寄往海外，而自己并不了解对方指定的银行 对于上述情况，应该先通过银行调查核实
专项审核	付款期限	检查信用证的付款期限是否与合同要求一致，检查时应特别注意下列情况 （1）信用证中规定有关款项须在向银行交单后若干天内或见票后若干天内付款等情况。对此，应检查此类付款时间是否符合合同规定或企业的要求 （2）信用证在国外到期 ——规定信用证在国外到期，有关单据必须寄送国外，由于自己无法掌握单据到达国外银行所需的时间，并且容易延误或丢失，有一定的风险，通常要求在国内交单付款 ——在来不及修改的情况下，必须提前一个邮程（邮程的长短应根据地区远近而定），以最快的方式寄送 （3）如果信用证中的装货期和有效期是同一天即通常所称的"双到期"，在实际业务操作中，应将装货期提前一定的时间（一般在有效期前10天），以便有合理的时间来制单结汇
	信用证的金额、币制	检查信用证的金额、币制是否符合合同相关规定，主要审核内容如下 （1）信用证的金额是否正确 （2）信用证的金额应与事先协商的一致 （3）信用证中的单价与总值要准确，大小写也要一致 （4）如数量上可以有一定幅度的伸缩，那么信用证也应规定在支付金额时允许有一定幅度 （5）如果在金额前使用了"大约"一词，其意思是允许金额有10%的伸缩 （6）检查币制是否正确

续表

项目		要点
专项审核	货物数量	检查信用证的货物数量是否与合同相关规定一致，应注意以下事项 （1）除非信用证规定数量不得有增减，否则在付款金额不超过信用证金额的情况下，货物数量可以有5%的增减 （2）以上提到的货物数量可以有5%增减的规定一般适用于大宗货物，对于以包装单位或以个体为计算单位的货物不适用
	价格条款	检查信用证的价格条款是否符合合同相关规定
	装货期	检查有关规定是否符合要求，超过信用证规定装期的运输单据将构成不符点，银行有权不付款。检查信用证规定的装货期应注意以下事项 （1）能否在信用证规定的装货期内备妥有关货物并按期出运。若收到来证时，装货期太近，无法按期装运，应及时与客户联系修改 （2）实际装货期与交单期时间相距太近 （3）对于信用证中规定的分批出运的时间和数量，应注意能否办到，否则，任何一批未按期出运，以后各期即告失效
	装运项目	（1）检查货物是否允许分批出运。除信用证另有规定外，货物是允许分批出运的。如信用证中规定了每一批货物出运的确切时间，则必须按此照办，如不能办到，必须修改 （2）检查货物是否允许转运。除信用证另有规定外，货物是允许转运的
	单据项目	要注意单据由谁出具、能否出具、信用证对单据是否有特殊要求、单据的规定是否与合同相关条款一致等
	费用条款	（1）信用证中规定的有关费用（如运费或检验费等）应事先协商一致；否则，对于额外的费用，原则上不应承担 （2）银行费用如事先未商定，应以双方共同承担为宜
	信用证规定的文件	检查信用证规定的文件能否提供或及时提供，主要检查如下内容 （1）一些需要认证的特别是需要使馆认证的单据能否及时办理和提供 （2）由其他机构或部门出具的有关文件，如出口许可证、运费收据、检验证明等，能否提供或及时提供 （3）信用证中指定船龄、船籍、船公司或不准在某港口转船等条款，能否办到
	陷阱条款	下列信用证条款是很有可能存在陷阱的条款，具有很大的风险，应特别注意 （1）正本提单直接寄送客人的条款。如果接受此条款，将随时面临货款两空的危险 （2）将客检证作为议付文件的条款。接受此条款，受益人正常处理信用证业务的主动权会很大程度地掌握在对方手里，影响安全收汇
	对信用证批注的审核	对信用证上用铅字印好的文句内容和规定，特别是信用证空白处、边缘处加注的字句、缮写或橡皮戳记加注字句应特别注意
	信用证是否受约束	明确信用证受国际商会《跟单信用证统一惯例》的约束，以使企业在具体处理信用证业务中有一个公认的解释和理解，避免因对某一规定的不同理解而产生争议

5.1.5　如何修改信用证

信用证的修改是基于审证中发现的问题进行的，凡发现不符合我国外贸政策、影响合同履行和安全收汇的内容，必须要求进口商通过其开证行进行修改，并坚持在收到银行修改通知书后才能对外发货，以免造成出口业务工作的被动和经济损失。

（1）信用证的修改情形

如果按信用证的审核要点进行审核，外贸业务员若发现有任何遗漏或差错，那么应该就下列各点采取必要的措施。

① 不修改信用证，而考虑能否通过更改计划或单据内容进行修改。

② 一旦发现需要进行修改的情形，就必须立即采取相应措施，提出修改申请。

（2）拟写改证函

要求对方修改信用证时，外贸业务员必须拟写一份改证函。规范的改证函主要包括图5-3所示的内容。

图5-3　规范的改证函应包括的内容

（3）信用证修改的注意事项

① 凡是需要修改的内容，应一次性向对方提出，避免多次修改信用证的情况。

② 对于不可撤销信用证中任何条款的修改，都只有取得当事人的同意后才能生效。

③ 对信用证修改内容的接受或拒绝，应以明确的通知或实际行动来表示。

④ 收到修改完的信用证后，应及时检查修改内容是否符合要求，并分情况表示接受或重新提出修改。

⑤ 对于修改内容要么全部接受，要么全部拒绝，部分接受修改中的内容是无效的。

⑥ 有关信用证的修改必须通过原信用证通知行才真实、有效，客户直接寄送的修改申请书或修改书复印件不是有效的修改。

⑦ 要明确修改费用由谁承担。一般按照责任归属来确定修改费用由谁承担。

相关链接〈·········

信用证的修改情形

类别	具体内容	原因
需要修改的情形	来证标明是"REVOCABLE"（可撤销的）信用证	根据《跟单信用证统一惯例》的规定，受益人只能接受不可撤销的信用证，否则收汇无保障
	受益人及开证人名称、地址有严重错漏	与合同不一致，影响合同的履行，必须进行修改
	信用证内容与合同不符	（1）若来证所列商品名称、规格型号、单价或作价办法、包装、唛头等内容与合同明显不符，要改证 （2）来证金额不足或使用币种与合同规定不符 （3）来证所用贸易术语与合同不符 （4）若合同使用的贸易术语为CFR，但来证却要求受益人办理保险的，则要求对方修改 （5）来证规定的装运港、目的港与合同规定不符 （6）来证的装船期距离有效期太短或我方收到来证后估计所余时间不够备货订舱和调运货物 （7）来证有效到期地点不在受益人所在国的，必须改证，否则对受益人非常不利 （8）来证所列的保险条款、商检方法等与合同不符 （9）若来证所列的特别条款属于"软条款"，即"陷阱"条款，对我方不利或办不到，要改证
	要求将信用证展期	（1）由于货源或船期等出现问题，需要展期 （2）由于市场或销售情况发生变化，如无法按期装货
	要求改变投保险别和装运条件等	进口国的经济形势或政治局势出现风险，使出口风险增加，必须修改信用证
可以不修改的情形	字母、单词的拼写错误	一般的拼写错误不会造成信用证当事人对重要信息的误解或不同解释，在制单时将错就错照来证拼写，但须在其后面括号中补上正确的拼写
	未显示允许分批装运和转运	根据《跟单信用证统一惯例》的规定，除非信用证另有规定，允许分批装运和转运
	未规定交单期限	依据《跟单信用证统一惯例》的规定，如未规定交单期，银行将不接受晚于装运日21天后提交的单据
	信用证的延迟生效	（1）如果来证有"本证暂未生效""本证须在开证申请人获得进口许可证后方始生效"之类条款的，不必改证 （2）可把来证放入"待生效"卷宗内，待对方通知生效后再使用

续表

类别	具体内容	原因
可以不修改的情形	装运数量不符	可以只修改单证，在制单时可按照信用证填写数量，但要在后面括号内注明实际装运数量
	特殊情形	（1）进口方提出具有国家或民族特色的条款时，不必改证 （2）出口方在托运时必须把此条款显示在托运单的"特约事项"栏上，让外运公司按此要求配船并由船公司出具有关证明，附在结汇单据中交单结汇即可

5.2　安排备货

备货是根据出口合同及信用证中有关货物的品种、规格、数量、包装等的规定，按时、按质、按量地准备好应交的出口货物，并做好申请报检和领证工作。一般来说，所有出货前的各项工作都属于备货的业务范围。

5.2.1　如何安排生产

安排生产分两种情况：一种是外贸企业有自己的工厂；另一种是直接向供货公司订货。

（1）自己有工厂时的生产安排

在确认订单后，外贸业务员要根据同客户所签订的合同，把客户的要求在生产通知单中列明。

在将客户订单转化为生产通知单时，外贸业务员必须明确客户订单中的产品名称、规格、型号、数量、包装要求、出货时间，各项信息都不得有差错，更要在生产通知单中注明特殊要求。只有这些资料明确、清晰，各相关部门才能凭此安排备料生产，做好生产计划。

在打印好生产通知单后要将其提交给主管或经理确认，签字确认后下发到生产部。如有可能，在每次下发生产通知单时，外贸企业应召集相关部门主管开会，由负责此订单的业务员再次向其他部门讲解订单的详细要求，使与订单相关的部门能充分了解情况，这样在以后的工作中如某方面有所失误，其他人也可以给予指正。

（2）与国内生产企业签订供货合同

如果外贸企业没有自己的生产工厂，那么外贸业务员就要积极寻找生产企业，并与之签订供货合同，并做好跟催工作。

5.2.2　如何做好生产跟踪

为了使订单产品能保质、保量地在合同与信用证规定的交货期内装运出港，外贸业务员必须跟踪生产进度。

（1）跟踪生产进度的工具

外贸业务员在下发生产通知单或与生产工厂签订加工合同后，为了更好地把控进度，必须要求对方提供一份"生产进度安排表"，然后根据该表对生产情况进行全面的跟踪。

同时，外贸业务员应通过生产管理部的生产日报表了解每天完成的成品数量，对生产进度加以跟踪控制，最好制作一个跟踪表格。

在生产过程中，如有意外情况不能满足客户的要求时，外贸业务员一定要及时将情况反映到企业高层，以找到解决的办法。同时，为了跟踪产品的质量问题，有时候，外贸业务员要亲自到生产车间去检查产品质量、查阅产品质量检查报告。外贸业务员应多与各生产部门沟通，让它们能更明确地了解客户的意图，使生产更顺利，更好地满足客户的需求。

（2）客户供料跟催

有的客户要求使用自己的物料，如彩盒、说明书或贴纸等。在这种情况下，外贸业务员一定要跟紧客户的供料。

当收到客户寄来的物料后，外贸业务员需交仓管点数、品管验收。当品管提出物料有异常时，需将异常情形传真给客户处理。

（3）客户订单变更的处理

客户下单后，有时会发生临时更改订单的情况，如更改数量、型号、包装要求。

① 确认更改。外贸业务员收到客户的更改通知后，应先确认更改内容是什么、工厂能否接受、工厂现有生产条件能否满足。如果是工厂不能完成的修改，则要同客户协商采用其他方法或本批货不修改。

② 书面通知相关部门。如果是工厂可以完成的修改，那么外贸业务员应第一时间以书

面的形式把更改的内容通知相关部门，特别是生产部。

在订货通知单发出后，如客户临时有数量、交期或技术要求等变更要求，外贸业务员应将此要求分发至各单位。变更后的订货通知单应加盖"已修订"字样，并标记取消原订货通知单的号码。外贸业务员应在分发新单的同时回收旧单，以免发生混淆。如果是客户修改订单的产品型号、规格，则视同原订单变更，依变更流程处理，外贸业务员应根据新订单发出"订货变更通知单"。

（4）交货期延误的处理

当发现有交货期延误的迹象时，外贸业务员应立刻与客户联系，寻求妥善的解决办法。

① 己方工厂原因。如果是己方工厂的原因，比如因待料、技术等问题导致延迟出货，外贸业务员应先从生产管理部了解新的交货期，再以传真或电话的方式告知客户，在取得客户同意之后，更改订单交货期。如果客户不同意交货期延迟，或者取消订单，外贸业务员可与客户协商工厂负担部分运费或其他杂费，即通过做出让步以取得客户的同意。

② 部分订单客户供料不及时。比如，当客户未提供应提供的包装材料、网印材料时，外贸业务员应以电话或传真的方式追踪客户的材料。

5.2.3 如何申领进、出口许可证

（1）进口许可证的申领方法

进口许可证管理是指国务院对外贸易主管部门或者由其会同有关部门依据《中华人民共和国对外贸易法》《中华人民共和国货物进出口管理条例》《货物进口许可证管理办法》等法律法规及其规章，对实行数量限制或其他限制的进口货物签发进口许可证，海关依法对进口许可证管理货物实施监管。

《进口许可证》通关系统监管证件代码为"1"。中华人民共和国进口许可证如图5-4所示。

① 申领方法。进口许可证申领在商务部网站"http://egov.mofcom.gov.cn/list1.shtml?menu=0"的"限制进出口货物的许可证审批"栏目下。如图5-5所示。

② 申领材料（重点旧机电产品）。

——申请进口的重点旧机电产品用途说明。原件1份。

——申请进口单位提供设备状况说明。原件1份。

——申请进口的重点旧机电产品的制造年限证明材料。原件1份。

中华人民共和国进口许可证
IMPORT LICENCE OF THE PEOPLE'S REPUBLIC OF CHINA No.× × × × × × ×

1.进口商： Importer	3.进口许可证号： Import licence No.
2.收货人： Consignee	4.进口许可证有效截止日期： Import licence expiry date
5.贸易方式： Trade mode	8.出口国（地区）： Country/Region of exportation
6.外汇来源： Terms of foreign exchange	9.原产地国（地区）： Country/Region of origin
7.报关口岸： Place of clearance	10.商品用途： Use of goods

11.商品名称：   商品编码：
   Description of goods   Code of goods

12.规格、型号 Specification	13.单位 Unit	14.数量 Quantity	15.单价（ ） Unit price	16.总值（ ） Amount	15.总值折美元 Amount in USD
18.总计 Total					

19.备注 Supplementary details	20.发证机关签章 Issuing authority's stamp & signature 21.发证日期： Licence date

中华人民共和国商务部监制（××××）

第
×
联
（
×
×
）
×
×
×
×
×
×
×
×
×
×
×
×
×
×
×

图5-4 中华人民共和国进口许可证

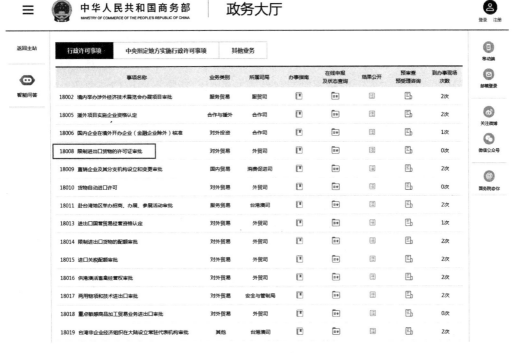

图5-5 进口许可证申领界面

——机电产品进口申请表。原件1份。

——企业法人营业执照。复印件1份。

——其他法定材料。

③ 办理流程。进口许可证申请流程如图5-6所示。

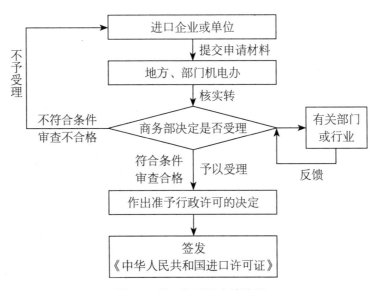

图5-6 进口许可证申请流程

（2）出口许可证的申领方法

出口许可证管理是指国务院对外贸易主管部门或者由其会同有关部门依据《中华人民共和国对外贸易法》《中华人民共和国货物进出口管理条例》及《货物出口许可证管理办法》等法律法规及其规章，对实行数量限制或其他限制的出口货物签发出口许可证，海关依法对出口许可证管理货物实施监管。

《出口许可证》通关系统监管证件代码为"4"，《出口许可证》（加工贸易出口）通关系统监管证件代码为"x"，《出口许可证》（边境小额贸易出口）通关系统监管证件代码为"y"。中华人民共和国出口许可证如图 5-7 所示。

中华人民共和国出口许可证
EXPORT LICENCE OF THE PEOPLE'S REPUBLIC OF CHINA   No.×××××××

1.出口商： Exporter			3.出口许可证号： Export licence No.		
2.发货人： Consignor			4.出口许可证有效截止日期： Export licence expiry date		
5.贸易方式： Trade mode			8.进口国（地区）： Country/Region of purchase		
6.合同号： Contract No.			9.付款方式： Payment		
7.报关口岸： Place of clearance			10.运输方式： Mode of transport		
11.商品名称： Description of goods			商品编码： Code of goods		
12.规格、等级 Specification	13.单位 Unit	14.数量 Quantity	15.单价（　） Unit price	16.总值（　） Amount	15.总值折美元 Amount in USD
18.总计 Total					
19.备注 Supplementary details			20.发证机关签章 Issuing authority's stamp & signature		
			21.发证日期： Licence date		

第×联（××）××××××××××××××××

中华人民共和国商务部监制（××××）

图 5-7　中华人民共和国出口许可证

① 申领方法。同进口许可证申领。

② 申领材料。

——出口许可证申请表。原件（纸质，网上申请的可在线填写申请表）1份。

——符合申领汽车、摩托车出口许可证条件企业申请表（适用于申请汽车产品出口）。原件1份。

——对外贸易经营者备案登记表或者外商投资企业批准证书或外商投资企业设立及变更备案回执。原件1份。

——企业法人营业执照。复印件1份。

——货物出口合同。原件1份。

——审批通过的申领单打印件。原件1份。

——ISO系列认证证书（适用于申请铁合金、柠檬酸出口）。复印件1份。

——生产企业提供排污许可证（适用于申请铁合金、柠檬酸出口）。复印件1份。

——所出口产品来自规定的生产企业的承诺书（适用于流通企业申请铁合金、柠檬酸出口）。复印件1份。

——缴纳各项社会保险的证明（适用于申请铁合金、柠檬酸出口）。复印件1份。

——企业境外售后维修服务网点总体建设及变动情况（适用于申请汽车产品出口）。原件1份。

——摩托车发动机和车架出口证明（适用于申请汽车产品出口）。原件1份。

——其他法定材料。

③ 办理流程。出口许可证申请流程如图5-8所示。

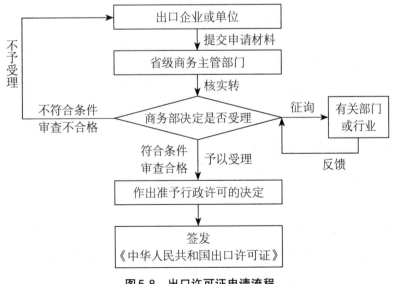

图5-8　出口许可证申请流程

（3）申报时注意事项

①《进口许可证》《出口许可证》号填报在报关单"许可证号"栏，一份报关单只允许填报一个许可证号。《自动进口许可证》在报关单"随附单据"代码栏填报相应的监管证件代码（"7""O""v"），在编号栏填报自动进口许可证号。

②《进口许可证》《出口许可证》实行"一证一关"制，即一个进出口许可证只能在一个海关报关。

③ 消耗臭氧层物质在海关特殊监管区域、保税监管场所与境外之间进出的，进出口单位应当申领进出口许可证；消耗臭氧层物质在境内的海关特殊监管区域、保税监管场所与境内其他区域之间进出的，不需要申领进出口许可证。

境外进入海关特殊监管区域或海关保税监管场所的重点旧机电产品，以及（境内）区外进入海关特殊监管区域后再出区的重点旧机电产品不需验核进口许可证。

5.2.4　如何办理原产地证书

（1）原产地证书的概念

原产地证书是出口国的特定机构出具的证明其出口货物为该国家（或地区）原产的一种证明文件。原产地证书是贸易关系人交接货物、结算货款、索赔理赔、进口国通关验收、征收关税的有效凭证，它还是出口国享受配额待遇，进口国对不同出口国实行不同贸易政策的凭证。由于原产地证书是国际贸易中用于确定货物"国籍"的证明文件，是出口货物在进口国家或地区享受关税减免优惠的凭证，在国际贸易中享有"纸黄金"的美誉。

（2）原产地证书的分类

在我国，按原产地证书的作用分，为出口货物签发的原产地证主要有三大类，即非优惠原产地证书、优惠原产地证书、专用原产地证书。

① 非优惠原产地证书。非优惠原产地证书是通常所称的一般原产地证书，是证明货物原产于我国，享受进口国正常关税（最惠国）待遇的证明文件，英文名称为 Certificate of origin，简称 CO 或 C/O。这种类型的产地证书一般由中国国际贸易促进委员会（简称贸促会）签发。签证依据为《中国进出口货物产地证条例》及《关于非优惠原产地规则中实质性改变标准的规定》。贸促会的英文全称为 China Council for the Promotion of International Trade，简称 CCPIT。贸促会的章如图 5-9 所示。

大多数发展中国家（同中国签有自由贸易协定的除外），比如非洲、中东、中南美的绝大部分国家需要的是这种贸促会签发的一般原产地证书。

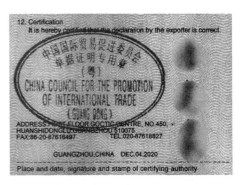

图5-9 贸促会的章

特别注意的是，沙特阿拉伯、阿联酋、埃及等还要求一般原产地证（贸促会签发）上必须加盖"中国商会章"，由于贸促会就是中国商会，所以加盖的"中国商会章"是这样的"CHINA COUNCIL FOR THE PROMOTION OF INTERNATIONAL TRADE IS CHINA CHAMBER OF INTERNATIONAL COMMERCE"，意思是"中国贸促会就是中国商会"，如图5-10所示。

图5-10 加盖的"中国商会章"

贸促会签发的CO证书如图5-11所示。

② 优惠原产地证书。该证书主要用于享受进口国关税减免等优惠待遇，优惠原产地证书分为单边给惠的普惠制原产地证书（FORM A）和互惠的区域性优惠原产地证书（包括FORM B、FORM E、FORM F、FORM P、FORM N、FORM X等）。

——普惠制原产地证书。普惠制原产地证书是根据普惠制给惠国原产地规则以及有关要求签发的原产地证书，即FORM A证书。FORM A证书是受惠国（主要是发展中国家）货物出口到给惠国（主要是发达国家）时享受普惠制关税优惠待遇的原产地凭证。FORM A证书上所列的商品只有符合对应给惠国的普惠制原产地规则时，才有资格享受关税减免待遇。

给予中国普惠制待遇的国家共有39个：英国、法国、德国、意大利、荷兰、卢森堡、比利时、爱尔兰、丹麦、希腊、西班牙、葡萄牙、奥地利、瑞典、芬兰、波兰、匈牙利、捷克共和国、斯洛伐克、斯洛文尼亚、爱沙尼亚、拉脱维亚、立陶宛、塞浦路斯、马耳他、保加利亚、罗马尼亚、瑞士、列支敦士登、挪威、俄罗斯、白俄罗斯、乌克兰、哈萨克斯坦、日本、澳大利亚、新西兰、加拿大、土耳其。

普惠制，即普遍优惠制（Generalized system of Preferences，GSP），是一种关税制度，指工业发达国家给予发展中国家或地区出口的制成品或半制成品一种普遍的、非歧视的和非互惠的关税优惠制度，旨在增加发展中国家出口收益、促进工业化、加速经济增长等。

——区域性优惠原产地证书。区域性优惠原产地证书是中国的原产货物出口到缔约方进口国海关通关时，国外客户享受关税减免待遇的必要凭证，是各自贸易协定项下货物享惠的必要证据，有效期一般为1年。近年来，欧盟、日本等发达国家和地区相继调整了普惠制方

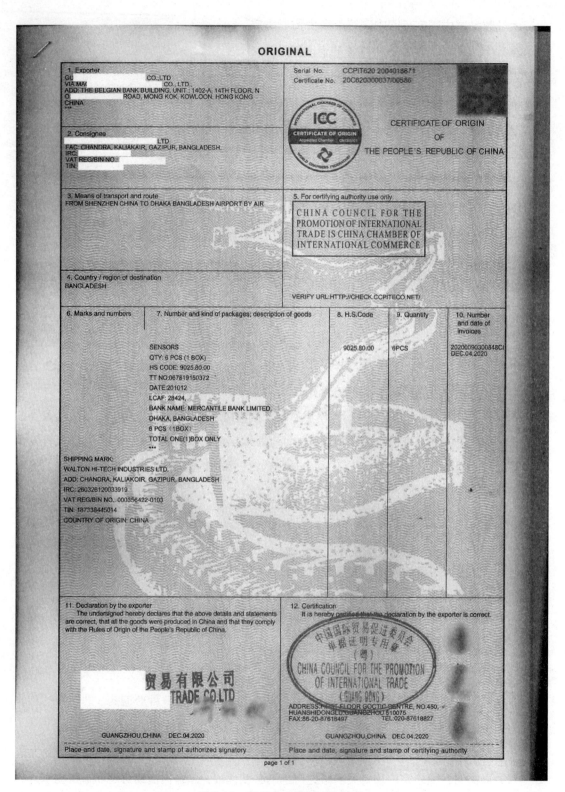

图5-11　贸促会签发的CO证书

案，普惠制优惠逐渐弱化，各种技术性壁垒层出不穷。而与普惠制原产地证相比，区域性贸易协定的关税优惠是对等互惠的，企业受到的技术性贸易壁垒非常少，区域性优惠原产地证项下产品所享有的优惠幅度和范围更为深广。

区域性优惠原产地证书主要有表5-6所示的10种。

表5-6　区域性优惠原产地证书

序号	证书名	说明
1	《亚太贸易协定》原产地证书（FORM B）	这是根据《亚太贸易协定》原产地规则的要求签发，在签订协定的成员国之间就特定产品享受互惠减免关税待遇（跟非互惠的FORM A证书不同）的官方产地证明文件。可签发FORM B证书的国家为中国、印度、斯里兰卡、孟加拉国、老挝和韩国（《亚太贸易协定》成员国）
2	中国—东盟自由贸易区原产地证书（FORM E）	这是根据《中国与东南亚国家联盟全面经济合作框架协议》签发的，在签订协定的成员国之间就特定产品享受互惠减免关税待遇的官方产地证明文件。可签发FORM E证书的国家为中国、老挝、越南、泰国、缅甸、柬埔寨、菲律宾、文莱、印度尼西亚、马来西亚和新加坡（东盟成员国）
3	中国—巴基斯坦自由贸易区原产地证书（FORM P）	这是根据《中国—巴基斯坦关于自由贸易协定早期收获计划的协议》及其项下《中国—巴基斯坦自由贸易区原产地规则》签发的在中国和巴基斯坦之间就特定产品享受互惠减免关税待遇的官方产地证明文件
4	中国—智利自由贸易区原产地证书（FORM F）	这是根据《中国—智利自由贸易协定》及其项下《中国—智利自贸区原产地规则》签发的在中国和智利之间就特定产品享受互惠减免关税待遇的官方产地证明文件
5	中国—新西兰自由贸易区原产地证书（FORM N）	这是根据《中国—新西兰自由贸易协定》和《中国—新西兰自由贸易协定项下进出口货物原产地管理办法》签发的在中国和新西兰之间就特定产品享受互惠减免关税待遇的官方产地证明文件
6	中国—新加坡自由贸易区优惠原产地证书（FORM X）	这是根据《中国—新加坡自由贸易协定》和《中国—新加坡自由贸易协定项下进出口货物原产地管理办法》签发的在中国和新加坡之间就特定产品享受互惠减免关税待遇的官方产地证明文件
7	中国—瑞士自由贸易协定产地证明书（FORM S）	是根据《中国—瑞士联邦自由贸易协定》及其相关规定的要求签发的在中国和瑞士之间就特定产品享受互惠减免关税待遇的官方产地证明文件
8	中国—秘鲁自由贸易区优惠原产地证书（中国—秘鲁FTA证书）	是根据《中国—秘鲁自由贸易协定》及其项下《中国—秘鲁自贸区原产地规则》签发的在中国和秘鲁之间就特定产品享受互惠减免关税待遇的官方产地证明文件

序号	证书名	说明
9	中国—哥斯达黎加自由贸易区优惠原产地证书（FORM L）	这是根据《中国—哥斯达黎加自由贸易协定》及其项下《中国—哥斯达黎加自贸区原产地规则》签发的在中国和哥斯达黎加之间就特定产品享受互惠减免关税待遇的官方产地证明文件
10	RCEP原产地证书和背对背原产地证书	区域全面经济伙伴关系协定（RCEP）2022年1月1日生效实施。依照RCEP和《中华人民共和国海关〈区域全面经济伙伴关系协定〉项下进出口货物原产地管理办法》有关规定，申请人可向中国国际贸易促进委员会及其地方签证机构申请签发RCEP项下原产地证书和背对背原产地证书

③ 专用原产地证书。此证书是专门针对一些特殊行业的特定产品，比如农产品、葡萄酒、烟草、奶酪制品、毛坯钻石等，根据进出口监管的特殊需要而规定的原产地证书。

专用原产地证书主要有《输欧盟农产品原产地证书》《烟草真实性证书》《金伯利进程国际证书》《手工制品原产地证书》《原产地标记证书》以及各种原产地命名证书等。

自1979年末中国开始作为受惠国享受普惠制待遇以来，普惠制原产地证书曾经是官方授权签证机构签发的最主要原产地证书，而近年来，普惠制原产地证书已有下滑的趋势，这主要源于普惠制待遇的特殊性。目前实施普惠制的国家为保护其贸易利益和产业安全，大多数实施"毕业条款"，而其中又分"产品毕业"与"国家毕业"，其"毕业"之意即取消相关关税优惠。以欧盟为例，自2014年后，我国所有产品均被"毕业"。自2019年起，日本也将中国剔除在普惠制受惠国之外。而且，随着中国经济实力的不断增长，我国被各普惠制给惠国"产品毕业"甚至"国家毕业"的风险也越来越大。可以预期的是，在今后一段时间内，中国享受普惠制待遇的产品和国家范围将不断缩小。

根据海关总署2021年第84号公告，自2021年12月起，海关不再对输往欧盟成员国、英国、加拿大、土耳其、乌克兰、列支敦士登的货物签发普惠制原产地证书，如货物发货人需要原产地证明文件，可申请签发非优惠原产地证书。

随着普惠制给惠条件越来越苛刻甚至不再给惠，自贸区将成为我国国际经济合作的突破重点，而且这种趋势已经显现出来。自贸区内签发的区域性原产地证书得到的关税优惠比一般原产地证所得到的最惠国待遇甚至比普惠制待遇还要优惠，而且区域性优惠原产地证涵盖了一般原产地证以及普惠制原产地证的所有功能。随着自由贸易区的壮大，区域性优惠原产地证书与一般原产地证书和普惠制原产地证书的利用将呈现此消彼长的势态。

关检业务全面融合原产地证书的签发机构

国家授权的可以签发原产地证书的机构是原中国出入境检验检疫局和中国国际贸易促进委员会（简称贸促会），其他机构无权签发。原中国出入境检验检疫局可以签发所有种类的原产地证书。如果外方没有特别要求，原中国出入境检验检疫局或贸促会签发的都可以。

2018年4月20日，原中国出入境检验检疫局正式并入海关总署，并成为海关总署其中的重要部门。自4月20日起，原中国出入境检验检疫系统统一以海关名义对外开展工作，一线旅检、查验和窗口岗位要统一上岗、统一着海关制服、统一佩戴关衔。

1. 中国海关签发的新版原产地证书和签证印章

自贸协定原产地证书更新备案说明会于2018年8月2日在北京举行。会上海关总署通报了中国海关签发的新版"优惠原产地证书"和签证印章等将于2018年8月20日启用，以保障我国出口企业使用海关签发的优惠原产地证书在相关国家享惠通关。韩国、澳大利亚、瑞士、泰国等我国自贸协定23个伙伴国家（地区）的驻华使馆代表参加。

按照关检业务全面融合的统一部署，新版原产地证书和签证印章于2018年8月20日启用。本次证书和印章更新仅涉及由中国海关签发的证书，中国贸促会及其他地方分支机构签发的原产地证书无变化。

中国海关印章如下图所示。

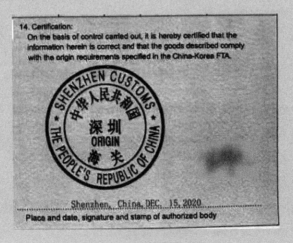

中国海关印章

中国海关签发的区域性优惠原产地证书，如下图所示。

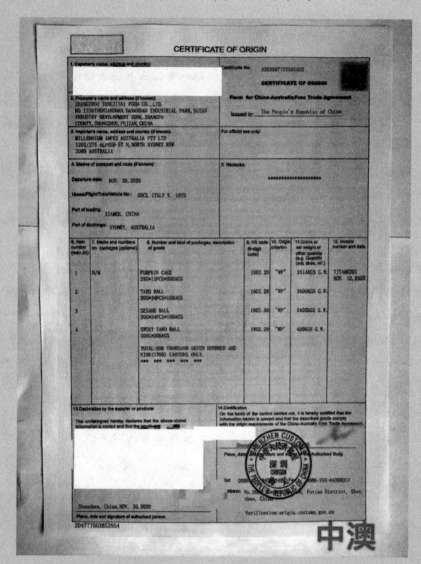

中国海关签发的区域性优惠原产地证书

2. 贸促会签发的原产地证书

中国国际贸易促进委员会（简称中国贸促会）根据国家相关规定，于2009年8月1日开始签发优惠原产地证书。中国贸促会发挥与国际商界联系广泛、与我国企业联系密切的优势，通过做好优惠原产地签证工作，力推企业用足用好优惠贸易政策，真正享受自贸协定带来的好处，受到了广大外贸企业的欢迎。目前，中国贸促会可签发《亚太自由贸易协定》《中国—新加坡自由贸易协定》《中国—新西兰自由贸易协定》《中国—秘鲁自由贸易协定》《中国—哥斯达黎加自由贸易协定》《海峡两岸经济合作框架协议》项下的优惠原产地证书。企业持贸促会签发的优惠原产地证书可享受 5% ~ 50% 的关税优惠，销往新加坡的产品可享受零关税的优惠待遇。

中国贸促会签发的原产地证书如下图所示。

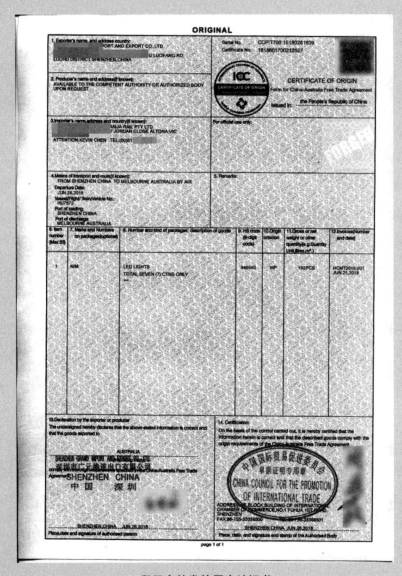

贸促会签发的原产地证书

（3）办理原产地证书

原产地证书办理有两大系统，一个是中国国际贸易"单一窗口"，一个是中国国际贸易促进委员会系统。"单一窗口"可以办理所有类型的原产地证书，而且可以自主打印，方便快捷。

企业可按以下步骤办理原产地证书。

① 进行企业备案。若公司是在2019年10月15日后完成对外贸易经营者备案的，取得对外贸易经营者备案的同时，自动同步完成原产地企业备案。若未完成原产地企业备案的，可以通过"互联网＋海关"或中国国际贸易"单一窗口"原产地证书综合服务平台向海关备案，具体备案流程如下。

——企业可通过中国国际贸易"单一窗口"单独申请原产地企业备案（变更），申请备案（变更）时需上传营业执照、对外经营者备案登记表、企业公章、企业中英文印章等扫描件提交审核。

——海关审核后会发送回执，告知企业是否通过以及需补充资料内容。

② 进行生产型企业产品预审。由企业申请，且需对货物提交的预审信息真实性负责，并留存相关资料备查。可通过"互联网＋海关"或中国国际贸易"单一窗口"原产地证书综合服务平台办理，具体流程如下。

——企业通过中国国际贸易"单一窗口"申请原产地证签证产品预审。申请预审时需要提供生产商、主要原材料或零部件信息，以及主要原材料或零部件的国产证明文件等资料。

——海关工作人员通过产品信息判定产品是否具备中国原产资格。符合各优惠贸易协定原产地标准的，申请予以审核通过；不符合各优惠贸易协定原产地标准的，申请予以退回。

——根据产品信息难以判定产品原产地情况的，开展书面核查，书面核查仍难以判定产品原产地情况的，按规定发起实地核查，申请人应配合开展核查。

③ 打印和盖章。完成企业备案和产品预审之后，企业可通过中国国际贸易"单一窗口"申请原产地证书，海关审核完成后，企业可通过中国国际贸易"单一窗口"完成自助打印（含电子签名和印章），或使用空白证书打印后签字盖章，就可用于进口国清关使用。

相关链接

中国国际贸易"单一窗口"申请原产地证书步骤

中国国际贸易"单一窗口"申请原产地证书步骤如下。

第一步：进入"单一窗口"标准版门户网站"https://www.singlewindow.cn"，选择"卡介质"，输入卡密码进入原产地证申请页面。如下图所示。

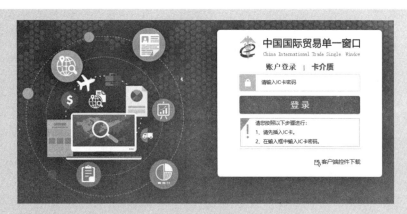

登录"单一窗口"标准版门户网站

"单一窗口"标准版门户网站首页

第二步：点击业务应用中的标准版应用。如下图所示。

点击业务应用中的标准版应用

业务应用展示页面

原产地证模块中有"海关原产地证书"和"贸促会原产地证书"可申请。

第三步：若申请中国海关出具的原产地证书，点击海关原产地证书。如下图所示。

点击海关原产地证书界面

第四步：点击"海关原产地证书"后，进入如下图所示页面，点击"证书申请"。

点击"证书申请"界面

第五步：点击"证书申请"后，进入如下图所示页面，此页面显示所有类型的原产地证书，企业可以选中需要申请的产地证书种类。

所有类型的原产地证书界面

第六步：如果申请一般原产地证书，则点击一般原产地证书，进入如下图所示申请页面，按要求填写基本信息与货物信息。这些信息同对应的提单、发票上的内容要一致。填写完成后，点击申报按钮提交。

一般原产地证书申请页面

如下图所示是其他原产地证书申请页面。

普惠制原产地证书申请页面

RCEP原产地证书申请页面

RCEP背对背原产地证书申请页面

第七步：原产地证书打印及领取。

签证机构审核通过后，企业可选择自助打印或到签证机构领取证书。

通过"单一窗口"申请的原产地证书，无法自助打印的，去海关现场领取原产地证书有以下方式。

（1）先去海关领取空白的原产地证书自己回来套打，然后盖上公司的签证印章，然后再到海关去盖章。

（2）直接去海关领取海关打印好的原产地证书，盖上公司的签证印章，然后海关再盖章。

（3）只有在海关系统里注册的签证员，才可以到现场领取原产地证书。

自助打印的原产地证书范围

2021年6月17日,海关总署发布2021年第43号公告,决定自2021年7月1日起,增加输泰国的中国—东盟自贸协定项下原产地证书和中国—毛里求斯自贸协定项下原产地证书。自此,海关可自助打印原产地证书范围增加至17种,基本覆盖了主要签证证书种类。

目前已实施自助打印的原产地证书种类如下表所示。

目前已实施自助打印的原产地证书种类

序号	证书种类	备注
1	中国—澳大利亚自贸协定原产地证书	—
2	中国—新西兰自贸协定原产地证书	—
3	中国—巴基斯坦自贸协定原产地证书	—
4	中国—智利自贸协定原产地证书	—
5	中国—瑞士自贸协定原产地证书	—
6	中国—冰岛自贸协定原产地证书	—
7	中国—格鲁吉亚自贸协定原产地证书	—
8	中国—新加坡自贸协定原产地证书	—
9	中国—韩国自贸协定原产地证书	—
10	海峡两岸经济合作框架协议原产地证书	—
11	《亚太贸易协定》原产地证书	(输韩国、印度)
12	中国—东盟自贸协定原产地证书	(输印度尼西亚、新加坡、泰国)
13	中国—毛里求斯自贸协定原产地证书	—
14	非优惠原产地证书	—
15	烟草真实性证书	—
16	转口证明书	—
17	加工装配证书	—

5.3 办理出口报检

5.3.1 商品检验的定义

进出口商品检验，简称商检，一般用于进出口贸易，是确定进出口商品的品质、规格、重量、数量、包装、安全性能、卫生方面的指标及对装运技术和装运条件等项目实施检验和鉴定，以确定其是否与贸易合同、有关标准规定一致，是否符合进出口国有关法律和行政法规的规定。商品检验是国际贸易发展的产物，随着国际贸易的发展，它已成为商品买卖的一个重要环节和买卖合同中不可缺少的一项内容。

出口商品检验是指出口国政府机构依法所做的强制性商品检验，以确保出口商品能符合政府法规规定。其目的在于提高出口商品质量，建立国际市场信誉，促进对外贸易，保障国内外消费者的利益。

需要特别注意的是，2018年4月20日原中国出入境检验检疫局正式并入中国海关。为贯彻落实国务院机构改革的要求，进一步优化营商环境，促进贸易便利化，根据《海关总署关于修改部分规章的决定》（海关总署令2018年238号），自2018年6月1日起，全面取消《入/出境货物通关单》。企业可以通过"单一窗口"（包括通过"互联网＋海关"接入"单一窗口"）报关报检合一界面向海关一次申报，即报检和报关手续合并，只需要一道报关手续就可以办理通关。

报关单随附单证栏中填写报检电子底账数据号，海关就可以查看到商检信息，如图5-12、图5-13所示。

图5-12　电子底账数据号

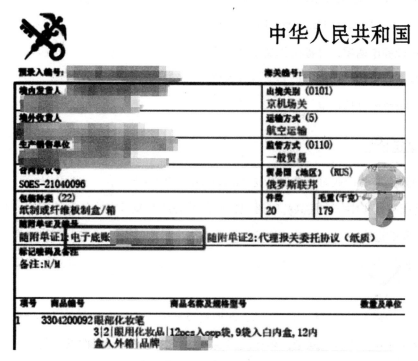

中华人民共和国

预录入编号：		海关编号：	
境内发货人		出境关别（0101） 京机场关	
境外收货人		运输方式（5） 航空运输	
生产销售单位		监管方式（0110） 一般贸易	
合同协议号 SOES-21040096		贸易国（地区）（RUS） 俄罗斯联邦	
包装种类（22） 纸制或纤维板制盒/箱		件数 20	毛重（千克） 179
随附单证及编号 随附单证1：电子底账		随附单证2：代理报关委托协议（纸质）	
标记唛码及备注 备注：N/M			

项号	商品编号	商品名称及规格型号	数量及单位
1	3304200092	眼部化妆笔 3|2|眼用化妆品|12pcs入opp袋，9袋入白内盒，12内 盒入外箱|品牌	

图5-13　随附单证栏中填写报检电子底账数据号

需检验的出境货物最迟应于报关或装运前7天报检。对于个别检验检疫周期较长的货物，应留有相应的检验时间。经海关检验合格发给检验证书或者放行单的出口商品，一般应在证单签发之日起两个月内装运出口，鲜活类出口商品应当在两周内装运出口。超过上述期限的应向海关重新报验，并交回原签发的所有检验证书和放行单。

目前我国的进出口商品检验机构为中国海关。海关总署设在省、自治区、直辖市以及进出口商品的口岸、集散地的出入境检验检疫机构及其分支机构（简称出入境检验检疫机构），管理所负责地区的进出口商品检验工作。

5.3.2　如何确定商检商品

在申请办理商品检验前，进出口商必须确定进出口商品是否需要进行申报，具体有以下两种情况。

（1）客户要求的商检

在国际贸易实务中，贸易双方在签订采购合同时，买方经常会要求卖方（出口商）提供某个权威机构或其本国设在出口国的指定检验机构的检验证书作为必要的随附单据。

出现以上情形时，出口商应在货物装运前主动联系上述相关机构，并积极配合其检验，以获得检验证书。出口商具体应做好以下工作。

① 填写检验申请单，并提供相关单证、资料。

② 预约指定检验机构进行检验，并在规定的时间、地点配合机构检验。

③ 领取合格的商检证书。

（2）法定检验

法定检验是外贸行业对海关履行进出口商品法定检验职责的一种习惯称呼。准确地说，法定检验是指根据《中华人民共和国进出口商品检验法》及其实施条例的规定，海关对列入必须实施检验的进出口商品目录（法检目录）的进出口商品以及法律、行政法规规定须经海关检验的其他进出口商品实施检验。必须经海关检验的进出口商品，就是公告提及的法定检验商品。

法定检验的目的是保证进出口商品、动植物及其运输设备的安全、卫生符合国家有关法律法规规定和国际上的有关规定；防止次劣商品、有害商品、动植物以及危害人类和环境的病虫害和传染病源输入或输出，保障生产建设安全和人类健康，维护国家的权益。

需经法定检验的出口商品，未经过检验或检验不合格的一律不准出口，凡属于法定检验的进口商品，未经检验，一律不准安装投产、销售和使用。海关总署主管全国进出口商品检验工作。

实施法定检验的范围如下。

① 根据《中华人民共和国进出口商品检验法》规定，列入《出入境检验检疫机构实施检验检疫的进出境商品目录表》（简称《法检目录》）内的出口商品。

② 出口食品的卫生检验。

③ 贸易性出口动植物产品的检疫。

④ 出口危险物品和《法检目录》内商品包装容器的性能检验和使用鉴定。

⑤ 装运易腐烂变质食品、冷冻品出口的船舱和集装箱等运载工具的适载检验。

⑥ 有关国际贸易条约、信用证规定须经检验检疫机构检验的出口商品。

⑦ 其他法律、行政法规规定须经海关检验的出口商品［比如列入《危险化学品目录》（2015）中的货物以及旧机电设备等］。

企业在进出口商品时，可提前查看商品是否列入《法检目录》。如图5-14所示（部分截图）。

出入境检验检疫机构实施检验检疫的进出境商品目录

	HS编码	HS名称	标准计量单位	监管条件	检验检疫类别
1	0101210010	改良种用濒危野马	035	A/B	P/Q
2	0101210090	其他改良种用马	035	A/B	P/Q
3	0101290010	非改良种用濒危野马	035	A/B	P/Q
4	0101290090	非改良种用其他马	035	A/B	P/Q
5	0101301010	改良种用的濒危野驴	035	A/B	P/Q
6	0101301090	改良种用的其他驴	035	A/B	P/Q
7	0101309010	非改良种用濒危野驴	035	A/B	P/Q
8	0101309090	非改良种用其他驴	035	A/B	P/Q
9	0101900000	骡	035	A/B	P/Q
10	0102210000	改良种用家牛	035	A/B	P/Q
11	0102290000	非改良种用家牛	035	A/B	P/Q
12	0102310010	改良种用濒危水牛	035	A/B	P/Q
13	0102310090	改良种用其他水牛	035	A/B	P/Q
14	0102390010	非改良种用濒危水牛	035	A/B	P/Q
15	0102390090	非改良种用其他水牛	035	A/B	P/Q
16	0102901010	改良种用濒危野牛	035	A/B	P/Q
17	0102901090	其他改良种用牛	035	A/B	P/Q
18	0102909010	非改良种用濒危野牛	035	A/B	P/Q
19	0102909090	非改良种用其他牛	035	A/B	P/Q
20	0103100010	改良种用的鹿豚、姬猪	035	A/B	P/Q
21	0103100090	其他改良种用的猪	035	A/B	P/Q
22	0103911010	重量在10千克以下的其他野猪（改良种用的除外）	035	A/B	P.R/Q
23	0103911090	重量在10千克以下的其他猪（改良种用的除外）	035	A/B	P.R/Q
24	0103912010	10≤重量<50千克的其他野猪（改良种用的除外）	035	A/B	P.R/Q
25	0103912090	10≤重量<50千克的其他猪（改良种用的除外）	035	A/B	P.R/Q
26	0103920010	重量在50千克及以上的其他野猪（改良种用的除外）	035	A/B	P.R/Q
27	0103920090	重量在50千克及以上的其他猪（改良种用的除外）	035	A/B	P.R/Q

图5-14　《法检目录》部分截图

5.3.3　出入境检验检疫报检

（1）报检规定的法律依据

根据《中华人民共和国进出口商品检验法》及其实施条例、《中华人民共和国进出境动植物检疫法》及其实施条例、《中华人民共和国国境卫生检疫法》及其实施细则、《中华人民共和国食品安全法》等法律法规的有关规定，制定出入境检验检疫报检规定。

（2）报检范围

① 国家法律法规规定须经检验检疫的。

② 输入国家或地区规定必须凭检验检疫证书方准入境的。

③ 有关国际条约规定须经检验检疫的。

④ 申请签发原产地证明书及普惠制原产地证明书的。

（3）报检资格

① 报检单位办理业务应当向海关备案，并由该企业在海关备案的报检人员办理报检手续。

② 代理报检的，须向海关提供委托书，委托书由委托人按海关规定的格式填写。

③ 非贸易性质的报检行为，报检人凭有效证件可直接办理报检手续。

（4）入境报检

① 入境报检时，应填写入境货物报检单并提供合同、发票、提单等有关单证。

② 国家实施许可制度管理的货物，应提供有关证明。

③ 品质检验的还应提供国外品质证书或质量保证书、产品使用说明书及有关标准和技术资料；凭样成交的，须加附成交样品；以品级或公量计价结算的，应同时申请重量鉴定。

④ 报检入境废物原料时，还应当取得装运前检验证书；属于限制类废物原料的，应当取得进口许可证明。海关对有关进口许可证明电子数据进行系统自动比对验核。

⑤ 申请残损鉴定的还应提供理货残损单、铁路商务记录、空运事故记录或海事报告等证明货损情况的有关单证。

⑥ 申请重（数）量鉴定的还应提供重量明细单、理货清单等。

⑦ 货物经收、用货部门验收或其他单位检测的，应随附验收报告或检测结果以及重量明细单等。

⑧ 入境的国际旅行者，国内外发生重大传染病疫情时，应当填写《出入境检疫健康申明卡》。

⑨ 入境的动植物及其产品，在提供贸易合同、发票、产地证书的同时，还必须提供输出国家或地区官方的检疫证书；需办理入境检疫审批手续的，还应当取得入境动植物检疫许可证。

⑩ 过境动植物及其产品报检时，应持货运单和输出国家或地区官方出具的检疫证书；运输动物过境时，还应当取得海关总署签发的动植物过境许可证。

⑪ 报检入境运输工具、集装箱时，应提供检疫证明，并申报有关人员健康状况。

⑫ 入境旅客、交通员工携带伴侣动物的，应提供入境动物检疫证书及预防接种证明。

⑬ 因科研等特殊需要，输入禁止入境物的，应当取得海关总署签发的特许审批证明。

⑭ 入境特殊物品的，应提供有关的批件或规定的文件。

（5）出境报检

① 出境报检时，应填写出境货物报检单并提供对外贸易合同（售货确认书或函电）、发票、装箱单等必要的单证。

② 国家实施许可制度管理的货物，应提供有关证明。

③ 出境货物须经生产者或经营者检验合格并加附检验合格证或检测报告；申请重量鉴定的，应加附重量明细单或磅码单。

④ 凭样成交的货物，应提供经买卖双方确认的样品。

⑤ 出境人员应向海关申请办理国际旅行健康证明书及国际预防接种证书。

⑥ 报检出境运输工具、集装箱时，还应提供检疫证明，并申报有关人员健康状况。

⑦ 生产出境危险货物包装容器的企业，必须向海关申请包装容器的性能鉴定。

⑧ 生产出境危险货物的企业，必须向海关申请危险货物包装容器的使用鉴定。

⑨ 报检出境危险货物时，应当取得危险货物包装容器性能鉴定结果单和使用鉴定结果单。

⑩ 申请原产地证明书和普惠制原产地证明书的，应提供商业发票等资料。

⑪ 出境特殊物品的，根据法律法规规定应提供有关的审批文件。

根据《中华人民共和国进出口商品检验法实施条例》规定，法定检验的出口商品的发货人应当在海关总署统一规定的地点和期限内，持合同等必要的凭证和相关批准文件向出入境检验检疫机构报检。法定检验的出口商品未经检验或者经检验不合格的，不准出口。

出口商品应当在商品的生产地检验。海关总署可以根据便利对外贸易和进出口商品检验工作的需要，指定在其他地点检验。

（6）报检时限和地点

① 对入境货物，应在入境前或入境时向入境口岸、指定的或到达站的海关办理报检手续；入境的运输工具及人员应在入境前或入境时申报。

② 入境货物需对外索赔出证的，应在索赔有效期前不少于20天内向到货口岸或货物到达地的海关报检。

③ 输入微生物、人体组织、生物制品、血液及其制品或种畜、禽及其精液、胚胎、受精卵的，应当在入境前30天报检。

④ 输入其他动物的，应当在入境前15天报检。

⑤ 输入植物、种子、种苗及其他繁殖材料的，应当在入境前7天报检。

⑥ 出境货物最迟应于报关或装运前7天报检，对于个别检验检疫周期较长的货物，应留有相应的检验检疫时间。

⑦ 出境的运输工具和人员应在出境前向口岸海关报检或申报。

⑧ 需隔离检疫的出境动物在出境前60天预报，隔离前7天报检。

⑨ 报检人对检验检疫证单有特殊要求的，应在报检单上注明并交附相关文件。

小提示

海关总署会根据近年法检商品不合格检出情况、风险监测情况并结合国家政策调整要求，对必须实施检验的进出口商品目录进行调整。外贸企业需随时关注海关总署发布的公告，可通过海关总署网站查阅（http：//zhs.customs.gov.cn）查询，以确保进出口货物顺利通关。具体请查阅海关总署公告2021年第39号《关于调整必须实施检验的进出口商品目录的公告》、海关总署公告2021年第60号《关于开展2021年度法定检验商品以外进出口商品抽查检验工作的公告》。

5.3.4 进出口货物法定检验、抽查检验流程

海关总署主管全国进出口商品检验工作。海关总署设在省、自治区、直辖市以及进出口商品的口岸、集散地的出入境检验检疫机构及其分支机构（以下简称出入境检验检疫机构），管理所负责地区的进出口商品检验工作。

商检是进出口贸易的重要环节，为了加强进出口商品检验工作，规范进出口商品检验行为，我国制定了《中华人民共和国进出口商品检验法》（简称《商检法》）和《中华人民共和国进出口商品检验法实施条例》。

《商检法》第三条规定商检机构和经国家商检部门许可的检验机构，依法对进出口商品实施检验。《中华人民共和国进出口商品检验法实施条例》第四条规定出入境检验检疫机构对列入目录的进出口商品以及法律、行政法规规定须经出入境检验检疫机构检验的其他进出口商品实施检验（以下称法定检验）。出入境检验检疫机构对法定检验以外的进出口商品，根据国家规定实施抽查检验。

出入境检验检疫机构对列入目录的进出口商品以及法律、行政法规规定须经出入境检验检疫机构检验的其他进出口商品实施检验（法定检验）。法定检验流程如图5-15所示。

出入境检验检疫机构对法定检验以外的进出口商品，根据国家规定实施抽查检验。抽查检验流程如图5-16所示。

外贸企业在进出口货物时，如何判定货物是否需要商检？首先对货物进行归类，根据归类以后对应的HS编码（即海关编码）来判定货物是否需要商检，如果货物对应的HS编码有监管条件A或B，那么货物是需要商检的。

海关监管条件为A类，表示须实施进境检验检疫；海关监管条件为B类，表示须实施出境检验检疫。

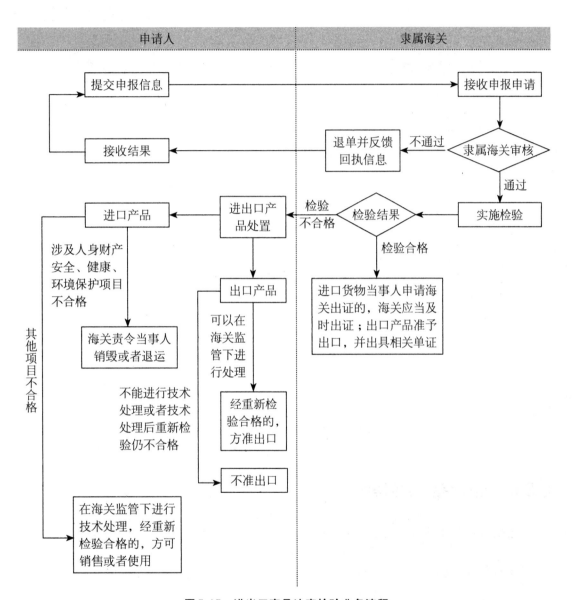

图5-15　进出口商品法定检验业务流程

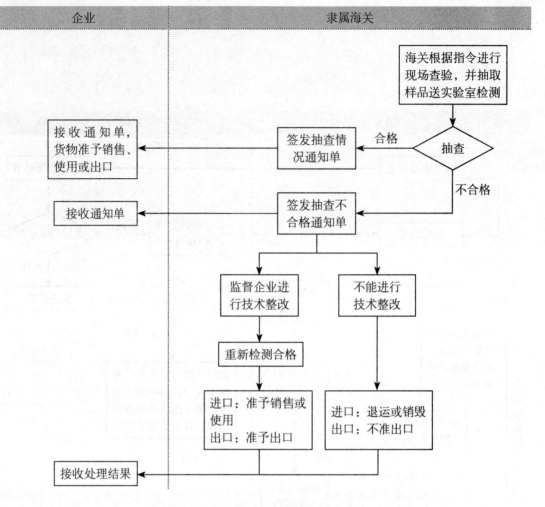

图5-16　海关进出口商品抽查检验流程

5.3.5　出口商品检验程序

我国出口商品检验的程序，主要包括3个环节：申请报检、检验、签证与放行。

（1）申请报检

应施行出口检验的商品，报检人应于出口前，详细填写《出境货物检验检疫申请》（Application for Certificate of Export Inspection），每份出境货物检验检疫申请仅限填报一个合同、一份信用证的商品。对同一合同、同一信用证，但标记号码不同者，应分别填写相应的申请单。

除了申请单，还应同时提交有关的单证和资料，如双方签订的外贸合同与合同附件、信用证、商业发票、装箱单以及厂检单、出口商品运输包装性能检验等必要的单证，向商品存放所在地的检验机构申请检验，缴交检验费。出入境报检申报的资料具体如表5-7所示。

表5-7　出入境申请报检的资料

类别	应提供的单证资料
入境报检	入境报检时，应填写入境货物报检单，并提供合同、发票、装箱单、提单等必要单证。有以下情况的，报检时还应按要求提供有关文件 （1）凡实施安全质量许可、卫生注册，或其他需要审批审核的货物，应提供有关证明 （2）品质检验的还应提供国外品质证书或质量保证书、产品使用说明书及有关标准和技术资料；凭样成交的，须加附成交样品；以品级或公量计价结算的，应同时申请重量鉴定 （3）报检入境废物原料时，还应当取得装运前检验证书；属于限制类废物原料的，应当取得进口许可证明。海关对有关进口许可证明电子数据进行系统自动比对验核 （4）申请残损鉴定的还应提供理货残损单、铁路商务记录、空运事故记录或海事报告等证明货损情况的有关单证 （5）申请重（数）量鉴定的还应提供重量明细单、理货清单等 （6）货物经收、用货部门验收或其他单位检测的，应随附验收报告或检测结果以及重量明细单等 （7）入境的国际旅行者，国内外发生重大传染病疫情时，应当填写《出入境检疫健康申明卡》 （8）入境的动植物及其产品，在提供贸易合同、发票、产地证书的同时，还必须提供输出国家或地区官方的检疫证书；需办理入境检疫审批手续的，还应当取得入境动植物检疫许可证 （9）过境动植物及其产品报检时，应持货运单和输出国家或地区官方出具的检疫证书；运输动物过境时，还应当取得海关总署签发的动植物过境许可证 （10）报检入境运输工具、集装箱时，应提供检疫证明，并申报有关人员健康状况 （11）入境旅客、交通员工携带伴侣动物的，应提供入境动物检疫证书及预防接种证明 （12）因科研等特殊需要，输入禁止入境物的，应当取得海关总署签发的特许审批证明 （13）入境特殊物品的，应提供有关的批件或规定的文件
出境报检	申请出境货物报检时，应填写出境货物报检单，并提供对外贸易合同（售货确认书、函电）、信用证、商业发票、装箱单（出口货物明细单）、厂检单等必要的单证。有以下情况的，报检时还应按要求提供有关文件 （1）凡实施质量许可、卫生注册或需经审批的货物，应提供有关证明 （2）出境货物须经生产者或经营者检验合格并加附检验合格证或检测报告；申请重量鉴定的，应加附重量明细单或磅码单 （3）凭样成交的货物，应提供经买卖双方确认的样品 （4）出境人员应向海关申请办理国际旅行健康证明书及国际预防接种证书 （5）报检出境运输工具、集装箱时，还应提供检疫证明，并申报有关人员健康状况 （6）生产出境危险货物包装容器的企业，必须向海关申请包装容器的性能鉴定 （7）生产出境危险货物的企业，必须向海关申请危险货物包装容器的使用鉴定 （8）报检出境危险货物时，应当取得危险货物包装容器性能鉴定结果单和使用鉴定结果单 （9）申请原产地证明书和普惠制原产地证明书的，应提供商业发票等资料 （10）出境特殊物品的，根据法律法规规定应提供有关的审批文件

　　申请人可登录"互联网+海关"一体化网上办事平台，进入"商品检验"版块办理，或"中国国际贸易单一窗口"，进入"货物申报"模块办理。

　　① 入境检验检疫申请。登录"中国国际贸易单一窗口"，进入"货物申报—进口整合申报—入境检验检疫申请"界面，如图5-17、图5-18所示。

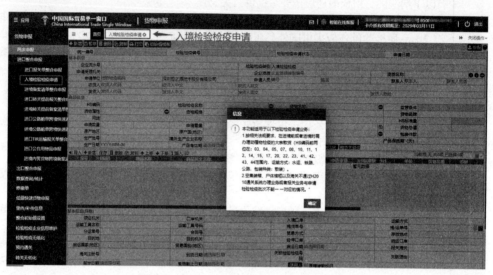

图5-17　入境检验检疫申请界面

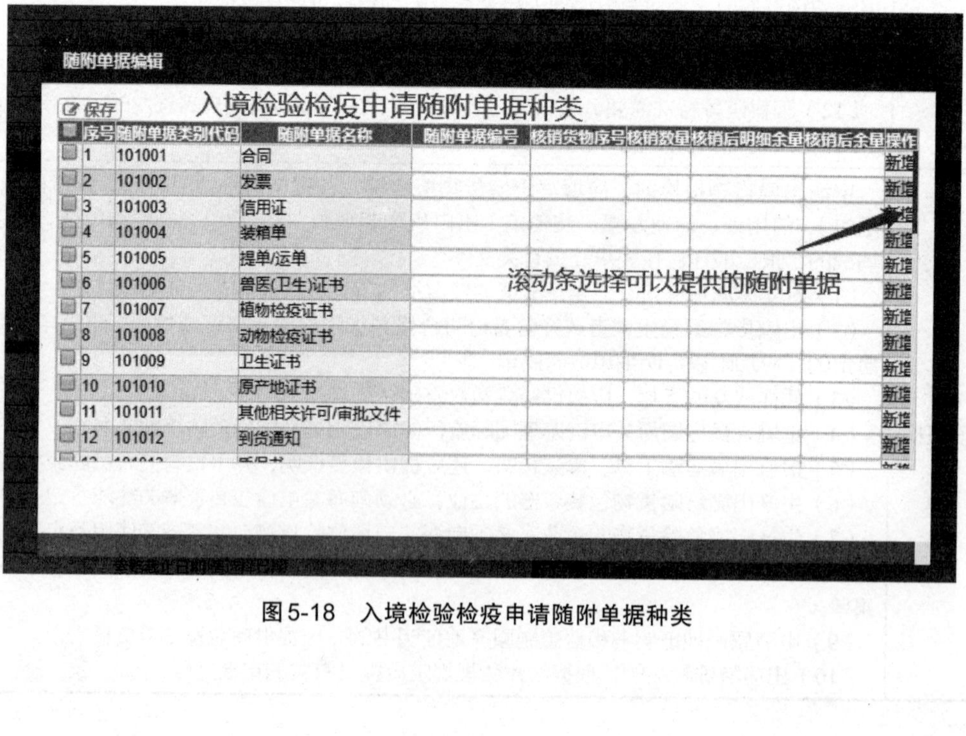

图5-18　入境检验检疫申请随附单据种类

② 出境检验检疫申请。登录"中国国际贸易单一窗口",进入"货物申报—出口整合申报—出口检验检疫申请"界面,如图5-19、图5-20所示。

中华人民共和国海关出境货物检验检疫申请单如图5-21所示。

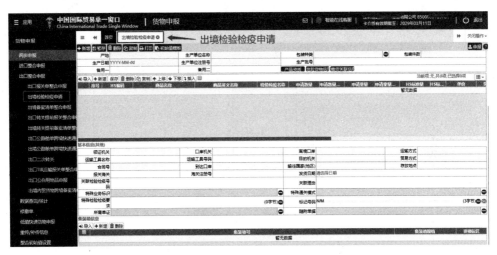

图5-19 出境检验检疫申请界面

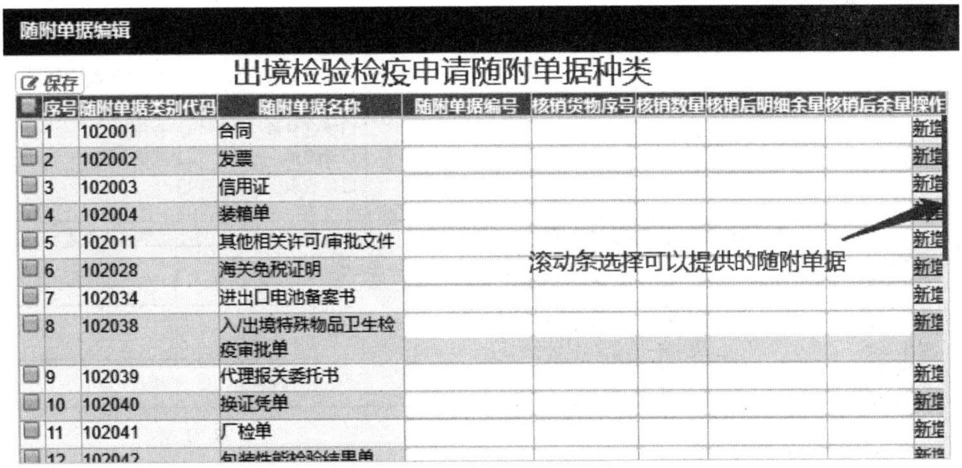

图5-20 出境检验检疫申请随附单据种类

中华人民共和国海关
出境货物检验检疫申请

发货人	(中文)
	(外文) ***
收货人	(中文) ***
	(外文) Nomin Home Style

货物名称(中/外文)	H.S.编码	产地	数/重量	货物总值	包装种类及数量
		详见附件			

运输工具名称号码	公路运输		贸易方式	一般贸易	货物存放地点	***	
合同号	PI#1034		信用证号	***		用途	其他
发货日期	0000.00.00	输往国家(地区)	蒙古	许可证/审批号	***		
启运地	二连浩特公路	到达口岸	蒙古	生产单位注册号			

集装箱规格,数量及号码	***

合同、信用证订立的检验检疫条款或特殊要求	标记及号码	随附单据(划"√"或补填)	
	N/M	□合同	□包装性能结果单
		□信用证	□许可/审批文件
		□发票	☑代理报关委托书
		□换证凭单	□合格保证
		□装箱单	□其他单据
		□厂检单	□

需要证单名称(划"√"或补填)				*检验检疫费	
□品质证书	___正___副	□植物检疫证书	___正___副	总金额 (人民币元)	
□重量证书	___正___副	□熏蒸/消毒证书	___正___副		
□数量证书	___正___副	□出境货物换证凭单		计费人	
□兽医卫生证书	___正___副	□出境货物检验检疫工作联系单 ___副			
□健康证书	___正___副	□			
□卫生证书	___正___副	□		收费人	
□动物卫生证书	___正___副				

申请人郑重声明:	领 取 证 单	
1.本人被授权申请检验检疫。		
2.上列填写内容正确属实,货物无伪造或冒用他人的厂名、标志、认证标志,并承担货物质量责任。	日期	
签名: _____	签名	

注: 有 "*" 号栏由海关填写

图5-21　中华人民共和国海关出境货物检验检疫申请单

（2）检验

检验机构在审查上述单证符合要求后，受理该批商品的报检。出入境检验检疫机构对进出口商品实施检验的内容，包括是否符合安全、卫生、健康、环境保护、防止欺诈等要求，以及相关的品质、数量、重量等项目。

① 抽样。检验机构接受报检后，及时派员赴货物堆存地点进行现场检验、鉴定。现场检验一般采取国际贸易中普遍使用的抽样法（个别特殊商品除外），抽样时，要根据不同的货物形态，按照规定的方法和一定的比例，在货物的不同部位抽取一定数量的、能代表全批货物质量的样品（标本）供检验之用。报验人应提供存货地点情况，并配合检验人员做好抽样工作。

② 检验。检验机构首先应当认真研究申报的检验项目，确定检验内容，仔细审核合同（信用证）中关于品质、规格、包装的规定，弄清检验的依据，确定检验标准、方法，然后使用从感官到化学分析、仪器分析等各种技术手段，对出口商品进行检验。检验的形式有商检自验、共同检验、驻厂检验和产地检验等。

小提示

第一次商检时，商检局一般会要求到工厂实地抽样商检。如果商检局人员提出的检验产品在某些方面不符合商检程序的要求或规定，出口商应当积极地配合做好记录，以便整改。

（3）签发证书与放行

海关对检验合格的商品签发相应的检验检疫证书，出口企业即凭此在规定的有效期内报关出口。

在出口方面，凡列入目录表内的出口商品，商检机构对检验合格的商品签发检验证书，或在"出口货物报关单"上加盖放行章。出口企业在取得检验证书或放行通知单后，在规定的有效期内报运出口。

凡合同、信用证规定由商检部门检验出证的，或国外要求签检验证书的，根据规定签发所需证书；不向国外提供证书的，只发放行单。目录表以外的出口商品，应由商检机构检验的，经检验合格发给证书或放行单后，方可出运。

在进口方面，进口商品经检验后，分别签发"检验情况通知单"或"检验证书"，用于对外结算或索赔。

5.3.6 如何填写出口货物报检单

报检单统一要求预录入，并加盖报检单位公章或已向检验检疫机构备案的报检专用章。报检前，报检人员应认真审核录入报检单，其申报内容必须与报检随附单证一致，并在"报检人声明"一栏签名。

报检单必须如实填写，而且保持整洁，不能涂改，具体的填写要求如下。

① 每张申请单一般只填写一批商品。

② 申请的日期、时间必须准确无误。

③ 所有应填写的项目应填写齐全、译文准确、中英文内容一致。

④ 收货人、发货人、商品的名称等应与合同和信用证所列一致，并且要填写全称，不得随意简化。

⑤ 商品名称要填写与合同、信用证一致的具体商品的名称，不得自行简化或更改。

⑥ 商品的数量、重量、规格，除合同、信用证有规定或有国际惯例者外，其余一律使用国际标准计量单位。

⑦ 货物总值，一律写出口成交价，如无出口成交价时（比如出口预检时），填国内收购价。

⑧ 包装要求，主要填写运输包装，如瓦楞纸箱、木箱、麻袋、塑料编织袋、麻布等。合同、信用证对包装另有规定要求的，应按要求填写。

⑨ 证书类别，属于两个以上检验鉴定项目的，需区分是单独出证还是合并出证，这需要在"备注"栏内写明。

⑩ 运输工具、装运港、目的港，需按提单或装运单填写。如有转船的，要把转船的地点、船名按运程填写清楚。

⑪ 批次号和唛头，要按商品包装上所列的批次号填写，保证单证相符。

⑫ 证书的文种、份数，都要写清楚。

⑬ 如果对检验证书的内容有特殊要求，也应在检验申请单上申明。

5.3.7 检验证书的种类

检验证书（Inspection Certificate），是各种进出口商品检验证书、鉴定证书和其他证明书的统称，是国际贸易有关各方履行契约义务、处理索赔争议和仲裁、诉讼举证，具有法律依据的有效证件，也是海关验放、征收关税和优惠减免关税的必要证明。商检证书的种类和用途如表5-8所示。

表5-8　商检证书的种类和用途

序号	种类	用途
1	品质检验证书 （Inspection Certificate of Quality）	是出口商品交货结汇和进口商品结算索赔的有效凭证；法定检验商品的证书，是进出口商品报关、输出输入的合法凭证。商检机构签发的放行单和在报关单上加盖的放行章有与商检证书同等通关效力；签发的检验情况通知单同为商检证书性质
2	重量或数量检验证书 （Inspection Certificate of Weight or Quantity）	是出口商品交货结汇、签发提单和进口商品结算索赔的有效凭证；出口商品的重量证书，也是国外报关征税和计算运费、装卸费用的证件
3	兽医检验证书 （Veterinary Ispection Certificate）	是证明出口动物产品或食品经过检疫合格的证件，适用于冻畜肉、冻禽、禽畜罐头、冻兔、皮张、毛类、绒类、猪鬃、肠衣等出口商品，是对外交货、银行结汇和进口国通关输入的重要证件
4	卫生检验证书 （Sanitary Ispection Certificate）	也称健康检验证书（Inspection Certificate of Health），是证明可供人类食用的出口动物产品、食品等经过卫生检验或检疫合格的证件，适用于肠衣、罐头、冻鱼、冻虾、食品、蛋品、乳制品、蜂蜜等，是对外交货、银行结汇和通关验放的有效证件
5	消毒检验证书 （Inspection Certificate of Disinfection）	是证明出口动物产品经过消毒处理，保证安全卫生的证件，适用于猪鬃、马尾、皮张、山羊毛、羽毛、人发等商品，是对外交货、银行结汇和国外通关验放的有效凭证
6	熏蒸证书 （Inspection Certificate of Fumigation）	是用于证明出口粮谷、油籽、豆类、皮张等商品，以及包装用木材与植物性填充物等，已经过熏蒸灭虫的证书
7	残损检验证书 （Inspection Certificate on Damaged Cargo）	是证明进口商品残损情况的证件，适用于进口商品发生残、短、渍、毁等情况，可作为受货人向发货人或承运人或保险人等有关责任方索赔的有效证件
8	货载衡量检验证书 （Inspection Certificate on Cargo Weight & / or Measureme）	是证明进出口商品的重量、体积位的证件，同时亦可作为计算运费和制订配载计划的依据
9	价值证明书 （Certificate of Value）	作为进口国管理外汇和征收关税的凭证。在发票上签盖商检机构的价值证明章与价值证明书具有同等效力
10	船舱检验证书 （Inspection Certificate on Tank/Hold）	证明承运出口商品的船舱清洁、密固、冷藏效能及其他技术条件是否符合保护承载商品的质量和数量完整与安全的要求，可作为承运人履行租船契约适载义务，对外贸易关系方进行货物交接和处理货损事故的依据
11	生丝品级及公量检验证书 （Inspection Certificate for Baw Silk Classification & Condition Weight）	是出口生丝的专用证书，其作用相当于品质检验证书和重量或数量检验证书

续表

序号	种类	用途
12	原产地证书（Inspection Certificate of Origin）	是出口商品在进口国通关输入和享受减免关税优惠待遇和证明商品产地的凭证
13	舱口检视证书、监视装（卸）载证书、舱口封识证书、油温空距证书、集装箱监装（拆）证书	作为证明承运人履行契约义务，明确责任界限，便于处理货损货差责任事故的证明
14	集装箱租箱交货检验证书、租船交船剩水（油）重量鉴定证书	可作为契约双方明确履约责任和处理费用清算的凭证

5.4 办理保险

根据合同中约定使用的贸易术语，出口企业在办理保险时的工作重点各有不同。按FOB或CFR术语成交的，保险由买方办理，外贸业务员要催促买方及时办理。如果使用CIF术语，卖方要自行办理保险，这时业务员就要全程负责办理。

5.4.1 如何选择投保险种

投保时，外贸业务员最好能在保险范围和保险费之间找到平衡点，但要做到这一点，就要对自己所面临的风险做出评估，甄别哪种风险最大、最可能发生，并结合不同险种的保险费率来加以权衡。

（1）投保前需考虑的因素

多投险种当然安全感会强很多，但保费的支出肯定也要增加。投保时，外贸业务员通常要对图5-22所示的5个因素进行综合考虑。

（2）何时选用一切险

"一切险"是最常用的一个险种。买家开立的信用证也多是要求出口方投保一切险。

投保一切险最方便，因为它的责任范围包括了平安险、水渍险和11种一般附加险，投保

1	货物的种类、性质和特点
2	货物的包装情况
3	货物的运输情况（包括运输方式、运输工具、运输路线）
4	发生在港口和装卸过程中的预计损耗情况等
5	目的地的政治局势

图5-22 投保前需考虑的因素

人不用费心思去考虑选择什么附加险。但是，往往最方便的服务需要付出的代价也最大。就保险费率而言，水渍险的费率约相当于一切险的1/2，平安险约相当于一切险的1/3。

有的货物投保了一切险作为主险可能还不够，还需投保特别附加险。某些含有黄曲霉素的食物，如花生、油菜籽、大米等食品，含有这种霉素往往会因超过进口国对该霉素的限制标准而被拒绝进口、没收或强制改变用途，从而造成损失。那么，在出口这类货物的时候，外贸业务员就应将黄曲霉素险作为特殊附加险予以承保。

（3）主险与附加险灵活使用

目标市场不同，费率也不一样。外贸业务员在核算保险成本时，就不能"一刀切"。如果投保一切险，欧美发达国家的费率可能是0.5%，亚洲国家是1.5%，非洲国家则会高达3.5%。所以，在选择险种的时候，要根据市场情况选择附加险，如到菲律宾、印度尼西亚、印度的货物，因为当地码头情况混乱，风险比较大，应该选择偷窃提货不着险和短量险作为附加险，或者投保一切险。

相关链接 〈

海洋运输货物保险的类别

按照国家保险习惯，海洋运输货物保险可分为基本险别和附加险别。

1. 基本险别

基本险又叫主险，是可以单独投保的险别，包括平安险（Free of Particular Average，F.P.A.）、水渍险（With Particular Average，W.P.A. 或 W.A.）和一切险（All Risks）。不同的险别，其责任范围也不一样。基本险别的责任范围如下表所示。

基本险别的责任范围

序号	险别	责任范围	适用范围
1	平安险	（1）被保险货物在运输途中由于恶劣气候、雷电、海啸、地震、洪水等自然灾害造成的整批货物的全部损失或推定全损 （2）在装卸或转运时由于一件或数件整件货物落海造成的全部或部分损失 （3）在运输工具已经发生搁浅、触礁、沉没、焚毁等意外事故的情况下，货物在此前后又在海上遭受恶劣气候、雷电、海啸等自然灾害所造成的部分损失 （4）由于运输工具遭受搁浅、触礁、沉没、互撞、与流冰或其他物体碰撞以及失火、爆炸等意外事故造成货物的全部或部分损失 （5）被保险人对遭受承保责任内危险的货物采取抢救、防止或减少损失的措施而支付的合理费用，但以不超过该批被救货物的保险金额为限 （6）运输工具遭遇海难后，在避难港由于卸货所引起的损失以及在中途港、避难港由于卸货、存仓以及运送货物所产生的特别费用 （7）共同海损的牺牲、分摊和救助费用 （8）运输合同中订有"船舶互撞责任"条款，根据该条款规定应由货方偿还船方的损失	一般用于大宗、低值、粗糙的无包装货物，如废钢材、木材、矿砂等
2	水渍险	水渍险的责任范围除平安险的各项责任外，还负责被保险货物由于恶劣气候、雷电、海啸、地震、洪水等自然灾害所造成的部分损失	一些不易损坏或虽易生锈但不影响使用的货物或旧货物，以及散装的原料等
3	一切险	一切险除包括水渍险的责任范围外，还负责赔偿被保险货物在运输途中由于外来原因所致的全部或部分损失，外来原因指偷窃、提货不着、淡水雨淋、短量、混杂、沾污、渗漏、串味异味、受潮受热、包装破裂、钩损、碰损破碎、锈损等原因 注意，一切险是最高险，责任范围最广，它除了平安险和水渍险的责任外，还包括保险标的在运输途中由于外来原因所造成的全部或部分损失 所谓外来原因系指一般附加险所承保的责任，所以，一切险实际上是平安险、水渍险和一般附加险的总和	价值较高、可遭受损失因素较多的货物

2. 附加险

附加险是相对于主险（基本险）而言的，顾名思义是指附加在主险合同下的附加合同。它不可以单独投保，要购买附加险必须先购买主险。一般来说，附加险所交的保险费比较少，但它的存在是以主险存在为前提的，不能脱离主险而形成一个比较全面的险种。

附加险别包括一般附加险和特殊附加险。

（1）一般附加险（General Additional Risk）。一般附加险不能作为一个单独的项目投保，而只能在投保平安险或水渍险的基础上，加保一种或若干种一般附加险。如加保所有的一般附加险，就叫投保一切险。常见的一般附加险及其说明如下表所示。

常见的一般附加险

序号	险别	具体说明
1	偷窃提货不着险（Theft, Pilferage and Non-delivery, TPND）	保险有效期内，保险货物被偷走或窃走，以及货物运抵目的地以后，整件未交的损失，由保险公司负责赔偿
2	碰损、破碎险（Clash and Breakage）	碰损主要针对金属、木质等货物，破碎则主要针对易碎性物质。前者是指在运输途中因为受到震动、颠簸、挤压而造成货物本身的损失；后者是在运输途中由于装卸野蛮、粗鲁及运输工具的颠震造成货物本身的破裂、断碎的损失
3	钩损险（Hook Damage）	被保险货物在装卸过程中因为使用手钩、吊钩等工具所造成的损失。比如，粮食包装袋因吊钩钩坏而造成粮食外漏所造成的损失，保险公司应予赔偿。钩损险只能在投保平安险和水渍险的基础上加保，但若投保一切险时，因该险别已包括在内，故无需加保
4	短量险（Risk of Shortage）	短量险是指保险公司承担承保货物数量和重量发生短少的损失。通常，包装货物的短少，保险公司必须要查清外包装是否发生异常现象，如破口、破袋、扯缝等，如属散装货物，往往以装船重量和卸船重量之间的差额作为计算短量的依据，但不包括正常运输途中的自然损耗
5	混杂、沾污险（Intermixture and Contamination Risk）	保险货物在运输过程中，混进了杂质或被其他物质接触而被沾污所造成的损失
6	渗漏险（Leakge Risk）	流质、半流质的液体物质和油类物质，在运输过程中因为容器损坏而引起的渗漏损失。如以液体装存的湿肠衣，因为液体渗漏而使肠衣发生腐烂、变质等损失，均由保险公司负责赔偿
7	串味险（Risk of Odour）	货物（如香料）在运输中与其他物质一起储存而导致的变味损失。比如，茶叶、香料、药材等在运输途中受到一起堆储的皮革、樟脑等异味的影响使品质受到损失
8	淡水雨淋险（Fresh Water Rain Damage）	货物在运输中，由于淡水、雨水以至雪融所造成的损失，保险公司都应负责赔偿。淡水包括船上淡水舱、水管漏水以及汗等
9	受潮受热险（Risk of Sweat and Heating）	被保险货物在运输过程中因气温突然变化或由于船上通风设备失灵致使船舱内水汽凝结、发潮或发热所造成的损失

续表

序号	险别	具体说明
10	锈损险 （Risk of rust）	被保险货物在运输过程中因为生锈造成的损失。不过这种生锈必须在保险期内发生，如原装时就已生锈，保险公司不负责任
11	包装破裂险（Loss for Damage by Breakage of Packing）	包装破裂造成物资的短少、沾污等损失。此外，对于因保险货物运输过程中续运安全需要而产生的候补包装、调换包装所支付的费用，保险公司也应负责

（2）特殊附加险。特殊附加险也属附加险类，但不属于一切险的范围之内，主要包括各种战争险、罢工险、暴动险、民变险、交货不到险、进口关税险、黄曲霉素险等。

5.4.2 如何计算保险额与保险费

保险金额是投保人对出口货物的实际投保金额，保险费则是投保人应缴纳的相关费用。

（1）保险金额

按照国际保险市场的习惯做法，出口货物的保险金额（Insured Amount）一般按CIF货价另加10%计算，这增加的10%叫保险加成，也就是买方进行这笔交易所付的费用和预期利润。保险金额的计算公式是：

$$保险金额=CIF货价 \times （1+保险加成）$$

（2）保险费

投保人按约定方式缴纳保险费（Premium）是保险合同生效的条件。保险费率（Premium Rate）是由保险公司根据一定时期、不同种类的货物的赔付率，以及不同险别和目的地确定的。保险费则根据保险费率表的费率来计算，其计算公式是：

$$保险费=保险金额 \times 保险费率$$

如按CIF货价和保险加成计算，上述公式可更改为：

$$保险费=CIF货价 \times （1+保险加成） \times 保险费率$$

比如，商品03001的CIF价格为10000美元，进口商要求按成交价格的110%投保一切险（保险费率0.8%）和战争险（保险费率0.08%），根据上述公式计算如下：

$$保险金额 = 10000 \times 110\% = 11\,000（美元）$$

$$保险费＝11000 \times（0.8\%+0.08\%）＝96.8（美元）$$

5.4.3　如何选择投保形式

货物运输险投保的形式有预约保险、逐笔投保、联合凭证三种。

（1）预约保险

专业从事出口业务的贸易公司，或长期出口货物的企业，可与保险公司签订预约保险合同（简称预保合同，是一种定期统保契约）。凡属于预保合同约定范围以内的货物，一经起运，保险公司即自动承保，即凡签订预保合同的单位，当每批保险标的出运前，由投保人填制起运通知，一式三份，交保险公司。

（2）逐笔投保

未与保险公司签订预约保险合同的企业，对出口货物需逐笔填制投保单，办理货物运输险投保。

（3）联合凭证

凡陆运、空运出口到中国港澳地区的，可使用"联合凭证"，由投保人将"联合凭证"一式四份，提交保险公司，保险公司将其加盖联合凭证印章，并根据投保人提出的要求注明承担险别、保险金额和理赔代理人名称，经签章后退回三份，自留一份，凭此统一结算保费。

5.4.4　如何填写投保单

外贸业务员办理投保，一般先填制"运输险投保单"一式二份。一份由保险公司签署后交投保人作为接受承保的凭证；另一份由保险公司留存，作为缮制、签发保险单（或保险凭证）的依据。

（1）投保单内容

投保单的内容包括投保人名称、货物名称、运输标志、船名或装运工具、装运地（港）、目的地（港）、开航日期、投保金额、投保险别、投保日期和赔款地点等。

（2）投保单填写

投保单要如实、认真填写，具体的填写要点如表5-9所示。

表5-9　投保单填写要点

序号	项目	说明
1	被保险人	如实填写出口商名称即可
2	唛头和号码	因为保险单索赔时一定要提交发票，所以可只填写"As per Invoice No.××××"
3	包装及数量	（1）有包装的填写最大包装的件数，并应与其他单据一致 （2）裸装货物要注明本身件数 （3）有包装但以重量计价的，应将包装数量与计价重量都填上
4	保险货物项目	按照货物名称如实填写，如果品种与名称较多，可填写其统称
5	保险金额	按信用证规定填写，如果没有规定，可按货物CIF货值的110%填写
6	装载运输工具	（1）海运方式下填写船名加航次，如果整个运输由两次运输完成时，应分别填写一程船名及二程船名，中间用"/"隔开 （2）铁路运输填写运输方式"By railway"加车号 （3）航空运输填写航班名称
7	开航日期	填写提单装运日期
8	起讫地点	应填写"From 装运港 To 目的港 W/T（VIA）转运港"，并与提单一致
9	投保险别	根据信用证规定如实填写
10	备注	在备注栏内主要对特殊事项进行说明
11	投保人信息	按照实际情形如实填写

5.4.5　如何领取保险单据

保险单据是保险公司在接受投保后签发的承保凭证，是保险人（保险公司）与被保险人（投保人）之间订立的保险合同。在被保险货物受到保险合同责任范围内的损失时，它是被保险人提赔和保险公司理赔的主要依据；在CIF、CIP合同中，保险单是卖方必须向买方提供的主要单据之一，也可以通过背书转让。

（1）查看保险单据类型

保险单据可分为保险单（Insurance Policy）、保险凭证（Insurance Certificate）、联合保险凭证（Combined Insurance Certificate）和预约保险单（Open Policy）等，具体说明如表5-10所示。

（2）审核保险单据

在领取保险单后，外贸业务员应认真审核，具体的审核要点如下。

表 5-10　保险单据类型

序号	类型	说明
1	保险单	即大保单，是一种独立的保险凭证，一旦货物受到损失，承保人和被保人都要按照保险条款和投保险别来分清货损，处理索赔
2	保险凭证	即小保单，不印刷保险条款，只印刷承保责任界限，以保险公司的保险条款为准，但其作用与保险单完全相同
3	联合保险凭证	用于中国港澳地区中资银行开来的信用证项下业务，在商业发票上加盖保险章，著名相关信息，与保险单有同等效力，但不能转让
4	预约保险单	预约保险单是保险公司承保被保险人在一定时期内发运的，以CIF价格条件成交的出口货物或以FOB、CFR价格成交的进口货物的保险单

① 确保根据信用证要求交来保险单、保险凭证、保险声明。

② 确保提交开立的全套保险单据。

③ 确保保险单据是由保险公司或保险商或他们的代理人签发的。

④ 确保发出日期或保险责任生效日期最迟应在已装船或已发运或接受监管之日。

⑤ 确保货物投保金额要符合信用证要求或符合《UCP 600跟单信用证统一惯例》第二十八条第F分条的解释。

⑥ 除非信用证另外允许，确保保险单据必须使用与信用证相同的货币出具。

⑦ 确保货物描述一般符合发票的货物描述。

⑧ 确保承保的商品是信用证指定装载港口或接受监管点到卸货港口或交货点。

⑨ 确保已经投保了信用证指定的险别，并已明确表示出来。

⑩ 确保唛头和号码等与运输单据相符。

⑪ 确保如果被保险人的名称不是保兑行、开证行或买方，应带有适当的背书。

⑫ 确保保险单据表现的其他资料，要与其他单据一致。

⑬ 如果单据记载有任何更改，确保应被适当地证实。

（3）申请批改

在审核保险单时，外贸业务员若发现投保内容有错漏或需变更，应向保险公司及时提出批改申请，由保险公司出立批单，粘贴于保险单上并加盖骑缝章，保险公司按批改后的条件承担责任。

申请批改必须在货物发生损失以前，或投保人不知有任何损失事故发生的情况下，在货到目的地前提出。

5.5　货物进出口报关

报关是指进出口货物收发货人、进出境运输工具负责人、进出境物品所有人或者他们的代理人向海关办理货物、物品或运输工具进出境手续及相关海关事务的过程，包括向海关申报、交验单据证件，并接受海关的监管和检查等。报关是履行海关进出境手续的必要环节之一，而报关一般分为进口报关和出口报关两种，也称进出口申报。按照我国相关规定，凡是进出国境的货物，经过海关放行后，货物才可提取或出口。

报关涉及的对象可分为进出境的运输工具和货物、物品两大类。

5.5.1　货物申报

（1）什么是货物申报

货物申报是指进出口货物的收发货人、受委托的报关企业，依照《中华人民共和国海关法》以及有关法律、行政法规和规章的要求，在规定的期限、地点，采用电子数据报关单或者纸质报关单形式，向海关、出入境检验检疫机关报告实际进出口货物的情况，并且接受海关审核的行为。

（2）申报的基本要求

进出口货物的收发货人、受委托的报关企业应当依法如实向海关申报，对申报内容的真实性、准确性、完整性和规范性承担相应的法律责任。主要有以下5方面要求。

① 申报主体及资质。进出口货物的收发货人，可以自行向海关申报，也可以委托报关企业向海关申报。

向海关办理申报手续的进出口货物的收发货人、受委托的报关企业应当预先在海关依法办理海关报关单位备案。

办理申报手续的人员，应当是在海关备案的报关人员。

有图5-23所列两种方式可以办理报关单位备案手续。

所在地海关收到申请人备案申请后进行验核，符合要求的在3个工作日内办结，企业可通过国际贸易"单一窗口""互联网+海关"查询办理状态、打印备案证明、修改备案信息等。

图5-23　办理报关单位备案手续的两种方式

② 申报时限。进出口货物、转关货物的申报时限具体如下。

进口货物：自运输工具申报进境之日起14日内向海关申报。

出口货物：应当在货物运抵海关监管区后、装货的24小时以前向海关申报。

转关货物：按照《中华人民共和国海关关于转关货物监管办法》执行。

注意：超过规定时限未向海关申报的，海关按照《中华人民共和国海关征收进口货物滞报金办法》征收滞报金。

③ 申报形式。申报采用电子数据报关单申报形式或者纸质报关单申报形式。电子数据报关单和纸质报关单均具有法律效力。如图5-24所示。

电子数据报关单申报形式	纸质报关单申报形式
企业通过电子系统按照《中华人民共和国海关进出口货物报关单填制规范》的要求向海关传送报关单电子数据并且备齐随附单证的申报方式	企业按照海关的规定填制纸质报关单，备齐随附单证，向海关当面递交的申报方式

图5-24　申报形式

企业应当以电子数据报关单形式向海关申报，与随附单证一并递交的纸质报关单的内容应当与电子数据报关单一致；特殊情况下经海关同意，允许先采用纸质报关单形式申报，电子数据事后补报，补报的电子数据应当与纸质报关单内容一致。

④ 申报随附单证。申报随附单证有合同、发票、装箱清单、提（运）单、进出口许可证件、载货清单（舱单）、代理报关授权委托协议、海关总署规定的其他进出口单证。

⑤ 申报日期。申报日期是指申报数据被海关接受的日期。不论以电子数据报关单方式申报或者以纸质报关单方式申报，海关以接受申报数据的日期为接受申报的日期。以电子数

据报关单形式申报的，申报日期为海关计算机系统接受申报数据时记录的日期；以纸质报关单形式申报的，申报日期为海关接收纸质报关单并且对报关单进行登记处理的日期。

（3）申报后续处理

① 海关不接受申报的情形。电子数据报关单经过海关计算机检查被退回的，视为海关不接受申报，进出口货物收发货人、受委托的报关企业应当按照要求修改后重新申报。

② 现场交单。海关审结电子数据报关单后，进出口货物的收发货人、受委托的报关企业应当自接到海关"现场交单"或者"放行交单"通知之日起，持打印出的纸质报关单，备齐规定的随附单证，到海关递交书面单证并且办理相关海关手续。按照目前无纸化报关的推广范围和一体化申报模式，如无人工接单和查验的报关单，企业无须去现场提交纸本报关。

③ 报关单修撤。海关接受进出口货物的申报后，报关单证及其内容不得修改或者撤销；符合规定情形的，应当按照《中华人民共和国海关进出口货物报关单修改和撤销管理办法》的相关规定办理。

④ 报关单证明联问题。目前，海关已全面取消为企业打印纸质报关单证明联（含用于外汇服务的报关单收、付汇证明联以及用于加工贸易核销的海关核销联，和出口退税专用的报关单证明联）。

（4）其他申报类型

其他申报类型如图5-25所示。

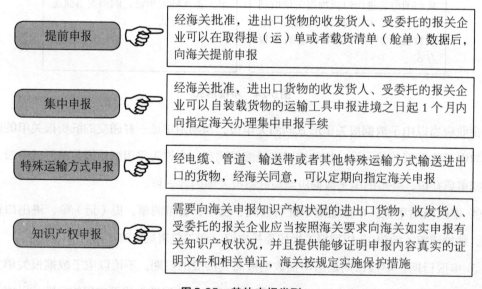

提前申报	☞	经海关批准，进出口货物的收发货人、受委托的报关企业可以在取得提（运）单或者载货清单（舱单）数据后，向海关提前申报
集中申报	☞	经海关批准，进出口货物的收发货人、受委托的报关企业可以自装载货物的运输工具申报进境之日起1个月内向指定海关办理集中申报手续
特殊运输方式申报	☞	经电缆、管道、输送带或者其他特殊运输方式输送进出口的货物，经海关同意，可以定期向指定海关申报
知识产权申报	☞	需要向海关申报知识产权状况的进出口货物，收发货人、受委托的报关企业应当按照海关要求向海关如实申报有关知识产权状况，并且提供能够证明申报内容真实的证明文件和相关单证，海关按规定实施保护措施

图5-25 其他申报类型

（5）申报的其他规定

申报的其他规定如图5-26所示。

规定一 ▶ 自理报关

进出口货物的收发货人以自己的名义，向海关申报的，报关单应当由进出口货物收发货人签名盖章，并且随附有关单证

规定二 ▶ 委托报关

报关企业接受进出口货物的收发货人委托，以自己的名义或者以委托人的名义向海关申报的，应当向海关提交由委托人签署的授权委托书，并且按照委托书的授权范围办理有关海关手续。报关企业接受进出口货物收发货人的委托，办理报关手续时，应当对委托人所提供情况的真实性、完整性进行合理审查，审查内容如下
（1）证明进出口货物的实际情况的资料，包括进出口货物的品名、规格、用途、产地、贸易方式等
（2）有关进出口货物的合同、发票、运输单据、装箱单等商业单据
（3）进出口所需的许可证件及随附单证
（4）海关总署规定的其他进出口单证
报关企业未对进出口货物的收发货人提供情况的真实性、完整性履行合理审查义务或者违反海关规定申报的，应当承担相应的法律责任

规定三 ▶ 申报前查看货物

进口货物的收货人，向海关申报前，因确定货物的品名、规格、型号、归类等原因，可以向海关提出查看货物或者提取货样的书面申请，海关审核同意的，派员到场实际监管并开具取样记录和取样清单。提取货样后，到场监管的海关关员与进口货物的收货人在取样记录和取样清单上签字确认。提取货样的货物涉及动植物及其产品以及其他须依法提供检疫证明的，应当在依法取得有关批准证明后提取

规定四 ▶ 补充材料

海关审核电子数据报关单时，需要进出口货物的收发货人、受委托的报关企业解释、说明情况或者补充材料的，收发货人、受委托的报关企业应当在接到海关通知后及时进行说明或者提供完备材料

图5-26 申报的其他规定

（6）申报流程

① 按照《中华人民共和国海关进出口货物报关单填制规范》的要求向海关传送报关单电子数据及随附单证。

② 进出口货物的收发货人以自己的名义向海关申报的，报关单应当由进出口货物收发货人签名盖章，并随附有关单证。报关企业接受进出口货物的收发货人委托，以自己的名义或以委托人的名义向海关申报的，应当向海关提交由委托人签署的授权委托书，并按照委托书的授权范围办理有关海关报关手续。

进出口申报管理流程如图 5-27 所示。

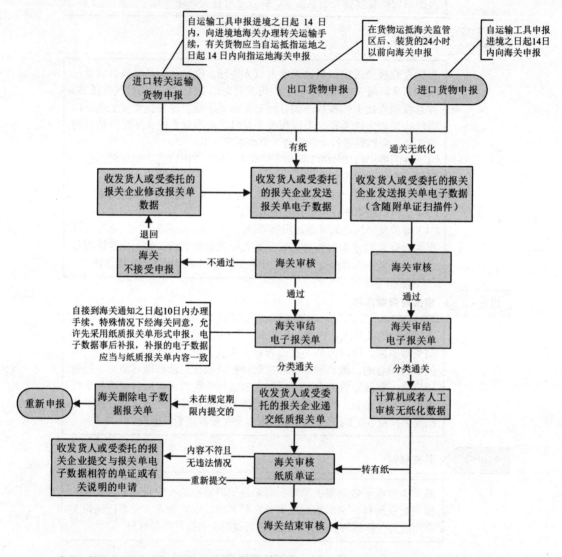

备注：根据《中华人民共和国海关进出口货物申报管理规定》（海关总署令 第 103 号）
1. 报关企业未对进出口货物的收发货人提供情况的真实性、完整性履行合理审查义务或违反海关规定申报的，应当承担相应的法律责任。
2. 进口货物的收货人，向海关申报前，因确定货物的品名、规格、型号、归类等原因，可以向海关提出查看货物或者提取货样的书面申请。
3. 超过规定时限未向海关申报的，海关按照《中华人民共和国海关征收进口货物滞报金办法》征收滞报金。

图 5-27　进出口申报管理流程

企业可通过中国国际贸易"单一窗口"或"互联网+海关"平台进行进出口货物申报。在中国国际贸易"单一窗口"平台申报的具体流程可复制以下网址并通过浏览器打开查看。

① "单一窗口"标准版用户手册（用户管理篇）（http://www.singlewindow.cn/xzlm/2640.jhtml）。

② "单一窗口"标准版用户手册（货物申报篇）（http://www.singlewindow.cn/xzlm/2641.jhtml）。

 相关链接

电子口岸卡介质申领

电子口岸卡介质是登录中国国际贸易"单一窗口""互联网＋海关"等常用海关业务系统的介质。在业务数据录入、暂存或申报等过程中，电子口岸卡介质须一直插入在读卡器或电脑中，不可随意插拔。系统将根据电子口岸卡介质的信息进行用户身份验证，并对业务数据自动进行电子签名、加密。

电子口岸卡介质办理流程如下。

第一步：进入中国电子口岸网站（网址：https://www.chinaport.gov.cn）。

第二步：点击"公共服务"栏目的"中国电子口岸执法系统安全技术服务用户登录"或者搜索网址"https://e.chinaport.gov.cn/"，进入到如下图所示的页面。

登录后的界面

第三步：点击"身份认证管理系统"，进入如下图所示页面。

点击"身份认证管理系统"界面

第四步：点击"用户密码"。已注册过单一窗口账号的企业，请使用单一窗口用户名及密码进行登录；未注册单一窗口账号的企业，请点击"注册新用户"—"企业用户注册"—"无卡用户"进行注册。如下图所示。

点击"用户密码"界面

第五步：登录后，点击"企业备案"—"法人信息录入"界面，录入法人信息，如下图所示。

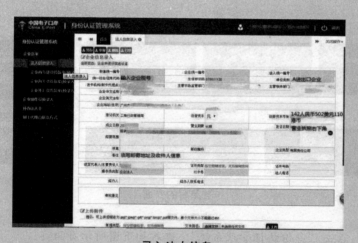

录入法人信息

第六步：点击"企业操作员预录入"—"新增"进入"企业操作员预录入"界面，录入操作员信息，如下面两图所示。

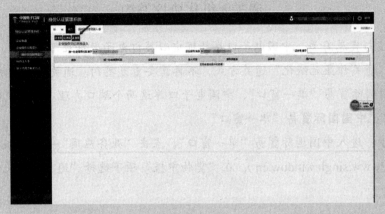

录入操作员信息（1）

录入操作员信息（2）

企业需联系所在地数据分中心的制卡中心进行申请办理。各数据分中心联系方式请在中国电子口岸网站（www.chinaport.gov.cn）"客服专区"中的"分支机构"模块查询。如下面两图所示。

关区	分中心	热线电话
0100	北京	010-85736363
0200	天津	022-85194004
0400	石家庄	0311-12360
0500	太原	0351-7119003

"分支机构"模块查询（1）　　　　**"分支机构"模块查询（2）**

相关链接〈···

通关无纸化协议签约

企业经与直属海关、中国电子口岸数据中心签订电子数据应用协议后，可在全国海关适用"通关作业无纸化"通关方式，不再需要重复签约。通关无纸化协议签约可以通过中国国际贸易"单一窗口"、中国电子口岸这两个端口办理。办理流程如下。

端口1：中国国际贸易"单一窗口"

第一步：进入中国国际贸易"单一窗口"，点击"业务应用"—"标准版应用"（网址：https://www.singlewindow.cn），在"货物申报"项下选择"通关无纸化协议"。如下面两图所示。

选择"通关无纸化协议"界面

点击"三方协议签约"

第二步：点击"三方协议签约"在系统内选择一个直属海关签约，点击"同意""签约"。根据海关总署《2017年第8号公告》，签约一次即可在全国开展通关无纸化业务。如下图所示。

点击"同意""签约"

第三步：三方协议查询，只有法人卡可以查询三方协议。如下图所示。

三方协议查询

如已签约三方协议，系统会提示"您已完成签约操作，无需进行签约"，如下图所示。

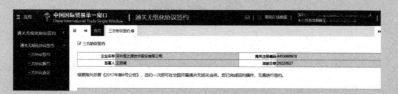

无需进行签约的界面

端口2：中国电子口岸

第一步：进入中国电子口岸网站（网址：https://www.chinaport.gov.cn）。如下图所示。

进入中国电子口岸网站

第二步：点击"公共服务"栏目的"中国电子口岸执法系统安全技术服务用户登录"进入到如下图所示的页面。

安全技术服务界面

第三步：点击"通关无纸化协议签约"，按照系统提示进行签约。

注意：通关无纸化签约网上操作只能使用法人卡，不可使用操作员卡。

 **相关链接**

代理报关委托协议签订

如果进出口货物收发货人要委托报关企业申报进出口货物，需要在代理报关委托书或委托报关协议系统签订代理报关委托协议。办理流程如下。

1.端口1：中国国际贸易"单一窗口"

第一步：进入中国国际贸易"单一窗口"，点击"业务应用"—"标准版应用"（网址：https://www.singlewindow.cn）。如下图所示。

点击"业务应用"

在"货物申报"项下选择"报关代理委托"。如下图所示。

选择"报关代理委托"界面

第二步：点击"报关代理委托"进入如下页面，点击"签订委托协议"，填写完成后，点击"发起"提交。如下图所示。

点击"发起"提交界面

2. 端口2：中国电子口岸

第一步：进入中国电子口岸网站。如下图所示。

进入中国电子口岸网站界面

第二步：点击"公共服务"栏目的"中国电子口岸执法系统安全技术服务用户登录"进入到如下图所示的页面。

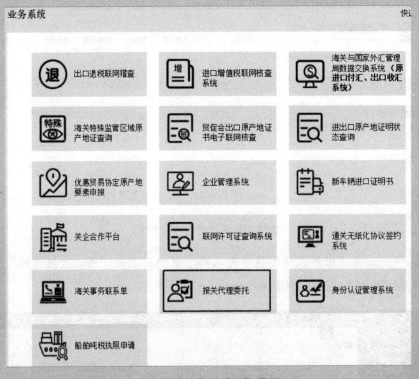

点击"报关代理委托"界面

第三步：点击"报关代理委托"，进入系统签订代理报关委托协议。点击"发起委托申请"，填写完成后，点击"发起"提交。如下图所示。

注：经营单位企业用户和申报单位企业用户双方签订代理电子代理报关委托书或委托协议时，双方均可向对方发起委托申请，也可以确认对方向自己发起的委托申请。

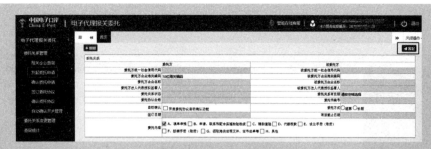

点击"发起委托申请"

（1）如果是代理报关委托方：境内货物收发货人用户，可直接持企业操作员卡或法人卡登录电子口岸执法系统，选择快速入口"通关无纸化代理报关委托"，输入密码登录。既可以向意向中的报关单位主动发起委托申请（需要由对方报关单位进行确认），也可以确认报关单位发来的委托申请。

（2）如果是代理报关被委托方：报关单位用户，首先需要使用企业法人卡完成"报关单位信息登记"的申报，由其所属的地方报关协会登记确认后，方可开始使用报关委托的发起、确认等操作。

相关链接

税费支付三方协议签约

若进出口货物涉及税费缴纳的，要提前在中国国际贸易"单一窗口"上办好税费支付三方协议签约，方可通关顺畅。办理流程如下。

第一步：进入中国国际贸易"单一窗口"，点击"业务应用"—"标准版应用"（网址：https://www.singlewindow.cn）。如下图所示。

标准版应用界面

第二步：点击"税费办理"—"税费支付"，进入如下图所示的页面。

税费支付界面

第三步：进入该页面后，点击左侧菜单栏"三方协议信息"，然后点击右侧白色页面"协议签署"，填写相关信息，完成签约，等待审批状态为"签约成功"即可。如下图所示。

签约界面

小提示

税费支付三方协议签约要使用法人卡签约，签约完成后，可用法人卡授权给操作员卡，用该操作员卡进行支付税费的操作。

5.5.2 如何配合海关查验

海关查验是指海关在接受报关单位的申报后，依法为确定进出境货物的性质、原产地、货物状况、数量和价值等是否与货物申报单上已填报的详细内容相符，对货物进行实际检查的行政执法行为。查验是国家赋予海关的一种依法行政的权力，也是通关过程中必不可少的重要环节。通常来讲，海关查验主要是核对品名、规格、数量、重量、件数、唛头、新旧，还会核对是否侵权名牌、吊牌、Logo，核对产终地（即货源地），核对归类（比较容易出错，就是多功能的产品归类要准确），取样送检（一般是通过肉眼无法判断的，需要化验的化工品），检查车体（检查托运集装箱的货柜车），及检查箱体、是否夹藏等。

海关查验部门自查验受理起，到实施查验结束、反馈查验结果最多不得超过48小时，出口货物应于查验完毕后半个工作日内予以放行。查验过程中，发现有涉嫌违规等事项的，不受此时限限制。

海关查验是海关的法定权利之一，查验是不收费的，但查验会产生费用。在海关查验过程中，集装箱的拖拽、运输、倒箱作业环节会产生费用，这些费用由港区收取，海关是不收取任何费用的，港区收费，均会开具港区的专用发票。

（1）海关查验的方式

海关实施查验可以彻底查验，也可以抽查。按照操作方式，查验可以分为人工查验和机检查验，人工查验包括外形查验、开箱查验等方式。除按操作方式分类外，在查验现场，现场关员会根据实际情况，实施其他查验方式，如到海关监管区外实施查验、径行开验、复验。

① 外形查验。外形查验是指对外部特征直观、易于判断基本属性的货物的包装、唛头、商标和外观等进行验核的查验方式。外形查验只能适用于大型机器、大宗原材料等不易搬运、移动的货物。此外，海关还充分利用科技手段配合查验，如地磅和X光机等查验设施和设备。

开箱查验：是指将货物从集装箱、货柜车箱等箱体中取出并拆除外包装后对货物实际状况进行验核的查验方式。

② 机检查验。机检查验也称设备查验，是指以利用技术检查设备为主对货物实际状况进行验核的查验方式。

③ 抽查。抽查是指按照一定比例有选择地对一票货物中的部分货物验核实际状况的查验方式。卸货程度和开箱（包）比例以能够确定货物的品名、规格、数量、重量等查验指令的要求为准。

④ 彻底查验。彻底查验是指逐件拆开包装，验核货物实际状况的查验方式，如对货物品种、规格、数量、重量、原产地货物状况等逐一与货物申报单详细核对。

⑤ 到海关监管区外实施查验。查验应当是在海关监管区内实施，但是因为货物易受温度、静电、粉尘等自然因素影响，不宜在海关监管区内实施查验，或者因其他特殊原因，需要在海关监管区外查验的，经进出口货物收发人或者其代理人申请，海关可以派人到海关监管区外实施查验。

出口货物收发人或者其代理人可以通过登录"单一窗口"标准版应用界面进行申请。

点击"货物申报"—"海外事务联系单"—"监管区外查验（报关单）"申请。如图5-28、图5-29所示。

图5-28　"单一窗口"标准版应用页面

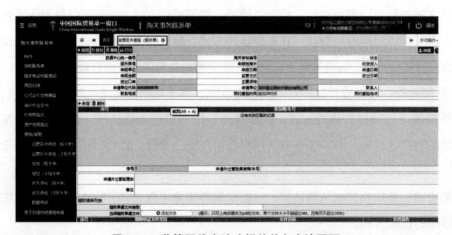

图5-29　监管区外查验（报关单）申请页面

⑥ 径行开验。有以下情况之一的，海关可以在进出口货物收货人或者发货人或者代理人不在场的情况下，对进出口货物进行径行开验。

——进出口的货物有违法嫌疑的。

——经海关通知查验，进出口货物收发货人或者其代理人届时未到现场的。

⑦ 优先查验。对于危险或者鲜活、易腐、易烂、易失效、易变质等不宜长期保存的货物，以及因其他特殊情况需要紧急验放的货物，经进出口货物收发货人或者其代理人申请，海关可以优先安排查验。

⑧ 复验。有图5-30所示情形之一的，海关可以对已查验的货物进行复验。

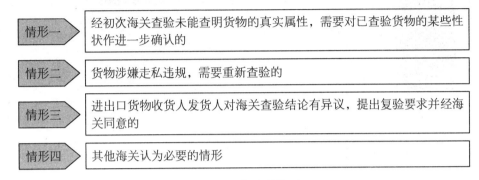

图5-30 复验的情形

复验按照《中华人民共和国海关进出口货物查验管理办法》第六条至第十条的规定办理，查验人员在查验记录上应当注明"复验"字样。已经参加过查验的查验人员不得参加对同一票货物的复验。

进出口货物收货人发货人可通过登录"单一窗口"标准版界面申请复检。

点击"海关事务联系系统"—"查验/复验"—"复验（报关单）"进入如图5-31、图5-32所示页面。

海关查验部门自查验受理起，到实施查验结束、反馈查验结果最多不得超过48小时，出口货物应于查验完毕后半个工作日内予以放行。查验过程中，发现有涉嫌违规等事项的，不受此时限限制。

图5-31 "单一窗口"标准版应用页面

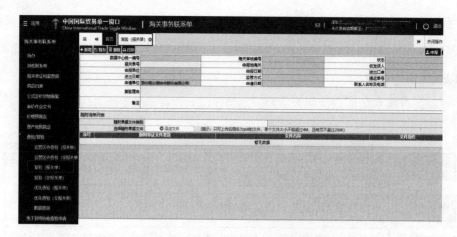

图5-32 复检（报关单）申请页面

（2）海关查验的操作程序

海关查验的操作程序如图5-33所示。

 海关确认需要查验货物之后，现场接单员会打印《查验通知单》，交由报关员

步骤二 海关会按照人员和岗位来安排查验时间，通常会安排在第2日进行查验

步骤三 海关查验货物时，进口货物的收货人或出口货物的发货人或其授权报关员应当到场，并负责协助搬移货物、开拆和重封货物的包装，海关认为必要时，可以径行开验、复验或者提取货样

步骤四 查验结束后，由陪同人员在《查验记录单》上签名确认。若是在货物查验过程里，确认是海关人员对货物造成了损坏，那么外贸业务员有权向负责查验的海关人员提出赔偿要求，但是要办理相应的手续

图5-33 海关查验的操作程序

（3）海关查验地点

海关一般在海关监管区内的进出口口岸码头、车站、机场、邮局或海关的其他监管场所查验货物。对进出口大宗散装货、危险品、鲜活商品、落驳运输的货物，经进出口收发货人的申请，海关也可结合装卸环节，在作业现场予以查验放行。在特殊情况下，如成套设备、精密仪器、贵重物资、急需急用的物资及"门到门"运输的集装箱货物等，经进出口收发货人或其代理人的申请，海关审核同意，也可派专员在规定的时间到规定场所以外的工厂、仓库或施工工地查验货物。

（4）海关查验的时间

海关将查验的决定以书面通知的形式通知进出口货物收发货人或其代理人，约定查验的时间。查验时间一般约定在海关正常工作的时间内。

对于危险或者鲜活、易腐、易烂、易失效、易变质等不宜长期保存的货物，以及因其他特殊情况需要紧急验放的货物，经进出口货物收发货人或者其代理人申请，海关可以优先安排查验。

举例：海关查验流程如下。

海关查验流程如图5-34所示。

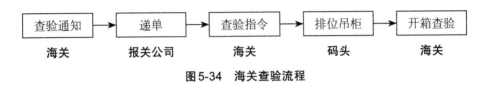

图5-34　海关查验流程

（1）货柜遇到查验后，海关将会发送查验通知给出口货物收发货人或其代理人。如图5-35所示。

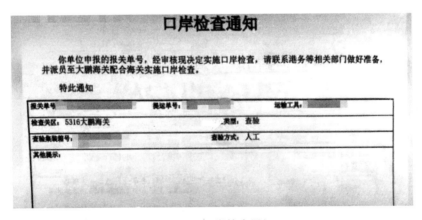

图5-35　口岸检查通知

（2）报关员需要将查验资料递交到海关，也就是被查验柜子的报关单及货物的装箱单、发票、销售合同。如图5-36至图5-39所示。

（3）按查验要求递交资料后，海关生成查验指令，接着码头会根据查验指令进行排位。如图5-40所示。

（4）最后通过排位顺序吊柜到查验平台，进行开箱查验。如图5-41所示。

（5）现场查验关员，根据查验单要求的指令进行开箱拍照上传，查验通过就会自动激活放行。如图5-42所示。

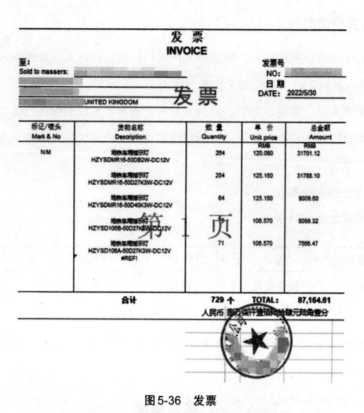

图 5-36　发票

图 5-37　装箱单

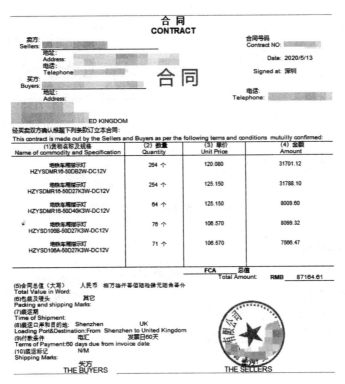

图 5-38　合同

图 5-39　报关单

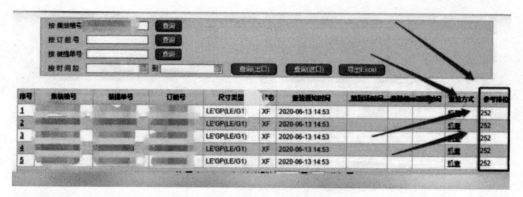

图5-40 根据查验指令进行排位

图5-41 吊柜到查验平台

图5-42 开箱查验

（5）查看验货记录并签字

海关查验货物后，均要填写一份验货记录，一般包括查验时间、地点、进出口货物的收发货人或其代理人名称、申报的货物情况、货物的运输包装情况（如运输工具名称、集装箱号、尺码和封号）、货物的名称、规格型号等。收发货人或其代理人需要在《海关货物查验记录单》上签字。

① 下列情况下，可取消收发货人或其代理人签字确认。为进一步优化货物通关流程，简化监管查验作业环节，2017年9月1日起，海关总署取消收发货人在机检查验正常放行（即机检查验未见异常无需转人工查验）货物的《海关货物查验记录单》上签字确认的相关要求。具体要求如下。

——对于机检查验正常放行货物，在机检查验结束后，可由海关监管作业场所经营人或运输工具负责人在《海关货物查验记录单》上签字，海关不再限定由收发货人或其代理人签字确认。

——可采取现场签字或事后集中签字的方式在上述《海关货物查验记录单》上签字确认，事后集中签字不得晚于机检查验完成后5个工作日。

② 单一窗口标准版新上线"免于到场协助查验"功能。为保障新冠病毒疫情防控期间进出境货物的快速验放，减少人员聚集，有效防止疫情传播，海关总署出台了《关于新型冠状病毒肺炎疫情期间海关查验货物时收发货人可免于到场的公告》（海关总署公告2020年第24号）。

按照海关总署公告，单一窗口标准版上线了"免于到场协助查验"功能，根据海关监管司要求，2022年7月6日起在全国推广应用。有关操作如下。

——登录"单一窗口"标准版应用页面，点击"货物申报"—"海关事务联系系统"可进入免于到场协助查验申请页面，如图5-43所示。

图5-43　点击"海关事务联系系统"

③ 点击左侧菜单"免于到场协助查验申请（报关单）"，如图5-44所示。

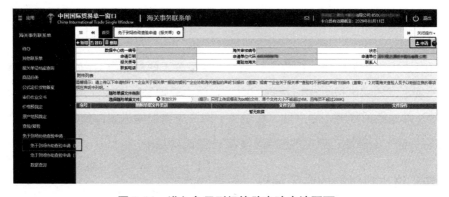

图5-44　进入免于到场协助查验申请页面

确认录入的数据无误后在此进行申请，保证卡介质正确连接在电脑中。若录入的数据符合填写规范，系统提示申请成功，此时数据不允许再修改。

（6）注意事项

业务员在配合海关查验时，应注意以下事项。

① 海关查验进出口货物时，收发货人或其代理人应当到现场，并按照海关的要求搬移货物、开拆和重封货物的包装等（有些机检查验可以不需收发货人到现场）。

② 在海关查验时，发货人随时答复海关查验人员提出的问题或提供海关需要的相关单证，配合海关的查验监管活动。

③ 若海关在查验中发现违规情形，发货人应积极配合海关进行调查。

④ 对要求海关派专员到监管区域以外的地点办理海关手续的，发货人要事先向海关办理申请手续。

⑤ 对海关在查验进出口货物的过程中造成货物损坏的，发货人应向负责查验的海关提出赔偿的要求，并办理有关手续。

5.5.3 缴交进出口货物税费

征收税款是海关依据国家有关法律、行政法规和规章的要求，征收进出口货物税款、滞纳金及退补税等的执法行为。

根据《中华人民共和国海关法》第五十三条规定：准许进出口的货物、进出境物品，由海关依法征收关税。常见的进出口货物税费种类有进出口关税、增值税、消费税、反倾销税、反补贴税等。

进口关税设置最惠国税率、协定税率、特惠税率、普通税率、关税配额税率等，对进口货物在一定期限内可以实行暂定税率。出口关税设置出口税率，对出口货物在一定期限内可以实行暂定税率。

纳税义务人应当按照法律、行政法规和海关规章关于商品归类、审定完税价格和原产地管理的有关规定，如实申报进出口货物的商品名称、税则号列（商品编号）、规格型号、价格、运保费及其他相关费用、原产地、数量等。海关应当根据进出口货物的税则号列（商品编码）、完税价格、原产地、适用的税率和汇率计征税款。

（1）查询进出口货物的商品编码、税号的方式

货物的商品编码、税号可通过以下方式查询了解。

　　方法一：关注微信公众号"海关归类一指通"→在对话栏处点击"归类查询"→ 点击"归类信息"进行查询。如图5-45、图5-46所示。

图5-45　关注微信公众号进行查询

图5-46　在微信公众号上查询步骤

方法二：打开海关总署门户网站（复制并通过浏览器打开网址：www.customs.gov.cn），依次点击"互联网+海关—我要查—进出口税则查询"模块，输入税则号列或货品名称进行关键字查询。

第一步：复制并通过浏览器打开网址：www.customs.gov.cn。

第二步：依次点击"互联网+海关—我要查—进出口税则查询"模块。如图5-47所示。

图5-47　点击"进出口税则查询"模块

第三步：在"税则号列"栏输入8544，查找相关税则号，如税则号85444929。如图5-48所示。

税则号列	货品名称	最惠国税率	普通税率	出口税率	暂定税率
	00伏：				
85444921	——电缆	6	20		
85444929	——其他	8	70		
85446	- 其他电导体，额定电压超过1000伏：				
8544601	——电缆				
85446012	——额定电压不超过35千伏	8	50		
85446013	——额定电压超过35千伏，但不超过110千伏	8	20		
85446014	——额定电压超过110千伏，但不超过220千伏	8	20		
85446019	——其他	8	20		
85446090	——其他	15	70		
85447000	- 光缆	0	20		

请在使用前详细阅读"查询说明"

税则号列： 8544　　货品名称：

查询　重置

2　2　页 共 2 页　20 ▾　条每页　　21 - 31 条　共 31 条数据

图5-48　查找相关税则号

小提示

　　归类信息为海关发布最新归类数据，查询为方便进出口人而设，具有法律依据的归类信息请关注海关总署发布的正式公告。

（2）如何查询进出口货物的税率

　　方法一：进出口货物收发货人或其代理人可根据《中华人民共和国进出口税则》查询税率。

　　方法二：进出口企业可打开海关总署门户网站（复制并通过浏览器打开网址：www.customs.gov.cn），依次点击"互联网＋海关—我要查—税率查询"模块，输入税号或商品名称进行查询。如图5-49至图5-53所示。

图5-49　打开海关总署门户网站

图5-50　点击"税率查询"模块

图5-51 输入税号进行查询

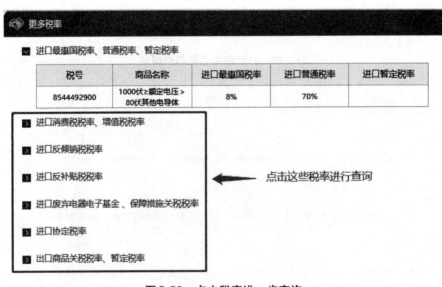

图5-52 点击税率进一步查询

更多税率

进口最惠国税率、普通税率、暂定税率

税号	商品名称	进口最惠国税率	进口普通税率	进口暂定税率
8544492900	1000伏≥额定电压＞80伏其他电导体	8%	70%	

进口消费税税率、增值税税率

进口消费税税率	增值税税率
0	13%

进口反倾销税税率

原产国（地区）	原厂商（中文）	原厂商（英文）	进口反倾销税税率

进口反补贴税税率

原产国（地区）	原厂商（中文）	原厂商（英文）	进口反补贴税税率

进口废弃电器电子基金、保障措施关税税率

进口废弃电器电子基金	保障措施关税税率

进口协定税率

协定名称	进口协定税率
中国韩国自贸协定	0
特别协定	18%
RCEP区域全面经济伙伴关系协定	0
中国-瑞士自由贸易协	1.2%

图5-53 各税率的明细显示

(3)如何确定税费计征中的汇率

进出口货物的价格及有关费用以外币计价的，海关按照该货物适用税率之日所适用的计征汇率折合为人民币计算完税价格。完税价格采用四舍五入法计算至分。

海关每月使用的计征汇率为上一个月第三个星期三（第三个星期三为法定节假日的，顺延采用第四个星期三）中国人民银行公布的外币对人民币的基准汇率；以基准汇率币种以外的外币计价的，采用同一时间中国银行公布的现汇买入价和现汇卖出价的中间值（人民币元后采用四舍五入法保留4位小数）。如果上述汇率发生重大波动，海关总署认为必要时，可另行规定计征汇率，并对外公布。

(4)如何区分进口货物适用哪种税率

进出口货物适用税率有最惠国税率、协定税率、特惠税率等好多种，那么如何区分进口货物适用哪种税率？根据货物原产地规则判断税率对应的国家或地区，适用最惠国税率的进口货物有暂定税率的，应当适用暂定税率；适用协定税率、特惠税率的进口货物有暂定税率的，应当从低适用税率；适用普通税率的进口货物，不适用暂定税率。

（5）进出口货物的关税和进口环节增值税、消费税如何计算

进出口货物关税和进口环节海关代征税按照下述计算公式计征。

从价计征关税的计算公式为：应纳税额＝完税价格 × 关税税率。

从量计征关税的计算公式为：应纳税额＝货物数量 × 单位关税税额。

从价计征进口环节消费税的计算公式为：应纳税额＝[（完税价格＋实征关税税额）÷（1－消费税税率）] × 消费税税率。

从量计征进口环节消费税的计算公式为：应纳税额＝货物数量 × 单位消费税税额。

计征进口环节增值税的计算公式为：应纳税额＝（完税价格＋实征关税税额＋实征消费税税额）× 增值税税率。

一般贸易进口货物关税税单和增值税税单如图5-54、图5-55所示。

（6）缴纳税款方式

① 按支付方式划分：柜台支付和电子支付。

柜台支付流程：企业申报→海关审结生成税费数据→企业前往海关领取纸质税单→企业前往银行缴税→企业将已缴税税单拿回海关核注→货物放行。

电子支付流程：企业申报→海关审结生成税费数据→企业在企业客户端电子支付税款→企业前往海关递单→海关打印税单→税费自动核注→货物放行→银行前往海关领取税单→企业前往银行领取纸质税单。

② 按税款支付时间划分：逐票缴纳和汇总缴纳。

逐票缴税：企业申报→海关审结生成税费数据→企业通过柜台支付或电子支付方式缴纳税款后→办理该票货物的放行。

企业以柜台支付方式缴税的，应前往海关领取纸质税单；企业以电子支付方式缴税的，应前往银行领取税单。

汇总缴税：汇总支付企业申报→海关审结生成税费数据→海关通关作业系统自动核扣企业税款担保额度→货物放行→下月第5个工作日前企业电子支付本月汇总征税放行货物涉及税款→企业应前往银行领取电子支付税单。

税单打印：海关将在每月第5个工作日内完成上月汇总征税应缴税款税单的打印工作，届时，企业可前往征税地隶属海关通关科领取纸质单证。

2020年12月08日 1/1

税费单详细信息		进口关税税单	
报关单号：		税单序号：	01
税种：	A(进口关税)	现场税单序：	
申报口岸：	5314(深关邮局)	进出口岸：	5314(深关邮局)
收发货单位：		消费使用单位：	
申报单位：		提单号：	
运输工具号：		合同号：	10
监管方式：	0110	征免性质：	101
进/出口日期：	2020-12-08 00:00:00	进出口标志：	I
退补税标志：	-	滞报滞纳标志：	0
税款金额：	2831.28	税款金额大写：	贰仟捌佰叁拾壹元贰角捌分
征税操作员：	9999	税单开征日期：	
缴款期限：		收入机关：	中央金库
收入系统：	海关系统	预算级次：	中央
预算科目名称：	中央	收款国库：	国家金库深圳分库
收款单位名称：	国家金库深圳分库	收款银行帐号：	380100000003278001
收款银行代码：	011584003008	收款银行名称：	国家金库深圳分库

税费单货物信息									
税号	货名	数量	单位	币制	外汇折算率	完税价格	从价税率	从量税率	税额
8544492900	电线	15746	英尺	502	6.5593	35391	0.08	0	2831.28

图5-54 一般贸易进口货物关税税单

2020年12月08日 1/1

税费单详细信息		进口增值税税单	
报关单号：		税单序号：	02
税种：	L(进口增值税)	现场税单序：	
申报口岸：	5314(深关邮局)	进出口岸：	5314(深关邮局)
收发货单位：	公司)	消费使用单位：	公司)
申报单位：	公司)	提单号：	
运输工具号：	FX5230I	合同号：	
监管方式：	0110	征免性质：	101
进/出口日期：	2020-12-08 00:00:00	进出口标志：	I
退补税标志：	-	滞报滞纳标志：	0
税款金额：	4968.9	税款金额大写：	肆仟玖佰陆拾捌元玖角
征税操作员：	9999	税单开征日期：	
缴款期限：		收入机关：	中央金库
收入系统：	税务系统	预算级次：	中央
预算科目名称：	中央	收款国库：	国家金库深圳分库
收款单位名称：	国家金库深圳分库	收款银行帐号：	380100000003278001
收款银行代码：	011584003008	收款银行名称：	国家金库深圳分库

税费单货物信息									
税号	货名	数量	单位	币制	外汇折算率	完税价格	从价税率	从量税率	税额
8544492900	电线	15746	英尺	502	6.5593	35391	0.13	0	4968.9

图5-55 一般贸易进口货物增值税税单

（7）进口货物的缴税期限

根据《中华人民共和国进出口关税条例》（国务院令第392号）规定：纳税义务人应当自海关填发税款缴款书之日起15日内向指定银行缴纳税款。纳税义务人未按期缴纳税款的，从滞纳税款之日起，按日加收滞纳税款万分之五的滞纳金。

缴款期限届满日遇星期六、星期日等休息日或者法定节假日的，应当顺延至休息日或者法定节假日之后的第一个工作日。

（8）完税价格应该如何确定，货物的包装材料是否计算在完税价格内

根据《中华人民共和国海关审定进出口货物完税价格办法》规定，进口货物的完税价格，由海关以该货物的成交价格为基础审查确定，并且应当包括货物运抵中华人民共和国境内输入地点起卸前的运输及其相关费用、保险费。其中"包装材料费用和包装劳务费用"若未包括在该货物实付、应付价格中也应当计入完税价格。

（9）进出口货物税款如何补征

根据《中华人民共和国海关进出口货物征税管理办法》（海关总署令第124号发布，经海关总署令第198、218、235、240号修订），进出口货物放行后，海关发现少征税款的，应当自缴纳税款之日起1年内，向纳税义务人补征税款；海关发现漏征税款的，应当自货物放行之日起1年内，向纳税义务人补征税款。

因纳税义务人违反规定造成海关监管货物少征或者漏征税款的，海关应当自纳税义务人应缴纳税款之日起3年内追征税款，并且自应缴纳税款之日起至海关发现违规行为之日止按日加收少征或者漏征税款万分之五的滞纳金。

（10）通过线上方式缴税以及打印税单

企业可登录"单一窗口""互联网+海关"平台使用新一代电子支付系统缴纳税费。

税费支付以及税单打印操作流程，企业可通过以下方式查询。

第一步：复制并通过浏览器打开网址：http://www.singlewindow.cn/xzlm/4140.jhtml；下载阅读"单一窗口"标准版用户手册（税费支付）文档。如图5-56所示。

第二步：登录"中国国际贸易单一窗口"网页（复制并通过浏览器打开网址：https://www.singlewindow.cn）前往新版单一窗口，点击"服务支持"—"用户手册"—"货物贸易税费支付"，下载阅读"单一窗口"标准版用户手册（税费支付）文档。如图5-57至图5-59所示。

图 5-56 下载阅读"单一窗口"标准版用户手册（税费支付）文档

图 5-57 前往新版"单一窗口"

图 5-58 点击用户手册

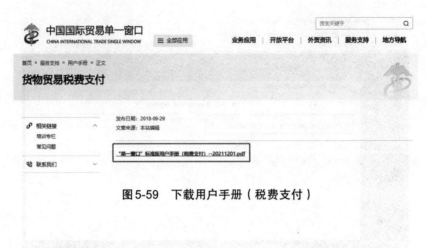

图5-59　下载用户手册（税费支付）

5.6　出货跟踪

5.6.1　如何接待客户或第三方验货

在发货之前，外贸业务员要通知客户验货。如果客户要自己或指定验货人员来验货的，外贸业务员要在交货期前一周，预约客户查货并将查货日期告知生产部（或生产厂家）。如果客户指定由第三方验货公司或公证行等验货的，外贸业务员要在交货期前两周与验货公司联系，预约验货时间，确保在交货期前安排好验货时间。

（1）了解验货标准

如果合同规定客户验货或第三方来验货，则外贸业务员在收到正式订单后，就要求客户或第三方验货公司提供一套相关订单产品的验货标准。

（2）了解验货内容

外贸业务员了解验货内容后就能在验货过程中做到心中有数。一般来说，验货内容主要包括以下方面。

① 在正式验货前，验货人员会询问订单的情况，如全批货完成了没有；如没有全批完成，那完成了多少；已打好包装的成品有多少；没完成的是否正在做，如果货品正在生产中，验货人员可能要去看生产过程；还有余数什么时候可完成；对已完成的货品会拍照和看看堆放情况并点数（点箱数、卡板数）。这些情况都会写在验货报告备注栏。

② 用照相机拍下和核对外箱唛头和装箱情况是否与验货通知书要求相同，如还没装箱，会问工厂纸箱到位没有，如已到，就算还没装箱，则先检查纸箱唛头、尺寸、纸箱的质量、

清洁度和颜色等，但通常会让工厂安排先装一箱给他们检查。如纸箱还没到，则会问什么时候可以到。

③ 称货物的重量（毛重）和测量外箱尺寸是否与验货通知书相符合。

④ 验货报告上，填写具体装箱资料，如多少只（个）入一内盒（中盒），多少只（个）入一外箱，写法为：50只/内盒，300只/外箱。还有，检查纸箱是否已打包好，最少有2条打包带，外箱是否用"工"字形封箱胶带上下封好。

⑤ 按照指示进行摔箱测试。

⑥ 抽样检查外箱是否有破损，检查内盒（中箱）是否是四页盒，内盒内的间格卡是否有杂色。

⑦ 检查产品有否破损。

⑧ 根据标准［一般以AQL标准（接收质量限）］的数量指示抽查货物。

⑨ 用照相机拍下货品情况，包括不良品和在生产线上的情况。

⑩ 核对货品与签样、菲林片和有关要求是否一致符合，如产品颜色、商标颜色和位置、大小、外观、产品表面处理效果、产品功能等。

⑪ 检查彩盒有否破损，有没有折痕磨花，印刷效果是否优良，是否和打样一致。

⑫ 检查货品是否用全新料生产，原料要无毒，油墨要无毒。

⑬ 检查货品各零件是否装好、装到位，不可松动或脱落。

⑭ 检查货品功能是否正常和操作是否正常。

⑮ 检查货品有否披锋割手，不可有毛边利角割手。

⑯ 检查货品和纸箱（包括包装彩盒、纸卡、塑料袋、不干胶、气泡袋、说明书、发泡等）的清洁度。

⑰ 检查货品是否完好和在良好情况下存放。

⑱ 填写验货报告后，告知不良品及情况，然后让负责人签名并写上日期。

（3）接待并配合验货

外贸业务员要提前通知相关部门将所验货品准备好，并派人协助搬运、开箱等工作。在具体验货时，外贸业务员要全程陪同跟踪，并回答验货人员的各种问题，确保验货正常进行。

（4）应对第三方验货人员刁难

在产品生产之前，外贸业务员一定要跟客户之间就相关的检验文件、技术文件达成一致，并形成文件，以防止第三方的验货人员刁难。

如果在实际验货时，第三方人员硬是要违背文件的要求，加严苛求，外贸业务员就请他们在提出问题的样品上签字，留下证据。

5.6.2　如何寻找货代

货代即货运代理，是指通过接受发货人的委托，以委托人的名义为其办理国际货运及相关业务并收取相应的报酬。

（1）收集货代信息

从事货运代理的公司很多，外贸业务员在选择货代前需要收集各种货代的信息，主要可通过以下途径进行。

① 网上发布货代需求信息，吸引相关的货代公司主动联系。

② 登录各种外贸论坛，与论坛人员交流，了解各种货代的优劣势。

③ 通过互联网寻找货代，登录网站进一步了解货代的情况。

④ 通过朋友介绍、客户经理、同行推荐等方式找到货运代理公司。

（2）初步筛选货代

外贸业务员收集完货代的相关信息后，就要进行初步筛选，主要可从优势航线、航运价格和服务水平三方面进行考虑，具体要点如表5-11所示。

表5-11　货代的初步选择

序号	考虑因素	要点
1	优势航线	了解各货代的主营航线，在这些主营航线上船次多、价格优惠、代理点多，服务相对有保障
2	航运价格	（1）注意不同货代的航线运价，进行相互比较 （2）比较运费时，要包含各种杂费，弄清楚所报价格的组成 （3）尽量选择"All In"价（包括运费、杂费的总和）
3	服务水平	（1）主要了解货代是否掌握专业知识和具体的业务操作流程 （2）通过网络搜索、其他客户评价等形式了解货代的服务质量

（3）选择合作的货代

通过对货代进行初步筛选后，外贸业务员就要与可能合作的几家货代进行商谈，并最终确定合作的货代。一般来说，在初步筛选时主要从航线、服务水平进行考虑，以确保能如期地交货。在最终选择时，主要考虑航运价格，所以要就价格与货代协商好。

外贸业务员在讲价时要从节省运费开支的角度出发，但也不能太过苛刻。具体应注意以下事项。

① 由于货运淡旺季和油价的变动，会导致航运价格有所变动，因此在询问价格的时候，要告知其大致的出货时间，请货代告知可能的运费变动趋势。

② 一些货代急于招揽生意，询问他们的时候永远会说"要尽快订舱，下个月会涨价"等，这种货代不必理睬。

③ 多问几家货代了解实际趋势，并选择那些能够如实相告、提供合理建议的货代来合作。

（4）配合货代的工作

找个好货代，谈好价格以后，外贸业务员要积极配合货代的工作。把运输安排得稳妥周详一些，只要条件允许，工作就提前一点，给货代足够的时间来操作。一般来说，过程如下。

① 向货代订舱。

② 货代发货物进仓通知。

③ 整柜货物的，货代安排集装箱拖车；拼柜货物的，按照货代进仓通知的指示按时送货至指定仓库。

④ 把报关资料（即报关所需的合同、发票、装箱单、委托书、报关单、申报要素及其他所需单证）及时交给货代，委托货代报关。如果是自己报关的，则按照货代规定的时限内完成报关。

⑤ 核对提单内容，把客户对提单的种种要求告诉货代，请货代按照要求制单。货代以最后确认的内容出具提单。

⑥ 船开后，货代通知所需费用，并出具运费发票。要及时付清费用，取得提单。

⑦ 货物通关放行后，可到中国国际贸易"单一窗口"打印报关单。

一般提前一周向货代订舱，提前两天完成货物进仓和报关事宜。

其中需要格外注意的就是节假日和周末的影响。因为报关出运需要出口方、货代、码头、海关等几方操作，节假日和周末特别容易造成配合与联系上的脱节。尤其春节、"五一""十一"长假，是海运出货最容易出问题的时段，而一旦出问题就没法及时解决。因此外贸业务员在与客户订立合同的时候，最好避免在长假内出货。实在需要假期内出货的，外贸业务员首先把"官方机构"的衔接工作在假期前解决，同时与货代、工厂之间保持密切联系，索要经手人的手机号码等应急联系方式，预先理顺操作环节，预计可能的意外并准备必要的应急预案。

如何安排出货时间

出货时间安排上则很有讲究。一般采取倒推计算方法，先确定最后期限，再根据操作步骤倒推计算时间。以下举例来说明。

假设我们与客户拟订 8 月 18 日出货，运往澳大利亚的悉尼港口。注意并不是每天都有船开往悉尼的。开船航次通常会以周为单位，比如说规定逢周二、周五有船。经查 18 日是周四，之前最接近的航次是 16 日周二的船。这样一来，16 日才是我们实际操作中的最后交货日（可能的话，最好安排提前一个航次，比如说 12 日周五的船，这样即使届时有什么延误赶不上船，我们也还可以走 16 日的航次，期限内完成交货，否则就只能通过倒签提单解决了）。

16 日的船，按照规定必须提前半天到一天截止装船，即行话中的"截放"，更须提前一两天完成报关装船事宜，行话称为"截关"。因此，一般情况下我们应在 14 日左右把货物运至码头并完成报关。而在本案例中，14 日逢周日，稳妥起见，最好在上周五即 12 日完成报关。考虑到订舱及安排拖车装柜所需时间，提前一周为宜。所以，9 日左右向货代订舱，12 日左右完成报关，16 日如期上船是本案例中比较稳妥的办法。可见，合同约定 18 日交货的，到了实际操作中 9 日就要动手准备了。

5.6.3 如何租船订舱

在货物交付和运输过程中，如货物的数量较大，可以洽租整船甚至多船来装运，这就是"租船"。如果货物量不大，则可以租赁部分舱位来装运，这就是"订舱"。

（1）操作要点

根据合同中不同的价格术语，外贸业务员在具体租船订舱时应遵循各自的要点，具体说明如表 5-12 所示。

（2）租船订舱程序

在具体租船订舱时，外贸业务员应按以下程序操作。

① 填写托运单。外贸业务员委托货运公司办理托运手续，必须填写托运单。托运单也称"订舱委托书"，递送货运公司作为订舱依据。

表5-12 租船订舱操作要点

序号	类别	操作要点
1	FOB条款	（1）客户指定运输代理公司或船公司 （2）尽早与货代联系，告知发货意向，了解将要安排的出口口岸、船期等情况 （3）确认交货能否早于开船期至少一周以前，及船期能否达到客户要求 （4）在交货期两周之前向货运公司发出书面订舱通知
2	CIF/C&F条款	（1）尽早向货运公司或船公司咨询船期、运价、开船口岸等 （2）选择价格优惠、信誉好、船期合适的船公司，并通知客户 （3）开船前两周书面订舱

托运单有的地方称为"下货单"，是托运人根据贸易合同和信用证条款内容填制的，向承运人或其代理办理货物托运的单据。承运人根据托运单内容，并结合船舶的航线、挂靠港、船期和舱位等条件考虑，认为合适后，即接受托运。托运单的填写要点如表5-13所示。

表5-13 托运单的填写要点

序号	项目	填写要点
1	目的港	名称须明确具体，并与信用证描述一致，如有同名港时，须在港口名称后注明国家、地区或州、城市。如信用证规定目的港为选择港（OPTIONAL PORTS），则应是同一航线上的，同一航次挂靠的基本港
2	运输编号	即委托书的编号。每个具有进出口权的托运人都有一个托运代号（通常也是商业发票号），以便查核和财务结算
3	货物名称	应根据货物的实际名称，用中英文两种文字填写，更重要的是要与信用证所列货名相符
4	标记及号码	又称唛头（SHIPPING MARK），是为了便于识别货物，防止错发货，通常由型号、图形、收货单位简称、目的港、件数或批号等组成
5	重量尺码	重量的单位为公斤，尺码为立方米。托盘货要分别注明盘的重量、尺码和货物本身的重量、尺码，对超长、超重、超高货物，应提供每一件货物的详细的体积（长、宽、高）以及每一件的重量，以便货运公司计算货物积载因素，安排特殊的装货设备
6	运费付款方式	一般有运费预付（FREIGHT PREPAID）和运费到付（FREIGHT COLLECT）。有的转运货物，一程运输费预付，二程运费到付，要分别注明
7	可否转船、分批，以及装期、有效期	均应按信用证或合同要求一一注明
8	通知人、收货人	按需要决定是否填
9	有关的运输条款	订舱，配载信用证或客户有特殊要求的也要一一列明

② 货代办理托运。货代公司接受托运后，即可向承运单位或其代理办理租船订舱业务。待承运人（船公司）或其代理人签发装货单后，货运代理机构填制显示船名、航次和提单号码的"配舱回单"，连同装货单、收货单一起交付出口企业，托运工作即告完成。

5.6.4　如何制作装箱单

装箱单是发票的补充单据，它列明了信用证（或合同）中买卖双方约定的有关包装事宜的细节，便于国外买方在货物到达目的港时供海关检查和核对货物，通常可以将其有关内容加列在商业发票上，但是在信用证有明确要求时，就必须严格按信用证约定制作。

（1）制作要点

不同公司的装箱单，其格式不一样，但一般都包含出货的品名、规格、数量、箱数、净重、毛重、包装尺寸、体积、箱号、唛头等。外贸业务员具体在制作时应遵循表5-14所示的要求。

表5-14　装箱单制作要点

序号	单据项目	制作要点
1	装箱单名称 PACKINGLIST	应按照信用证规定使用。通常用PACKING LIST、PACKING SPECIFICATION、DETAILED PACKING LIST
2	编号（No.）	必须与发票号码一致
3	合同号（Contract No.）	注明批货的合同号或者销售确认书编号
4	唛头（MARKS）	与发票一致，也可以只注"asper Invoice No.×××"
5	箱号、货号（NOS）	按照信用证要求，注明包装件编号；按照发票，与发票内容一致
6	货物描述（DESCRIPTION OF GOODS）	与发票一致。货名如有总称，应先注总称，然后逐项列明详细货名
7	数量（QUANTITY）	应注明此箱内每件货物的包装件数
8	毛重（GW）	注明每个包装件的毛重和此包装件内不同规格、品种货物各自的总毛重，最后在合计栏处注总重量
9	净重（NW）	注明每个包装件的净重和此包装件内不同规格、品种货物各自的总净重，最后在合计栏处注总重量
10	箱外尺寸（MEASUREMENT）	注明每个包装件的尺寸
11	合计（TOTAL AMOUNT）	此栏对箱号、数量、毛重、净重等栏合计。以大写文字写明总包装数量，必须与数字表示的包装数量一致
12	出票人签章（Signature）	由出口公司的法人代表或者经办制单人员代表公司在装箱单右下方签名，上方空白栏填写公司英文名称，下方则填写公司法人英文名称

（2）注意事项

外贸业务员在制作装箱单时，应注意以下事项。

① 有的出口公司将两种单据的名称印在一起，当客户信用证仅要求出具其中一种时，应将另外一种单据的名称删去。单据的名称，必须与信用证要求相符。如信用证规定为"Weight Memo"，则单据名称不能用"Weight List"。

② 单据的各项内容，应与发票和其他单据的内容一致，即所谓的"单单一致"。如装箱单上的总件数和重量应与发票、提单上的总件数或总重量相一致。

③ 包装单所列的情况，应与货物的包装内容完全相符。比如，货物用纸箱装，每箱200盒，每盒4打。

④ 如信用证要求提供"中性包装清单"（Neutral Packing List）时，应由第三方填制，不要注明受益人的名称。这是由于进口商在转让单据时，不愿将原始出口数据暴露给其买家，所以才要求出口商出具中性单据。如信用证要求用"空白纸张"（Plain Paper）填制这两种单据时，在单据内一般不要显示受益人及开证行名称，也不要加盖任何签章。

5.6.5　如何排柜

排柜的目的是尽量降低海运费，比如说，20英尺柜和40英尺柜都可以装下一批货物，我们一般会选择20英尺柜，因为20英尺柜的各项费用比40英尺柜肯定低；另外一种情况，就是客户订单里的产品规格、型号比较多，尺寸也不一样，所以，需要经过仔细计算，使装货数量尽量多。通常的做法是选择最经济、最合适的柜型，装尽可能多的数量。

（1）了解货柜尺寸

货柜共分两种规格，40英尺和20英尺两种。20英尺货柜的外尺寸为20英尺×8英尺×8英尺6英寸；40英尺货柜的外尺寸为40英尺×8英尺×8英尺6英寸。此外40英尺柜还分高柜及一般柜。集装箱尺寸基本情况一览表如表5-15所示。

表5-15　集装箱尺寸基本情况一览表

序号	柜别	内尺寸/m	配货毛重/t	体积/m³
1	20英尺柜	5.69×2.13×2.18	17.5	24～26
2	40英尺柜	11.8×2.13×2.18	22	54
3	40英尺高柜	11.8×2.13×2.72	22	68
4	20英尺冻柜	5.42×2.26×2.24	一般17	26
5	40英尺冻柜	11.20×2.24×2.18	一般22	54
6	40英尺高冻柜	11.62×2.29×2.50	22	67

序号	柜别	内尺寸/m	配货毛重/t	体积/m³
7	45英尺冻柜	13.10×2.29×2.50	一般29	75
8	20英尺开顶柜	5.89×2.32×2.31	20	31.5
9	40英尺开顶柜	12.01×2.33×2.15	30.4	65
10	20英尺平底货柜	5.85×2.23×2.15	23	28
11	40英尺平底货柜	12.05×2.12×1.96	36	50
12	45英尺高柜	13.58×2.34×2.71	一般29	86

（2）排柜方法

各种货柜尺寸不一，外贸业务员在具体安排时应注意以下技巧。

① 计算货物外箱体积的时候，在外箱实际尺寸的基础上长、宽、高各加1厘米算单个外箱的体积。

② 20英尺柜一般是24～26m³，不要超过26m³的底线，40英尺柜安全上限是54m³，45英尺高柜上限是76m³。这里所说的上限是实际能装的体积，并不是柜子内部的空间体积，因为装柜时有浪费，不可能100%利用空间。

③ 每类柜子的重量也是有限制的，货物的毛重不能超过其限制，尤其要考虑有些国家的相关规定。

④ 要尊重客户的要求，如唛头朝柜门口、同一个款号要堆放在一起等。

⑤ 要考虑到海关查验的需要。

小提示

对于排柜情况，外贸业务员应以表格形式列明出来，并将该表格交给工厂，以便他们做好相应准备。

5.6.6 如何跟踪装柜

在货物装柜时，外贸业务员要进行全程监督，某一环节没跟好都有可能出问题，所以一定要跟紧。

（1）联系拖车公司

外贸业务员在做好排柜计算后，就可以委托拖车公司提柜、装柜。

① 拖车公司应选择安全可靠、价格合理的公司签订协议长期合作，以确保安全及准时。

② 要给拖车公司发送以下资料：订舱确认书或放柜单、船公司、订舱号、拖柜委托书，注明装柜时间、柜型及数量、装柜地址、报关行及装船口岸等。

（2）装柜前的跟踪

外贸业务员在出货前一天要通知有关人员并确定出货数量的准确性。到出货日要跟踪货柜车是否到厂。如没到厂，与船公司联系，询问情况如何，大概什么时候可以到厂，最好拿到货柜车司机的联系电话，直接打电话给货柜车司机询问他到厂大概时间，以便通知工厂具体时间。

（3）协助装柜

外贸业务员应协助生产部门安排好人员装柜。货柜到厂后，外贸业务员要监装，指导货物的摆放。如一个柜内有几种货，每一规格的产品要留一二箱放于货柜尾部用于海关查货用。

（4）填提货单

待货物快装完时，每一个货柜填制一份提货单，待装货完毕后，外贸业务员要求货柜司机签名确认，告诉司机报关地点、报关员联系电话。如有报关资料，外贸业务员请货柜司机带给报关员，做好签收工作。

（5）通知放行

出货手续办理完毕后，外贸业务员应通知保安放行。为确保安全，许多工厂都设置了保安人员，并制定了相关的物品出入管理制度与表单，任何人都必须遵守，连客户也不例外。所以外贸业务员应将当日出货事宜告知保安人员，并填写好相关放行条。

5.6.7 发货后要做哪些工作

（1）发出装运通知

货物装船后，外贸业务员应及时向国外买方发出装运通知，以便对方准备付款、赎单，办理进口报关和接货手续。

装运通知的内容一般有订单或合同号、信用证号、货物名称、数量、总值、唛头、装运口岸、装运日期、船名及预计开航日期等。在实际业务中，外贸业务员应根据信用证的要求和对客户的习惯做法，将上述项目适当地列明在电文中。

（2）统计出货情况

外贸业务员要统计订单的实际出货完成情况，落实未完成事项能够完成的具体日期，并把统计结果呈报责任部门和上级。

（3）客户收货追踪

货出工厂后，外贸业务员需将所出货订单规格及数量等登记在客户出货追踪表内。司机要将具有接收者签名的货运单或入舱单签名回联带回，以便业务部门确认，必要时将此单传给客户，表示此货已从工厂运出。

在出货一段时间后，估计客户已收到货时，外贸业务员需将收货确认单交给客户，要求确认后签名盖章传回，表示货已收到。

5.6.8　如何获得运输文件

出货后外贸业务员要及时与船公司联系，并催促其出具提单样本及运费账单，以便做好结算工作。

（1）催促船公司出单

最迟在开船后两天内，外贸业务员要将提单补料内容传真给船公司或货运代理，催促尽快开出提单样本及运费账单。补料要按照信用证或客户的要求来做，并给出正确的货物数量，以及一些特殊要求等，包括要求船公司随同提单开出的装船证明等。

（2）仔细核对样本

外贸业务员仔细核对样本无误后，向船公司书面确认提单内容。如果提单需客户确认的，要先发送提单样本给客户，得到确认后再要求船公司出正本。提单样本就是提单草稿，一般是船开后才会出具，然后传给托运人。因为可能存在打字错误等，所以要托运人再次核对确认，没有问题就写上"好"回传。最好保证补料的准确性，因为提单更改的次数多了，有的公司也要收费。

提单的审核非常重要，否则会导致很多麻烦。着重审核提单种类、份数、抬头、收货人、通知人、出单人、承运人、指示方、装货港、卸货港、货物描述、转船分批装运描述、清洁性描述、装船批注、背书描述，原则是要符合信用证要求、事实和常理。

（3）及时支付运杂费

付款后，外贸业务员通知船公司及时取得提单等运输文件，对于支付的运费应做好登记工作，以便及时入账。

一般来说，要先付清运杂费才能拿到正本提单，所以付款要及时。付款方式可以是电汇或者支票。如果是电汇，应将电汇单发送给船公司，证明已经付清了运杂费，就可以让船公司快递提单了（或是电放提单）；有的则要确认款到账后才可以。支票付款的话，只要支票送达后就可以要求寄出正本提单。

06

第六章

制单结汇

【本章要点】▶▶▶ ……………………………………………………………

⇨ 应备齐的单证

⇨ 制作单证

⇨ 审核单证

⇨ 办理国际结算

6.1 应备齐的单证

6.1.1 结汇单证有哪些

结汇单证按照签发制作人的不同，可分为自制单据、官方单据和协作单据。具体如表6-1所示。

表6-1 结汇单证的常见种类

序号	类别	具体说明
1	自制单据	即由出口商自己出具的单据，主要如下 （1）汇票 （2）发票 （3）装箱单 （4）受益人证明 （5）装船通知等
2	官方单据	官方单据是需由官方部门签证的单据，包括商品检验证明书、一般产地证明书、普惠制产地证明书等
3	协作单据	由出口协作单位如船公司、保险公司出具的单证，具体如下 （1）提单 （2）船公司证明 （3）保险单

对于某一单具体业务的结汇工作究竟需要哪些单证，外贸业务员需要根据合同和信用证的要求进行准备。外贸业务员可以设计一个单据缮制情况跟踪表，每制完一单就在相应栏内画一个"√"，避免遗漏。

表6-2 ××订单结汇单据缮制情况跟踪表

序号	单证名称	单证的特殊要求	所需份数	完成情况	单据日期	备注

6.1.2　各单据的日期有什么关系

各种单据的签发日期应符合逻辑性和国际惯例，通常提单日期是确定各单据日期的关键，汇票日期应晚于提单、发票等其他单据，但不能晚于L/C的有效期。各单据日期关系如下。

① 发票日期应在各单据日期之首。

② 提单日不能超过L/C规定的装运期，也不得早于L/C的最早装运期。

③ 保单的签发日应早于或等于提单日期（一般早于提单2天），不能早于发票。

④ 装箱单应等于或迟于发票日期，但必须在提单日之前。

⑤ 产地证不早于发票日期，不迟于提单日。

⑥ 商检证日期不晚于提单日期，但也不能过分晚于提单日，尤其是鲜货、容易变质的商品。

⑦ 受益人证明等于或晚于提单日。

⑧ 装船通知等于或晚于提单日后3天内。

⑨ 船公司证明等于或早于提单日。

6.2　制作单证

6.2.1　制作单证有什么要求

制作单证的基本要求如图6-1所示。

6.2.2　单证制作的思路是什么

单证制作的思路应从上到下、从左到右。

从上到下，即从一张单据的最上面的项目开始，做完上一行的项目再做下一行的项目；碰到一行有多个纵向项目，则要遵循从左到右的原则。这样有两个好处：一是不容易漏改需要改动的项目；二是把整张单据划分成单元小块完成制作，可以提高精确度。

我们在制作单据时，每个公司都有其一套固定格式，通常每次都会套用固定格式，但在套用的同时容易出现"应该修改的项目而没有改过来"的错误。比如一种商品不同订单批

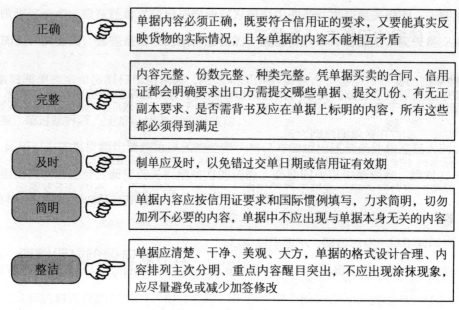

图6-1　制作单证的基本要求

次的出口单据，往往套用相同格式、抬头、品名的单据，但由于是不同批次订单，票据在日期、数量和编号等小方面有细微的差别，这些差别很容易被忽略。但是，只要奉行从上到下、从左到右的原则来制作单据，并在这个原则下切实做到"心想、口读、眼盯、笔点、尺比、逐行逐字母一一核对"，基本上就可以避免这方面的错误。

6.2.3　如何制作汇票

汇票是出票人签发的，委托付款人见票即付或者在指定日期无条件支付确定的金额给收款人或者持票人的票据，一般都是开具一式两份，只要其中一份付讫，则另一份即自动失效。制作汇票时应注意的问题如表6-3所示。

表6-3　汇票的内容及填写要求

条款	填写内容	填写要求
出票条款	信用证名下的汇票，应填写出票条款	须填写开证行名称、信用证号码和开证日期
汇票金额	托收项下汇票金额应与发票一致	（1）若采用部分托收、部分信用证方式结算，则两张汇票金额各按规定填写，两者之和等于发票金额 （2）信用证项下的汇票，若信用证没有规定，则应与发票金额一致 （3）若信用证规定汇票金额为发票的百分之几，则按规定填写

① 凡海关发票与商业发票上共有的项目和内容，必须一致不得互相矛盾。

② 对"出口国国内市场价格"一栏，应按有关规定审慎处理，因为，其价格的高低是进口国海关作为是否征收反倾销税的重要依据。

③ 如售价中包括运费或运费和保险费，应分别列明FOB价、运费、保险费各多少，FOB价加运费应与CFR货值相等，FOB价加运费和保险费应与CIF货值相等。

（3）领事发票

领事发票是出口方根据进口国驻出口国领事馆制定的固定格式填写并经领事馆签章的发票，主要用于部分拉丁美洲国家。领事发票中应注明的内容视L/C上发票认证的条款而定，一般须注明"装运货物是××（出口国）制造或出产"。

（4）厂商发票

厂商发票是出口商所出具的以本国货币计算价格，用来证明出口国国内市场的出厂价格的发票，其作用是供进口国海关估价、核税以及征收反倾销税。该发票主要视信用证规定与否而填制，如果来证要求填写，则依海关发票有关国内价格的填写办法处理。填写时应注意以下事项。

① 出票日期应早于商业发票日期。

② 价格为以出口国币制表示的国内市场价。填制方法与海关发票同，但应注意出厂价不能高于发票货价，应适当打个折扣（一般按FOB价打九折或八五折），以免被进口国海关视为压价倾销而征收反倾销税导致巨大损失。

③ 发票内应加注证明制造商的语句"WE HEREBY CERTIFY THAT WE ARE ACTUAL MANUFACTURER OF THE GOODS INVOICE"。

④ 抬头人填出口商，但出单人为制造厂商，应由厂方负责人在发票上签字盖章。

⑤ 货物出厂时，一般无出口装运标记，因此除非信用证有明确规定，厂商发票不必制作唛头。

6.2.5　如何制作运输单据

运输单据因不同贸易方式而异，有海运提单、海运单、航空运单、铁路运单、货物承运收据及多式联运单据等。

我国外贸运输方式以海运为主。这里着重介绍海运提单"Bill of Lading"的内容及注意事项，如表6-5所示。

表6-5 海运提单的内容及要求

序号	项目	内容及要求
1	托运人（Shipper）	一般即为出口商，也就是信用证的受益人。如果开证申请人为了贸易上的需要，在信用证内规定作成第三者提单也可照办，比如请货运代理做托运人
2	收货人（Consignee）	该栏又称提单抬头，应严格按信用证规定制作。如以托收方式结算，则一般做成指示式抬头，即写成"To order"或"To the order of ×××"字样，不可做成以买方为抬头的记名提单或以买方为指示人的提单，以免过早转移物权
3	通知人（Notify Party）	这是货物到达目的港时船方发送到货通知的对象，通常为进口方或其代理人，但无论如何，应按信用证规定填写，如果信用证没有规定，则正本提单以不填为宜，但副本提单中仍应将进口方名称、地址填明，以便承运人通知
4	提单号码（B/L No.）	提单上必须注明编号，以便核查，该号码与装货单（又称大副收据）或（集装箱）场站收据的号码是一致的。没有编号的提单无效
5	船名及航次（Name of Vessel；Voy No.）	填列所装船舶及航次。如中途转船，只填写第一程船名航次
6	装运港（Port of Loading）和卸货港（Port of Discharge）	应填写具体港口名称。卸货港如不同国家有重名，则应加注国名。卸货港如采取选择港方式，应全部列明。如伦敦、鹿特丹、汉堡选卸，则在卸货港栏中填上"option London/Rotterdam/Hamburg"，收货人必须在船舶到达第一卸货港前在船公司规定时间内通知船方卸货港，否则船方可在其中任意一港卸货。选择港最多不得超过三个，且应在同一航线上，运费按最高者计收。如中途转船，卸货港即填写转船港名称，而目的港应填入"最终目的地"（Final Destination）栏内，也可在卸货港内填上目的港，同时注明"在"××港转船"（W/T at ××）
7	唛头（Shipping Marks）	与发票所列一致
8	包装件数和种类（Number and Kind of Packages）与货物描述（Description of Goods）	按实际情况列明。一张提单有几种不同包装应分别列明，托盘和集装箱也可作为包装填列。裸装有捆、件，散装货应注明"In bulk"。货物名称允许使用货物统称，但不得与信用证中货物的描述有抵触。危险品应写清化学名称，注明国际海上危险品运输规则号码（IMCO CODE PAGE）、联合国危规号码（UN CODE NO）、危险品等级（CLASS NO）。冷藏货物注明所要求的温度
9	毛重和尺码（Gross Weight & Measurement）	除信用证另有规定外，重量以千克或公吨为单位，体积以立方米为计算单位
10	运费和费用（Freight & Charges）	本栏只填运费支付情况，CFR和CIF条件成交，应填写运费预付（Freight Prepaid），FOB条件成交，一般填写运费到付（Freight Collect），除非买方委托发货人代付运费。全程租船一般只写明"AS ARRANGED"（按照约定）。如信用证另有规定，按信用证规定填写

序号	项目	内容及要求
11	正本提单份数（Number of Original Bs/L）	按信用证规定签发，并分别用大小写数字填写，如"（2）TWO"。信用证中仅规定"全套"（FULL SET），习惯做两份正本，但一份正本也可视为全套
12	提单日期和签发地点	除备运提单外，提单日期均为装货完毕日期，不能迟于信用证规定的装运期。提单签发地点按装运地填列。如果船期晚于规定装运期，要求船方同意以担保函换取较早日期提单，这就是"倒签提单"（Anti dated B/L）；货未装上船就要求船方出具已装船提单，这就是"预借提单"（Advanced B/L），这种做法系国际航运界陋习，一旦暴露，可能造成对方索赔以至拒收而导致巨大损失
13	签署	海运提单应注明承运人名称，并由承运人或其代理人、船长或其代理人签署。签署人也须表明其身份，若为代理人签署，尚须表明被代理一方的名称和身份
14	其他	信用证要求在提单上加注的内容。如信用证规定"每份单据上均应显示信用证号码""提单需提供贸促会证明"等，必须按信用证规定处理

6.2.6 如何制作产地证明书

在我国，按原产地证书的作用分，为出口货物签发的原产地证主要有三大类，即非优惠原产地证书、优惠原产地证书、专用原产地证书。

其制作方法在前文章节已经详细讲到，不再赘述。

6.2.7 如何制作检验证书

检验证书包括品质检验证书、重量检验证书、数量检验证书、兽医检验证书、卫生检验证书、价值检验证书和残损检验证书等，需提供何种检验证书，应事先在检验条款中作出明确规定。

6.2.8 如何制作包装单据

包装单据（Packing Document）是指一切记载或描述商品包装种类和规格情况的单据，是商业发票的补充说明。主要有装箱单（Packing List）、重量单（Weight List）、尺码单（Measurement List）。其制作方法在前文已经详细讲到，不再赘述。

6.3 审核单证

6.3.1 审核单证有什么要求

在各种单证缮制或获取完毕后，外贸业务员应对单证再次全部审核一遍，确保单证的最终质量及安全收汇。审单的要求与制单一样，都应根据信用证、合同条款规定的内容进行准确、全面、及时的审核，达到"单证一致、单单一致"。

审核的具体操作方法，常常因人而异，如图6-2所示将审单工作（横审、纵审）大致情况加以概括说明，仅供参考。

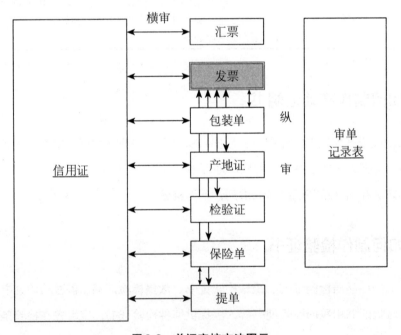

图6-2 单证审核方法图示

6.3.2 审核单证的要点是什么

外贸业务员在进行单证的综合审核时，主要从所需单证的份数、单证是否进行了认证、单证之间的货物描述如数量或重量等是否一致，以及单证的出具或提交的日期是否符合要求等方面进行审核。在具体到各种单证的审核时，可参考表6-6所示操作。

表6-6　单证审核的要点

序号	单证类别	审核要点
1	汇票	（1）汇票的付款人名称、地址是否正确 （2）汇票上金额的大小写必须一致 （3）付款期限要符合信用证或合同（非信用证付款条件下）规定 （4）检查汇票金额是否超出信用证金额，如在信用证金额前有"大约"一词，可按10%的增减幅度掌握 （5）出票人、收款人、付款人都必须符合信用证或合同（非信用证付款条件下）的规定 （6）信用证和发票上的币制名称应相一致 （7）出票条款是否正确，如出票所根据的信用证或合同号码是否正确 （8）是否按需要进行了背书 （9）汇票是否由出票人进行了签字 （10）汇票份数是否正确，如"只此一张"或"汇票一式二份，有第一汇票和第二汇票"
2	商业发票	（1）抬头人必须符合信用证规定 （2）签发人必须是受益人 （3）商品的描述必须完全符合信用证的要求 （4）商品的数量必须符合信用证的规定 （5）单价和价格条件必须符合信用证的规定 （6）提交的正副本份数必须符合信用证的要求 （7）信用证要求说明和证明的内容不得遗漏 （8）发票的金额不得超出信用证的金额，如数量、金额均有"大约"，可按10%的增减幅度掌握
3	保险单据	（1）保险单据必须由保险公司或其代理出具 （2）投保加成必须符合信用证的规定 （3）保险险别必须符合信用证的规定并且无遗漏 （4）保险单据的类型应与信用证的要求相一致，除非信用证另有规定，保险经纪人出具的暂保单银行不予接受 （5）保险单据的正副本份数应齐全，如保险单据注明出具一式多份正本，除非信用证另有规定，所有正本都必须提交 （6）保险单据上的币制应与信用证上的币制相一致 （7）包装件数、唛头等必须与发票和其他单据相一致 （8）运输工具、起运地及目的地都必须与信用证及其他单据相一致 （9）如转运，保险期限必须包括全程运输 （10）除非信用证另有规定，保险单的签发日期不得迟于运输单据的签发日期 （11）除信用证另有规定，保险单据一般应做成可转让的形式，以受益人为投保人，由投保人背书
4	运输单据	（1）运输单据的类型须符合信用证的规定 （2）起运地、转运地、目的地须符合信用证的规定 （3）装运日期、出单日期须符合信用证的规定 （4）收货人和被通知人须符合信用证的规定 （5）商品名称可使用货物的统称，但不得与发票上货物说明的写法相抵触

续表

序号	单证类别	审核要点
4	运输单据	（6）运费预付或运费到付须正确表明 （7）正副本份数应符合信用证的要求 （8）运输单据上不应有不良批注 （9）包装件数须与其他单据相一致 （10）唛头须与其他单据相一致 （11）全套正本都须盖妥承运人的印章及签发日期章 （12）应加背书的运输单据，须加背书
5	其他单据	其他单据如装箱单、重量单、产地证书、商检证书等，均须先与信用证的条款进行核对，再与其他有关单据核对，以确保单证一致、单单一致

6.3.3　对于有问题的单证如何处理

外贸业务员通过对有关单证的认真审核，对于有问题的单证可根据具体情况做如下处理。

① 对有问题的单证必须进行及时更正和修正，否则将影响安全收汇。在规定的有效期和交单期内，将有问题的单证全部改妥。

② 有些单证由于种种原因不能按期更改或无法修改，可以向银行出具一份保函（通常称为担保书），保函中交单人要求银行向开证行寄单并承诺如果买方不接受单证或不付款，银行有权收回已偿付给交单人的款项。对此银行方面可能会接受。交单人向银行出具保函一般应事先与客户联系并取得客户接受不符单证的确认文件。

③ 请银行向开证行拍发要求接受不符点并予付款的电传（俗称"打不符点"）。有关银行在收到开证银行的确认接受不符单证的电传后再行寄送有关单证，收汇一般有保证，此种方式可以避免未经同意盲目寄单情况的发生。但要求开证行确认需要一定的时间，同时要冒开证行不确认的风险并要承担有关的电传费用。

④ 改以托收方式。由于单证中存在不符点，原先信用证项下的银行信用已经变为商业信用，如果客户信用较好且急需有关文件提取货物，为减少一些中间环节可采用托收方式。

6.4　办理国际结算

国际结算（International settlement）是在国际上通过某种支付工具和支付方式办理货币收付以结清国家之间的债权债务关系的经济活动。国际贸易结算一般通过外汇来结算，主要涉及支付工具、付款时间、付款地点以及付款方式等事项。

国际贸易结算的常见方式有汇付、托收、信用证，其中托收和信用证为逆汇，即结算工具的流动方向与资金的流动方向相反。

6.4.1　汇付

汇付是利用进出口双方所在地银行的汇兑业务进行的结算，也就是由汇款人将款项交给当地银行，由银行委托收款人所在地的银行将款项转交收款人。

汇付为顺汇，即结算工具的流动方向与资金的流动方向相同。

汇付的当事人有四个：汇款人、收款人、汇出行和汇入行。

（1）汇付的方式

根据汇付所采用的通知方式不同，汇付又可分电汇、信汇、票汇三种。汇款申请书如图6-3所示。

① 电汇。电汇（Telegraphic Transfer，T/T），是汇出行用电传、电报或国际清算网络通知汇入行解付一定金额的付款方式。汇款人要求电汇时必须填写电汇申请书，并交款付费，然后汇出行以电传、电报或国际清算网络通知汇入行，委托其解付汇款。汇入行收到通知，核对密押无误后，以电汇通知书通知收款人取款。为了使汇入行能够核对金额和证实电报、电传的真实性，汇出行发出汇入行的电报上必须加注双方约定的"密押"。

电汇具有安全、迅速、银行不占用资金的特点，是目前使用最普遍的汇款方式。如图6-4所示。

② 信汇。信汇（Mail Transfer，M/T），是汇出行用信函形式来指示国外汇入行转移资金的付款方式。汇出行接受客户委托后，用付款委托书来通知汇入行。由于信汇方式费力费时，加之国际电信的飞速发展，目前许多国家已不再使用和接受信汇。

③ 票汇。票汇（Demand draft, remittance by banker's demand, D/D），是应付款人要求，汇出行开立银行即期汇票交汇款人的方式。根据汇票抬头的情况，汇款人可以将汇票带到国外亲自取款，也可以将汇票寄给国外债权人由他们取款。汇票的持票人可以将汇票卖给任何一家汇出行的代理行而取得现款。汇票多用于小额汇款。

（2）汇付业务流程

① 电汇或信汇结算方式的基本程序如下。

——买卖双方签订合同，规定以电汇或信汇结算。

ICBC 中国工商银行

境外汇款申请书
APPLICATION FOR FUNDS TRANSFERS (OVERSEAS)

致：
TO:

日期
Date

□ 电汇 T/T □ 票汇 D/D □ 信汇 M/T	发电等级 Priority □ 普通 Normal □ 加急 Urgent

申报号码 BOP Reporting No.	□□□□□□ □□□□ □□ □□□□□□ □□□□		
20 银行业务编号 Bank Transac. Ref.No		收电行/付款行 Receiver/Drawn on	
32A 汇款币种及金额 Currency & Interbank Settlement Amount		金额大写 Amount in Words	
其中 现汇金额 Amount in FX		账号 Account No./Credit Card No.	
其中 购汇金额 Amount of Purchase		账号 Account No./Credit Card No.	
其中 其他金额 Amount of Others		账号 Account No./Credit Card No.	
50a 汇款人名称及地址 Remitter's Name & Address			
□ 对公 主体标识码 Unit Code □□□□□□□□□-□		□ 对私	个人身份证件号码 Individual ID NO. □中国居民个人 Resident Individual □非中国居民个人 Non-Resident Individual
54/56a 收款银行之代理行名称及地址 Correspondent of Beneficiary's Bank Name & Address			
57a 收款人开户银行名称及地址 Beneficiary's Bank Name & Address	收款人开户银行在其代理行账号 Bene's Bank A/C No.		
59a 收款人名称及地址 Beneficiary's Name & Address	收款人账号 Bene's A/C No.		
70 汇款附言 Remittance Information	只限140个字符 Not Exceeding 140 Characters	71A 国内外费用承担方 All Bank's Charges If Any Are To Be Borne By	□汇款人 OUR □收款人 BEN □共同 SHA
收款人常驻国家（地区）名称及代码 Resident Country/Region Name & Code	□□□		
请选择：□ 预付款 Advance Payment □ 货到付款 Payment Against Delivery □ 退款 Refund □ 其他 Others			
交易编码 BOP Transac. Code □□□□□□ □□□□□□	相应币种及金额 Currency & Amount	交易附言 Transac. Remark	
本笔款项是否为保税货物项下付款 □是 □否	合同号	发票号	
外汇局批件号/备案表号/业务编号			

银行专用栏 For Bank Use Only		申请人签章 Applicant's Signature	银行签章 Bank's Signature
购汇汇率 Rate		请按照贵行背页所列条款代办以上汇款并进行申报 Please Effect The Upwards Remittance, Subject To The Conditions Overleaf:	
等值人民币 RMB Equivalent			
手续费 Commission			
电报费 Cable Charges			
合计 Total Charges			
支付费用方式 In Payment of the Remittance	□ 现金 by Cash □ 支票 by Check □ 账户 from Account	申请人姓名 Name of Applicant 电话 Phone No.	核准人签字 Authorized Person 日期 Date
核印 Sig. Ver.		经办 Maker	复核 Checker

填写前请仔细阅读各联背面条款及填报说明
Please read the conditions and instructions overleaf before filling in this application.

第一联 银行留存联

图6-3 汇款申请书（信汇、电汇、票汇）

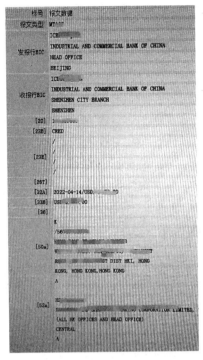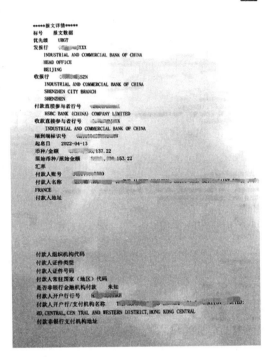

图6-4 汇入行电汇通知书

——填写电汇或信汇申请书：进口商（汇款人）必须填写申请书，交款付费，委托汇款行汇出款项。

——汇出行通知汇入行付款：汇出行接受汇款委托，并以电报、电传、国际清算网络通知汇入行或邮寄委托书，委托汇入行解付汇款。

——汇入行通知收款人收取汇款：汇入行收到通知或信汇委托书，经审核无误后，将汇款通知单交付收款人。

——出口商（收款人）收取汇款：收到通知后，出口商提交相关资料（如报关单、合同、发票等资料）给汇入行，以收取汇款。

电汇或信汇结算流程如图6-5所示。

② 票汇结算方式的基本流程如下。

——买卖双方签订合同，规定采用票汇结算。

——填写票汇申请书：进口商（汇款人）付款时，要填写票汇申请书，并交款付费给汇出行。

——银行开立即期汇票：汇出行应汇款人申请，开立以其分行或代理人（解付行）为付款人的银行即期汇票给汇款人，同时将汇票通知书或票根寄给汇入行。

——邮寄银行汇票：汇款人将银行汇票邮寄给收款人（出口商）。

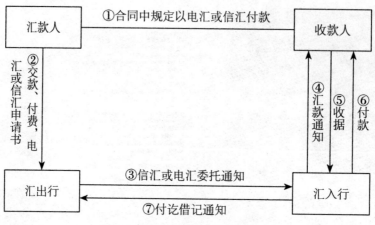

图6-5 电汇或信汇结算流程

——凭银行汇票取款：收款人持银行汇票向汇入行收取汇款。

——汇入行解付汇款：汇款行将汇票与票根核对无误后，解付汇款给收款人，并将付讫通知汇出行。

票汇结算方式的基本流程如图6-6所示。

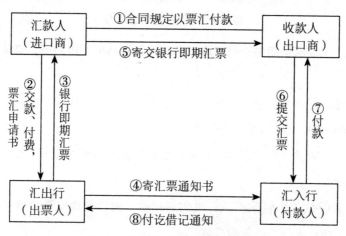

图6-6 票汇结算方式的基本流程

6.4.2 托收

根据《托收统一规则》国际商会第522号出版物，托收（Collection）是指银行依据所收到的指示，处理金融单据及（或）商业单据，以便取得付款及（或）承兑、付款交单或承兑交单、按照其他条款和条件交付单据。根据这个定义，托收是指银行根据债权人（出口商）的指示向债务人（进口商）收取款项及（或）承兑，或者在取得付款及（或）承兑（或其他条件）时交付单据的结算方式。

（1）托收当事人

托收结算方式中通常涉及四个当事人：委托人、托收行、代收行和付款人。这些当事人之间均为委托与代理关系，因此，托收结算是以商业信用为基础的国际贸易结算方式。如图6-7所示。

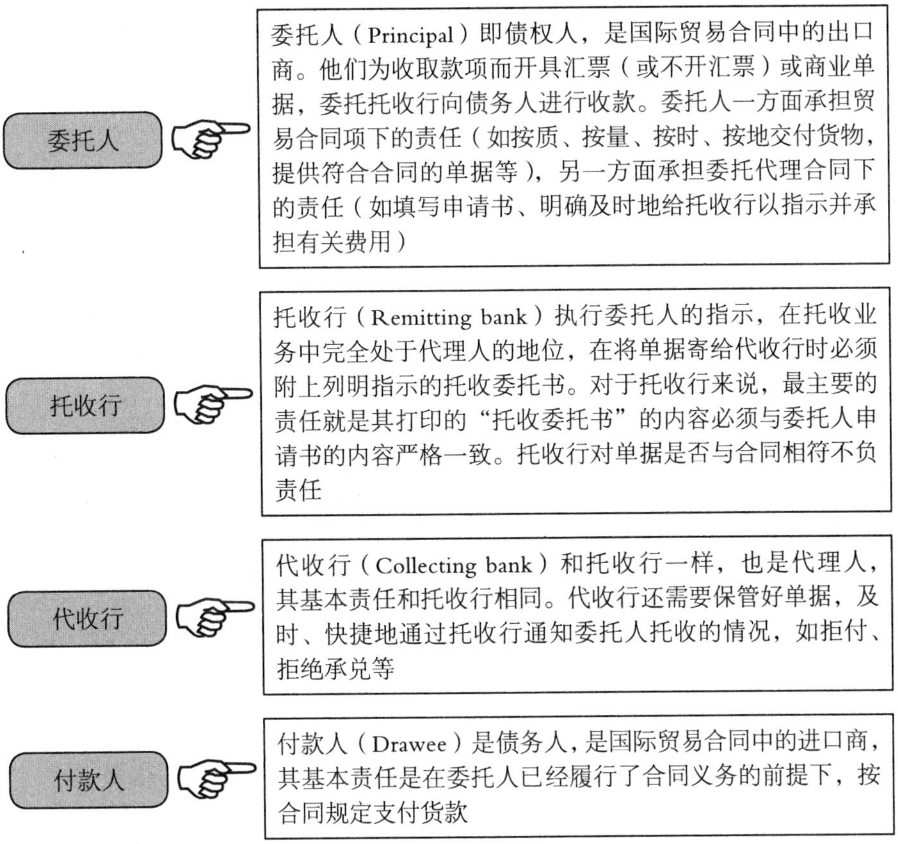

委托人　☞　委托人（Principal）即债权人，是国际贸易合同中的出口商。他们为收取款项而开具汇票（或不开汇票）或商业单据，委托托收行向债务人进行收款。委托人一方面承担贸易合同项下的责任（如按质、按量、按时、按地交付货物，提供符合合同的单据等），另一方面承担委托代理合同下的责任（如填写申请书、明确及时地给托收行以指示并承担有关费用）

托收行　☞　托收行（Remitting bank）执行委托人的指示，在托收业务中完全处于代理人的地位，在将单据寄给代收行时必须附上列明指示的托收委托书。对于托收行来说，最主要的责任就是其打印的"托收委托书"的内容必须与委托人申请书的内容严格一致。托收行对单据是否与合同相符不负责任

代收行　☞　代收行（Collecting bank）和托收行一样，也是代理人，其基本责任和托收行相同。代收行还需要保管好单据，及时、快捷地通过托收行通知委托人托收的情况，如拒付、拒绝承兑等

付款人　☞　付款人（Drawee）是债务人，是国际贸易合同中的进口商，其基本责任是在委托人已经履行了合同义务的前提下，按合同规定支付货款

图6-7　托收的四个当事人

在托收业务中，如果付款人拒付或拒绝承兑，代收行应及时将拒付情况通过托收行转告委托人。如果请代收行保管货物，代收行可以照办，但风险和费用都由委托人承担，委托人也可以指定付款地的代理人代为其办理货物存仓、转售、运回等事宜，这个代理人叫"需要时的代理"（Principal's representative in case of need）。按照惯例，如果委托人在托收指示书中规定了"需要时的代理"，则他必须在委托书上写明该代理人的权限。

（2）托收的分类

① 根据托收有无附带商业单据，托收可分为光票托收和跟单托收两种。如图6-8所示。

光票托收

光票托收（Clean collection）是指不附有商业单据（如发票、保险单、海运提单等）的金融单据（如汇票、本票、支票等）的托收。比如，委托人仅凭汇票委托银行向付款人收款的托收方式。光票托收的风险较大，在国际贸易中，这种结算方式多用于贸易从属费用、样品费、佣金、代垫费用、索赔款项、预付货款、分期付款等小额款项结算以及非贸易结算

跟单托收

跟单托收（Documentary collection）包括附有商业单据（主要有发票、提单、保险单等）的金融单据（如汇票）的托收和仅凭商业单据的托收。比如，凭附有发票、海运提单、保险单等商业单据的汇票一起交银行委托代收货款的托收方式。在国际贸易中，货款的收取大多采用跟单托收

图6-8　光票托收和跟单托收

② 按照向进口商交付单据条件的不同，跟单托收可分为付款交单托收和承兑交单托收两种。如图6-9所示。

付款交单（D/P）

付款交单（Documents against payment，D/P）是指代收行必须在进口商付清货款后方能将单据交于进口商的方式。付款交单按付款时间的不同，又分为即期付款交单和远期付款交单。即期付款交单（D/Patsight），是指出口商发货后开具即期汇票并随附商业单据，通过银行要求进口商见票后立即付款，付清货款后向银行领取商业单据；远期付款交单（D/Paftersight），是指出口商发货后开具远期汇票并随附商业单据，通过银行向进口商提示，进口商承兑汇票，并在汇票到期时付清货款后再向银行领取商业单据

承兑交单（D/A）

承兑交单（Documents against acceptance，D/A）是指出口商在装运货物后开具远期汇票，连同货运单据，通过银行向进口商提示，进口商承兑汇票后领取商业单据。在汇票到期时，进口商再向代收行付清货款。这种结算方式的特点是，货物所有权转移在先，货款支付在后。如果汇票到期后，进口商不付货款，则代收行不承担责任，由出口商承担货物和货款两空的损失。承兑交单对出口商而言是一种风险很大的收款方式，因此，出口商对这种结算方式一般采取谨慎的态度，使用不多

图6-9　付款交单托收和承兑交单托收

（3）托收结算方式的流程

① 跟单托收即期付款交单结算流程。跟单托收即期付款交单结算流程如图6-10所示。跟单托收即期付款交单结算流程说明如下。

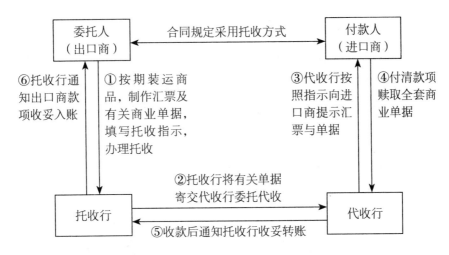

图6-10 跟单托收即期付款交单结算流程

——出口商按合同规定装货后，填写托收指示（Collection instruction），开立即期汇票，连同商业单据（或不开立汇票，仅将货运单据）交托收行委托代收货款。

——托收行将托收指示，连同汇票（或没有汇票）及（或）商业单据寄交进口地代收银行委托代收。

——代收行按照托收指示向进口商提示汇票与单据（或仅提示单据）。

——进口商审单无误后付款，代收行交单。

——代收行办理转账并通知托收行款已收妥。

——托收行向出口商交款。

② 跟单托收远期付款交单结算流程。跟单托收远期付款交单结算流程如图6-11所示。

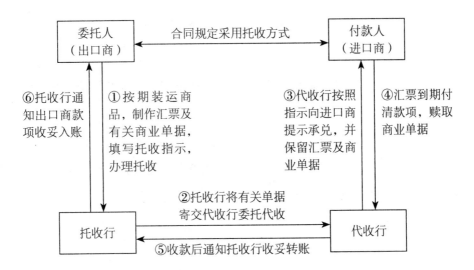

图6-11 跟单托收远期付款交单结算流程

跟单托收远期付款交单结算流程说明如下。

——出口商按合同规定装货后，填写托收指示，连同货运单据交托收行，委托代收货款。

——托收行将托收指示，连同汇票及（或）商业单据寄交代收行委托代收。

——代收行按照托收指示向进口商提示汇票与单据，进口商经审核无误在汇票上承兑后，代收行收回汇票与单据。

——进口商到期付款，代收行交单。

——代收行办理转账并通知托收行款已收到。

——托收行向出口商交款。

③ 跟单托收承兑交单结算流程。跟单托收承兑交单结算流程如图6-12所示。

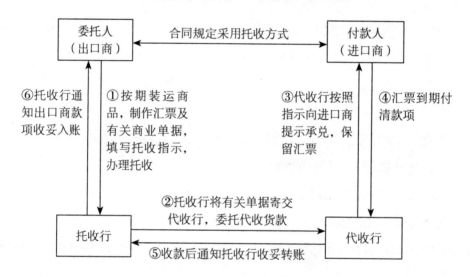

图6-12　跟单托收承兑交单结算流程

跟单托收承兑交单流程说明如下。

——出口商按合同规定装货后填写托收指示，开立汇票，连同货运单据交托收行，委托代收货款。

——托收行将托收指示，连同汇票及（或）商业单据寄交代收行，委托代收货款。

——代收行按照托收指示，向进口商提示汇票和单据，进口商在汇票上承兑，代收行在收回汇票的同时，将单据交给进口商。

——进口商到期付清款项。

——代收行办理转账并通知托收行款已收到。

——托收行向出口商交款。

6.4.3　信用证结算

信用证（Letter of Credit，L/C）业务是在托收基础上发展起来的较完美的结算方式。由银行提供保证以及融通资金，一定程度上解决了汇付和托收方式下，进出口双方互不信任的矛盾及资金占压问题，是国际贸易中普遍采用的一种结算方式。

信用证业务涉及的当事方较多，业务流程也相对复杂。不同种类的信用证，基本结算流程大致相同。信用证结算方式的流程如图6-13所示，此流程图适用于即期的、不可撤销的、跟单的、议付信用证。

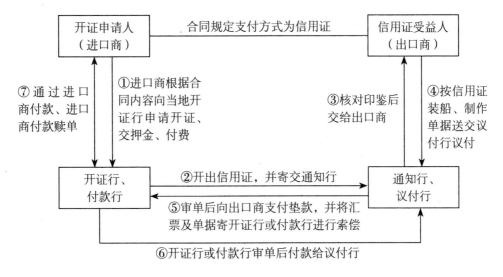

图6-13　信用证结算方式的流程

信用证结算方式流程说明如下。

——进口商按照买卖合同，填写开证申请书，向开证行申请开立以卖方为受益人的信用证并交纳押金及相关费用。

——开证银行按照开证申请书的内容开出信用证，并寄交卖方所在地的通知行。

——通知行鉴定信用证真伪，向受益人发出通知并转递信用证。

——受益人审核信用证条款与买卖合同无误后，按照合同和信用证规定发运货物，同时按照信用证的规定缮制单据及汇票，并在规定的交单期内向议付行提示。

——议付行按照信用证条款审核单据无误后，扣除相关利息及手续费，将余款垫付受益人，并将单据寄交开证行索偿。

——开证行或付款行按照信用证条款审核单据无误后，向议付行付款。

——开证行通知进口商（开证申请人）付款赎单，买方审单无误后付款赎单，然后凭相关单据提货。

6.4.4　交单时发现不符点如何处理

不符点是开证行审核出的议付单证与信用证要求不符的一点或者几点错误或者疑义，或者是议付单证之间不相符的一点或者几点错误或者疑义。如果在交单时发现不符点，可以采取以下方式处理。

（1）及时修改

发现有不符点，凡是来得及并可以修改，外贸业务员就直接修改这些不符点，使之与信用证相符，从而保证正常议付货款。

（2）通知客户确认

在议付行交单时发现有不符点，但已来不及修改，或单证到开证行被发现有不符点，此时已无法修改，外贸业务员则可以通知客户（开证申请人，也就是进口商），说明单证出现的不符点，请其来电确认接受不符点，同时找开证行表示接受单证的不符点，则仍可以收回货款。